辽宁省"大中小学思政课一体化建设"专题教学设计丛书

增强制度自信
融入大中小学思想政治
理论课一体化
教学设计案例集

刘继东　袁佺　马其南　主编

洪晓楠　谢晓娟　胡承波　丛书主编

辽宁人民出版社

图书在版编目（CIP）数据

增强制度自信融入大中小学思想政治理论课一体化教学设计案例集 / 刘继东, 袁佺, 马其南主编. -- 沈阳：辽宁人民出版社, 2025.2. -- (辽宁省"大中小学思政课一体化建设"专题教学设计丛书 / 洪晓楠, 谢晓娟, 胡承波主编). -- ISBN 978-7-205-11442-8

Ⅰ. D64

中国国家版本馆CIP数据核字第2025WC9636号

出版发行：辽宁人民出版社
　　　　　地址：沈阳市和平区十一纬路25号　邮编：110003
　　　　　电话：024-23284325（邮　购）　024-23284300（发行部）
　　　　　http://www.lnpph.com.cn
印　　刷：辽宁新华印务有限公司
幅面尺寸：170mm×240mm
印　　张：17.25
字　　数：270千字
出版时间：2025年2月第1版
印刷时间：2025年2月第1次印刷
责任编辑：刘　明
装帧设计：琥珀视觉
责任校对：吴艳杰
书　　号：ISBN 978-7-205-11442-8

定　　价：70.00元

总 序

　　思想政治理论课是落实立德树人根本任务的关键课程，贯穿了国民教育体系的各学段。习近平总书记在学校思想政治理论课教师座谈会上强调，"在大中小学循序渐进、螺旋上升地开设思想政治理论课非常必要，是培养一代又一代社会主义建设者和接班人的重要保障"，提出"统筹推进大中小学思政课一体化建设"。党的二十大报告强调，"推进大中小学思想政治教育一体化建设"。在学校思想政治理论课教师座谈会召开五周年之际，习近平总书记对学校思政课建设作出重要指示，强调"深入推进大中小学思想政治教育一体化建设"。党的二十届三中全会通过的《决定》再次强调"推进大中小学思政课一体化改革创新"。

　　深入推进大中小学思想政治教育一体化建设，关系到"培养什么人、怎样培养人、为谁培养人"这个教育的根本问题。思政课贯穿人才培养的全过程，推进大中小学思政课一体化建设，是贯彻党的教育方针，肩负起为党育人、为国育才光荣使命的必然要求，是新时代党和国家推动思政课内涵式发展的一项重要部署，是思政课建设的时代要求和内在体现，是提高思政课教学质量及育人水平的必由之路，是落实立德树人根本任务的关键举措。如何针对不同学段学生的身心发展特点，遵循学生认知规律和教育教学规律设计教学内容、选择教学方法，是思政课教师面临的新任务和新挑战。

为进一步深入学习贯彻习近平总书记在学校思想政治理论课教师座谈会上的重要讲话精神，全面落实中共中央办公厅、国务院办公厅印发的《关于深化新时代学校思想政治理论课改革创新的若干意见》以及辽宁省委教育工委、辽宁省教育厅印发的《辽宁省进一步推进大中小学思政课一体化建设的若干举措》等文件精神，扎实推进辽宁省大中小学思政课一体化建设工作，辽宁省高校思想政治理论教育研究会、教育部大中小学思政课一体化共同体（辽宁省）面向全省各学校思政课教师开展了"大中小学思政课一体化建设"专题教学设计案例征集活动。

本次活动设立了九个专题，分别为坚持党的领导、传承中华优秀传统文化、弘扬时代精神、增强制度自信、铸牢中华民族共同体意识、法治中国建设、践行社会主义核心价值观、共筑国家安全防线、推进生态文明建设，大中小学不同学段思政课教师分别就以上专题融入大中小学思政课一体化设计教学案例。辽宁省高校思想政治理论教育研究会将教学设计案例征集活动中的优秀作品编辑出版，形成了辽宁省"大中小学思政课一体化建设"专题教学设计案例系列丛书。本套丛书按照一体化的思路，专题教学设计案例充分尊重各学段的不同特点，既强调各学段符合学生认知特点和教育规律的明显区分度，又强调循序渐进、螺旋上升的有效衔接度。

本套丛书是辽宁省在大中小学思政课一体化建设方面进一步探索与实践的成果，希望可以对广大教师在挖掘思政教育资源，推进大中小学思政课一体化建设等方面起到借鉴作用，为大中小学思政课一体化建设的高质量、内涵式发展作出一定的贡献。

由于时间仓促、水平有限，本套丛书中可能存在一些不足，望同行专家及广大读者批评指正。

2024 年 8 月

目 录

CONTENTS

精神文明新风尚

沈阳市皇姑区岐山路第一小学　窦双双

一、课程基本信息

主讲课程：道德与法治

使用教材版本：人民教育出版社2019年版

教材章节出处：《道德与法治》五年级下册第三单元第十二课《富起来到强起来》

二、教学设计概述

（一）教学设计思路

本课共四个话题，教学建议第二个话题为一课时，即第二课时：精神文明新风尚。

本课时教学设计思路：第一个教学环节：改革开放成果多。通过观看视频感受祖国发展变化，祖国越来越强大，引出精神文明的重要性。第二个教学环节：历史上的"精气神"。教师结合身边的鲜活事例，让学生了解什么是精神文明。以中国人民在抗击新冠疫情过程中的感人事迹为例，让学生体会中国精神的强大力量。第三个教学环节：我们的"精气神"。教师结合教材图片，让学生观察、发现国家和社会在推动精神文明建设中提供的保障和付出的努力。第四个教学环节：生活中的"精气神"。教师通过感动中国年度人物，让学生感受中国精神，请学生寻找身边的文明行为，在课堂上讲述文明故事，在分享的过程中，引导学生体会和感悟普通人为精神文明建设作出的贡献，懂得微言善举就在身边，人人从自己做起，每个人都传递温暖、关怀与爱心，精神文明才会成为一种风尚，国家才会有更好的发展，人们的精神才会更加富足。第五个教学环节：课堂总结。

（二）理论依据

制度稳则国家稳，制度强则国家强。习近平总书记强调："要把制度自信教育贯穿国民教育全过程，把制度自信的种子播撒进青少年心灵。"作为落实立德树人根本任务的关键课程，思政课要在制度自信教育中发挥关键作用，引导广大青少年坚定制度自信，增进制度认同。思政课要在讲深制度底蕴中播撒制度自信的种子。深厚的制度底蕴是制度自信之基。文化是民族精神之根、之血脉，文化自信是民族自信之源，是更基础、更广泛、更深厚的自信，它不仅渗透于道路自信、理论自信、制度自信之中，而且浸润于人的一切活动之中，无处不在，无时不有。夯实文化自信一是要讲深历史底蕴，二是要讲深文化底蕴。这些思想精华是中国特色社会主义制度的文化根基，为中国特色社会主义制度的形成和发展提供了丰厚的文化养料。

课标要求：政治认同主要表现为：

1.政治方向。明确中国共产党的核心领导地位，充分认识中国共产党领导是中国特色社会主义最本质的特征，是中国特色社会主义制度的最大优势。拥护中国共产党，坚持中国特色社会主义道路。

2.价值取向。践行和弘扬社会主义核心价值观，坚定共产主义远大理想和中国特色社会主义共同理想，增进中华民族价值认同和文化自信。

培育学生的政治认同，有助于他们形成正确的世界观、人生观、价值观，坚定正确的政治方向，初步树立共产主义远大理想和中国特色社会主义共同理想，成为德智体美劳全面发展的社会主义建设者和接班人。

"精神文明新风尚"介绍了精神文明建设的重要性，让学生认识到加强道德建设有利于营造良好社会风气，感受祖国的发展与强大不仅体现在物质文明的发展中，也体现在精神文明领域。

（三）设计特色

本教学设计通过五个教学环节，从历史、国家、生活三个维度带领学生学习精神的重要性，感悟国家精神文明建设的必要性。课堂教学过程中结合教材的图片以及生活中的实例、视频等具象化的信息，有助于加深学生对中国精神的理解和感受。

三、学情分析

五年级的学生生活在新时代，环境优越，没有经历过艰苦岁月，对改革开放的重要影响和意义了解不全面，也不知道今天的富足生活是怎么来的。对于大多数学生而言，理解改革开放以来的物质文明成就较为容易，但是对深层次的精神文明建设的关注、认识和体会不够充分。然而学生具有自己的见解和主张，大多数学生初步具备分析问题、解决问题的能力，能够利用学习资源在小组内合作交流，能够表达出自己的见解，可以通过网络、书籍、影视等途径对改革开放有所了解。因此，本课目标意在帮助学生理解精神文明建设与国家发展、社会进步和人民生活之间的关联。

四、教学目标

（一）知识目标

引导学生理解什么是精神文明，精神文明包含哪些内容，它对人民的生活有什么意义；知道精神文明建设对于国家发展、社会进步和人民生活有重要影响；带领学生体会"中国精神"的内在含义。

（二）能力目标

1.培养学生的观察和分析能力，让他们能够观察并感受国家和社会在精神文明创建中的行动，体会精神文明建设的作用。

2.提高学生的归纳总结能力，通过对不同案例和情境的分析，总结出精神文明建设的普遍规律和特点。

3.指引学生关注身边的精神文明建设活动，增强学生的社会责任感，让他们意识到自己在社会中的角色和责任，学会做精神文明的践行者。

（三）情感、态度与价值观目标

弘扬真善美，传播正能量，引导学生树立正确的价值观和道德观，追求高尚的精神境界。培养学生的爱国情怀和社会责任感，让他们关注国家大事和社会热点问题，积极为国家和社会的发展贡献自己的力量。

本节课旨在通过知识、能力和情感、态度与价值观三个方面的培养树立新风尚，鼓励学生从身边的小事做起，全面提升学生的综合素质，为他们的未来发展奠定坚实的基础，践行文明行为，营造良好的社会风气。

五、教学重点难点

（一）教学重点

理解"从富起来到强起来"的含义：引导学生深入理解中国经济发展的历史与现状，明白这一转变对精神文明建设的影响。

认识精神文明建设的重要性：通过案例分析、课堂讨论等方式，让学生认识到精神文明建设对于国家发展、社会进步和人民生活的重要性。

（二）教学难点

体会精神文明建设的作用：由于学生年龄较小，可能难以深刻体会精神文明建设在日常生活和社会发展中的具体作用。因此，需要通过具体、生动的案例和活动来帮助他们感受。

培养学生的社会责任感：社会责任感的培养是一个长期的过程，需要教师在教学中不断渗透和引导。通过小组合作、社会实践等方式，让学生积极参与精神文明创建活动，培养他们的社会责任感和奉献精神。

六、教学设计总体思路

第一个教学环节：改革开放成果多。通过观看视频感受祖国发展变化，祖国越来越强大，引出精神文明的重要性。

第二个教学环节：历史上的"精气神"。教师结合身边的鲜活事例，让学生了解什么是精神文明。以中国人民在抗击新冠疫情过程中的感人事迹为例，让学生体会中国精神的强大力量。

第三个教学环节：我们的"精气神"。教师结合教材图片，让学生观察、发现国家和社会在推动精神文明建设中提供的保障和付出的努力。

第四个教学环节：生活中的"精气神"。教师通过感动中国人物，让学生感受中国精神，请学生寻找身边的文明行为，在课堂上讲述文明故事，在分享的过程中，引导学生体会和感悟普通人为精神文明建设作出的贡献，懂得微言善举就在身边，人人从自己做起，每个人都传递温暖、关怀与爱心，精神文明才会成为一种风尚，国家才会有更好的发展，人们的精神才会更加富足。

第五个教学环节：课堂总结。

七、教学过程

（一）教学流程设计

环节一：改革开放成果多

教师活动：通过上节课的学习，我们感受到改革开放以来，我国人民的物质生活和精神生活发生了巨大的变化，中国真正实现了由富起来到强起来。通过一段视频，感受一下我们国家的发展变化！（播放视频）看了视频你有什么想说的？

在改革开放和社会主义现代化建设中，弘扬真善美、传播正能量、树立新风尚的精神文明建设一直发挥着非常重要的作用。实现中华民族伟大复兴的中国梦，需要强大的精神作支撑，这一节课我们将踏上中国精神文明的列车一起走进精神文明新风尚。（出示课题）

学生活动：

学生1：我们的祖国太强大了！

学生2：我为祖国感到骄傲，为自己是一名中国人感到自豪！

设计意图：通过观看视频，引导学生感受祖国的富强，进而引出"国家不仅经济要富强，精神也要丰盈"这一主题。

环节二：历史上的"精气神"

教师活动：

1.2020年，工厂停产、商场停业、学校停课，新冠疫情让武汉、让中国按下了暂停键，在这场没有硝烟的战役里，你发现了哪些动人的故事？

2.在这场战役中，有无数像钟南山爷爷一样的英雄站出来保护我们，其实在历史发展的进程中，我们的祖国遭遇了许多挑战，我们将再现那段苦难的历史，感受一下我们中国人在灾难面前所迸发出的精神力量。你们知道这些年中国发生了什么灾难？

3.虽然疫情的阴影笼罩在我们每一个人的心间，但是我们有无数的人民英雄，使我们等到重见花开的今天。这些挑战没有击倒中国人，相反，这些挑战让我们变得更加强大。

请同学们思考，到底是怎样的中国精神带领着我们战胜灾难？你觉得哪些人物和你所说的精神比较符合？

学生活动：根据自己搜集的资料汇报。

教师活动：小结：正如你们说的团结一心、众志成城、一方有难八方支援……这就是中国精神，这种精神将我们中国人紧紧地团结在一起，带领着我们凝聚人心，创造中国的伟大成就！

设计意图：通过回顾历史上的"精气神"，让学生充分交流分享，感受精神给我们带来的勇气。

环节三：我们的"精气神"

教师活动：

1.党的十八大指出，要践行和培育中国特色社会主义精神风尚，社会主义核心价值观二十四个字要扎根在我们每一个中国人的心上。

2.生活中，你在哪里看到过社会主义核心价值观的身影？

3."富强、民主、文明、和谐，自由、平等、公正、法治，爱国、敬业、诚信、友善"这二十四个字在我们每一个中国人的心里生根、发芽，除了这二十四个字，还有哪些宣传标语跟它们息息相关？

4.每一个标语都有它特定的作用和宣传的意义，除了宣传作用，它还有什么作用？

5.不仅是这些标语，我们国家还有其他方面，为青少年、为整个国民在精神文明建设上作出了巨大努力。（板书：精神文明建设）

学生活动：

1.齐声朗读：社会主义核心价值观。

2.进行游戏,这些宣传标语适合贴在哪里?（上台展示）

3.小组合作探究:

（1）我们国家在创建精神文明建设中采取了哪些行动?联系自己的生活实际,选择一幅图来说一说。

（2）它对我们的生活有什么意义?我们国家是通过哪些行动来促进精神文明建设的?

（3）精神文明建设活动对我们的生活有什么意义?

设计意图:通过小组合作探究,学生能够从深层次理解国家的精神文明建设。

环节四:生活中的"精气神"

教师活动:

1.《感动中国》被称为"中国人的年度精神史诗",历年的获奖者都是各行各业的精英,都是对我们国家有很大贡献的人,但在2008年,《感动中国》获奖者却是千千万万普通的中国人,你们的父母也是其中的一员,为什么会是这样呢?

2.看完这个视频,你觉得中国人具有什么精神?普通的中国人值不值得拥有这个奖项?

3.我们身边也有这样的一群中国人,他们做文明人,说文明话,行文明事,他们就藏在老师、父母、同学的身边,把好人好事悄悄地刻在了骨子里,我们一起来说说他们的故事吧!

4.歌且唱,风且扬,报国家,且看少年郎,你们就是中国的少年郎,我来采访一下你们这些少年郎,希望自己成为一个怎样的人?

5.有一群人对你们同样充满了期待,他们是各行各业的精英,是我们的前辈!播放视频《前辈们对青少年的希望》。

6.看到这些前辈对青少年的愿景和期待,作为新时代的好少年,今后我们应该怎么做,把你的行动流露笔尖!

7.听了你们的分享,我觉得国家交给你们才有希望。少年强则国强,接下来老师要送给你们一首诗,送给每一个怀着理想的孩子。

8.小结：作为新时代的好少年，我们没有理由退缩，没有理由躺平，我们要用责任和担当努力实现中华民族伟大复兴的中国梦！播放视频《中国人是谁》。

学生活动：观看视频《中国人是谁》。

设计意图：通过寻找身边具有鲜明精神品质的好榜样，学生知道中国精神就在我们身边，是真真切切存在的。

（二）课堂小结

环节五：课堂总结

教师活动：这节课我们感受了中国精神文明建设的伟大成就，了解了精神文明在灾难前、生活中起到的重要意义。同学们，希望在祖国未来的发展长河中，能看到我们班的孩子登上中国的舞台，登上世界的舞台！

设计意图：课堂升华。

（三）板书设计

（四）作业设计

以"文明·我们在行动"为题，开展主题活动。例如：发掘身边的好人好事，并在班级中分享；开展"我的微文明"活动，为建设文明社会作贡献……

（五）参考资料

1.习近平：《习近平谈治国理政》第一卷，外文出版社，2018年。

2.中共中央党史研究室第三研究部：《中国改革开放史》，辽宁人民出版社，2002年。

3.高尚全：《中国改革开放四十年——回顾与思考》，人民出版社，2018年。

4.全国干部培训教材编审指导委员会：《全面建成小康社会与中国梦》，人民出版社、党建读物出版社，2015年。

5.金冲及：《二十世纪中国史纲》第四卷，社会科学文献出版社，2009年。

八、教学总结与反思

本课学生积极参与课堂教学，成为课堂的主人；教师引导学生整理资料，提炼信息，使学生成为课程资源开发利用的主体。教师精心设计问题，由浅入深，层层深入，引导学生由感性认识上升到理性认识。在这一过程中，学生思维活跃，发言踊跃，课堂气氛热烈，反映了师生是"学习共同体"的关系。同时，学生体验到了学习的快乐，增强了对社会主义精神文明这一原本认为是比较遥远的话题的兴趣。在教学过程中，教师借助视频、图片等资料，增强教学的直观性，教学环节的设计力求让每个学生都有所收获，使学生能力得到不同程度的提升和发展。本课与党的方针政策紧密结合，也与学生的生活息息相关。通过这样一堂课，我们很明显地感觉到学生对于"中国精神"的理解更加深刻，对于自己的中国人身份更有认同感。我想，学生日后定能为更好地促进精神文明建设和祖国发展作出自己的贡献！

改革创新谋发展

沈阳市皇姑区童晖小学　张依如

一、课程基本信息

主讲课程：道德与法治

使用教材版本：人民教育出版社2019年版

教材章节出处：《道德与法治》五年级下册第三单元第十二课《富起来到强起来》

二、教学设计概述

（一）教学设计思路

1.依据大单元主题设计教学

了解单元整体教学内容和教学逻辑才能更好把握一节课的教学目标及教学重难点，本单元呈现了近代以来中国人民为实现民族复兴走过的历史进程，以重大历史事件、重要历史人物为主线，进行国情教育、革命传统教育和爱国主义教育，引导学生了解、认识和感悟先辈们走出苦难、复兴中华的艰难历程，树立奋发图强的爱国志向。中国的近代史是一段中华民族遭受深重苦难的屈辱史，也是一段中国人民不甘屈辱、前赴后继、奋起抗争的历史。最终，在中国共产党的带领下，中国人民迎来了民族独立和人民解放，掌握了自己的命运。新中国成立后，尤其是改革开放以来，中国共产党带领中国人民不断进行艰辛探索，找到了实现中华民族伟大复兴的正确道路，取得了举世瞩目的成果。感受到中国特色社会主义制度和道路的优越性。

本单元共六课，以时间为脉络，以精神为核心，呈现近代以来中国人民为实现民族复兴走过的历史征程。《富起来到强起来》介绍了改革开放以来，特别是中国特色社会主义进入新时代以来，我国取得的卓越成就，帮助学生认识到只有社会主义才能发展中国，只有坚持中国共产党的正确领导，才能实现国家富强、民族复兴和人民幸福。

2.依据《义务教育道德与法治课程标准（2022年版）》学段要求设计教学

在5—6年级学段目标中，有初步了解国情，了解我国发展的历史方位和中国共产党的光辉历程，初步了解中国特色社会主义制度的优越性相关目标。在设计本课时教学目标时会参看这类学段目标。

（二）理论依据

1.皮亚杰认知发展理论

皮亚杰把认知发展视为认知结构的发展过程，以认知结构为依据区分心理发展阶段。他把认知发展分为四个阶段。五年级学生刚好处于具体运算阶段，皮亚杰认为，该时期的心理操作着眼于抽象概念，属于运算性（逻辑性）的，但思维活动需要具体内容的支持。

因此在本课时的设计中还是会更多地运用视频、图片、文字材料帮助学生更好地进行逻辑思维。

2.奥苏贝尔有意义的学习

奥苏贝尔认为有意义学习指符号所代表的新知识与学习者认知结构中已有的适当概念建立非人为的、实质性联系的过程。

教学中，必须以基础性为前提发挥学生主动性的作用，以主动性为指导发挥学生基础性的作用，这样，学生才能既学得主动，又学得扎实。实践证明，建立在同化机制上的有意义学习能使学生获得真正的知识，这种知识是有心理意义的，它融进了学生的知识结构，是自己的知识，学生可以自由提取，灵活运用，这种知识有机地镶嵌进学生业已形成的认知序列之中，使学生的认知结构像滚雪球似的不断组织和重新组织。

因此本课时教学设计中采用课前学生调查的方式，把学生新旧知识进行良好的链接，调动学生主动学习的积极性。

3.建构主义学习理论

建构主义是学习理论从认识论的高度揭示了认识的建构性原则，强调了认识的能动性。建构主义学习理论认为学习是学习者在与环境交互作用的过程中主动地建构内部心理表征的过程。知识是学习者在一定的情境即社会文化背景下，借助其他辅助手段，利用必要的学习材料和学习资源，通过意义建构的方式获得的。建构主义学习理论强调以学习者为中心，认为"情境""协作""会话"和"资源"是建构主义学习环境中的基本要素或基本属性。

因此，本课时教学设计采用小组讨论和视频再现的方式，让学生更好地身临其境般感受变化，从而对变化的原因产生兴趣，激发学习主动性。

（三）设计特色

1.整体性。本课时教学设计从大单元角度整体感知本课时教学目标和教学重难点，使本课时的教学设计具有整体性，符合大单元内的教学逻辑。

2.全面性。本课时教学设计充分解读了教材、教材相关内容，对学生的学情有所把握，依据《义务教育道德与法治课程标准（2022年版）》学段目标相应要求制定教学目标，同时注重把握学生的心理特点和认知发展阶段。

3.逻辑性。本课时教学设计，从学生生活入手到国情了解，逐步深入，由浅入深，问题设置学生由身边变化思考到背后原因，再思索原因背后都有哪些组成，层层深入，符合认知逻辑。

三、学情分析

五年级的孩子，自我意识进一步发展，自尊心进一步增强，对于别人对自己的评价看得更重了，自控能力逐步增强，竞争意识增强，不甘落后，更加关注学习成绩，对于学习优秀的同学开始产生敬佩之情，独立能力增强，喜欢自发组成小团体，有自己的想法和见解，渴望表达的机会。

通过小学五年来的学习，语言表达能力逐步增强，叙述事情趋于完整，逻辑思维逐步建立。五年级学生虽然对身边生活有所关注，但是大多数学生没有经历过艰苦岁月，对于改革开放的重要影响与意义了解得不多、不全面，也不了解今天富足生活的历史渊源。本课设定的第一个目标就是帮助学生认识改革开放的历史进程，了解改革开放以来祖国在农业、工业、科技、文化、生活等领域取得的成就，感悟改革开放对中国发展的影响。

四、教学目标

1.调查了解祖辈、父辈及自身生活的情况，从身边事情（衣食住行）进行探索发现，一方面了解这几十年来从祖辈、父辈到自身生活环境的变化，另一方面可以多关心自身家庭生活，了解家庭历史，从而更好地感受社会发展的变化，激发探索变化的兴趣，也更能感受祖辈、父辈的生活不易，珍惜自己的生活，学会换位思考。

2.通过观看小岗村、深圳发展变化的视频、图片，把身边变化的感受从自身延伸到整个国家，激发思考国家发展变化的原因，认识到是改革开放的政策使我们国家产生翻天覆地的变化，人民生活质量和水平提升，增强对改革开放政策的理解和认可，同时增强对我们国家走中国特色社会主义道路和制度的自信，增强对祖国的认同感，萌发民族自豪感。

3.通过观看视频，了解小岗村人在面对困难时的做法，展现"小岗精神"的精神要义，激发学生在面对困难的时候，能够拥有敢为天下先的勇气和魄力。

4.观看袁隆平培育杂交水稻的相关资料，了解袁隆平身上不畏艰难、不断探索的精神，同时认识到科技对农业发展的积极影响，体会科技推动生产力发展，更加深刻地认识到科教兴国战略的重要意义和积极影响，增强民族自信心。

五、教学重点难点

（一）教学重点

1.了解改革开放的历史，知道改革开放以来中国在农业、工业、科技、文化、生活等各个方面取得的突出成就，感受祖国的飞速发展。

2.在提出问题—分析问题—解决问题的过程中理解改革开放的重要意

义，体会建设者们勇于探索、努力创新、不畏艰险的精神。

（二）教学难点

感悟改革开放对中国发展的影响，感受祖国的飞速发展，增强对祖国的认同感，萌发民族自豪感，对中国特色社会主义道路的认可以及对国家制度的自信。

六、教学设计总体思路

（一）本课时教学设计逻辑

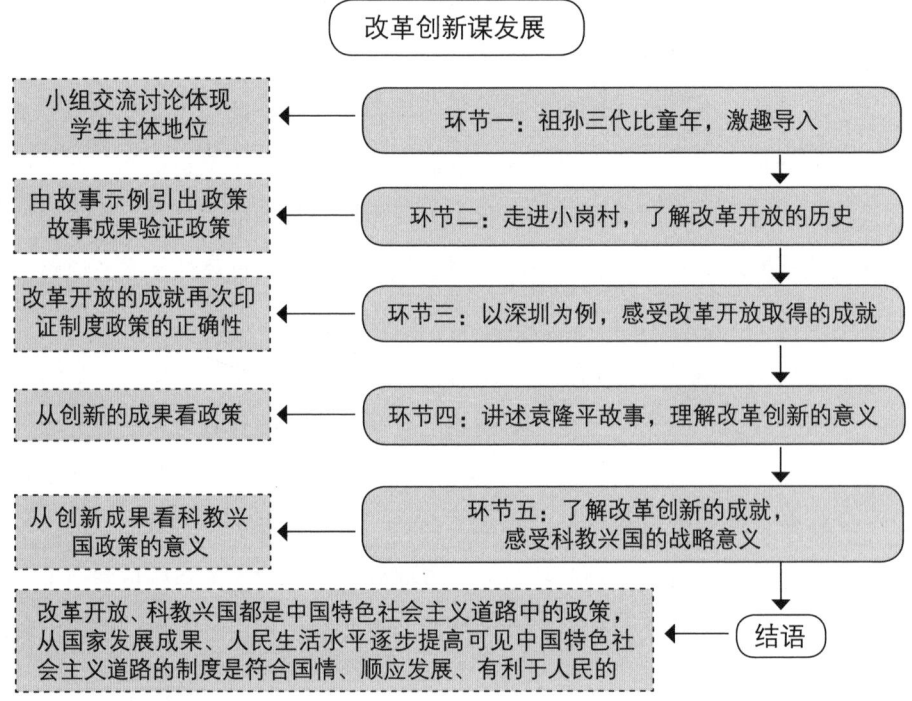

（二）采用教学方法

本课时在上课过程中，采用多种教学方法：

1. 任务驱动法。在学生搜集到相关生活资料后，小组内先行讨论，学生对同学的关注度是很高的，从了解他人生活变化引发学习兴趣。通过任务的驱动，激励学生了解自身生活变化。

2. 发现法。在环节二到环节五的课程中，教师通过材料的列举，让学生从材料阅读中获得问题的答案，并能进行思考与探索。

3.讲授法。在学生回答问题后，每个环节结束后，教师能有效地通过归纳概括让学生对本环节学习内容有总体认知。

4.基于现代信息技术教学法。环节二到环节五过程中采用视频、图片等现代技术呈现出发展变化，让学生更直观地感受变化，也增加学生对学习内容的兴趣。

七、教学过程

（一）教学流程设计

环节一：祖孙三代比童年，激趣导入

1.导入

教师活动：同学们，课前老师让大家通过访谈，从衣食住行等方面调查了解我们祖辈、父辈以及自己三代人的童年生活。

2.小组活动

教师活动：请同学们拿出调查表，用两分钟时间，小组内交流一下调查结果。

祖孙三代比童年

项目	祖辈	父辈	自己
衣			
食			
住			
行			
用			

3.小组汇报

教师活动：谁想和大家分享一下你的调查结果？

学生活动：学生1：我奶奶告诉我，他们小的时候，衣服颜色单一，大家都穿蓝色、绿色、灰色、黑色的衣服，很少买新衣服。我妈妈小的时候衣服的颜色就多了，而且比较时尚、舒适，款式要比奶奶小时候的衣服好看。我们现在就更不用说了，衣服种类多种多样，而且不仅能买本国的服装，还能买到国外的品牌服装。

教师活动：很好，从穿衣的颜色款式进行了比较。

学生活动：学生2：我爷爷说他们小的时候买东西都要凭票。因为那时候我们的国家不富裕，各种商品不能满足人们生活的需要，有的食品供应很少，比如米、面、肉等有时候有票都不一定能买到。而我们现在就不一样了，想吃什么就能买到什么，食品种类非常丰富。

教师活动：这位同学从购买食物种类和购买方式进行了比较。

学生活动：学生3：我爷爷小时候住的是平房，祖辈自己盖的平房，卫生间都是在室外的，一个村一个卫生间。我爸爸说他小时候的住房条件很差，三口人住在一个拥挤狭小的小平房里，去卫生间得去户外的公共厕所，做饭也是和邻居共用一个厨房。和我们现在的住房条件比起来简直是天壤之别。

教师活动：这位同学从居住条件进行了比较。

学生活动：学生4：我姥姥说他们小的时候出行都是骑自行车或者走路。我妈妈小的时候日常出行是坐公交车，如果要出远门就坐绿皮火车，这种火车很慢，从北京去天津要近两个小时，不像现在，坐高铁半小时就到了。而且我们现在日常出行的选择就更多了，地铁、骑行、汽车、公交，无论选择哪种出行方式都很方便，现在的道路更是四通八达，去哪都很方便。

教师活动：从交通工具角度、时间的变化可以看出出行越来越方便。

学生活动：学生5：我奶奶说她小的时候，家里唯一的电器就是手电筒。到爸爸小的时候家里条件就好多了，电视机、收音机、洗衣机都有了。而现在条件就更好了，家家都有手机、电脑、空调等现代化电器，而且年年推出新款，功能也多种多样。

教师活动：从家用电器角度来看变化，找得很准确。

以上几位同学调查做得都很详细，也都能够从身边生活的小事看出我们这几代人生活的变化。那么从三代人的变化中，你发现了什么？又有什么感受呢？

学生活动：

学生1：我发现人们生活发生了翻天覆地的变化，我们的生活越来越好。

学生2：从爷爷奶奶到我们这代，短短几十年，我们的生活质量就有了如此大的提高，从中我感受到了我们的祖国在飞速发展。

教师活动：是呀，从自行车到私家车、从绿皮火车到高铁动车、从食物紧缺到丰盛的餐桌、从低矮平房到高楼大厦……短短几十年，导致我们的生活、我们的国家发生如此大变化的原因是什么呢？这节课，让我们一起去探寻问题的答案。（板书课题）

设计意图：大多数学生没有经历过艰苦的岁月，对于改革开放对国家发展和人们生活的影响了解得不多。因此，本环节通过祖孙三代比童年活动，使学生直观感受改革开放以来人们生活发生的巨大变化，为接下来的学习做好准备。

通过再次比较祖孙三代的童年生活，引导学生发现并提出本课的核心问题："为什么短短几十年，我们的国家和我们的生活会发生这么大的变化？"激发学生的探究欲望。

环节二：走进小岗村，了解改革开放的历史

教师活动：观看小岗村"改革第一村"的视频，思考以下问题。

改革给小岗村带来了什么样的改变呢？请同学们以小组为单位，继续阅读材料，探究答案。

1978年以前，小岗村是"吃粮靠返销、用钱靠救济、生产靠贷款"的"三靠"村，那时，小岗村和其他村一样，都是集中劳动，统一分配。这种分配方式无法激发村民的劳动热情，一年累到头，还是饿肚皮，很多人外出讨饭求生。1978年11月，小岗人在党员干部的带领下，冒着风险秘密决定，将集体耕地承包到户，采取"分田到户、自负盈亏"的改革方案。改革后第一年小岗村就实现了大丰收，一年的粮食总产量相当于以往五年的总和。不仅解决了自己的温饱问题，改善了生活，还第一次向国家交了公粮，农民们心里乐开了花。

学生活动：学生1：我了解到改革前的小岗村很贫困，人们一年累到头，还是饿肚皮，甚至要外出讨饭为生，而改革后的小岗村第一年就实现了大丰收，人们不仅解决了自己的温饱问题，还第一次向国家交了公粮，可以看出改革让人们的生活越来越好了。

教师活动：你认为小岗村发生这么大变化的原因是什么呢？

学生活动：学生1：我认为是"分田到户"的制度改革提高了人们的劳动热情，促进了小岗村的农业生产，农民的收入有了提高，所以人们的生活越来越好。

教师活动：在小岗村人民的身上你们感受到了怎样的精神？

学生活动：

学生1：无畏向前的精神。

学生2：非常勇敢的精神。

教师活动：是的，在那个时代，人们吃不饱饭，小岗村人民勇于突破思想禁锢，不断创新实践的精神特质。小岗村的18位村民冒险签订大包干契约，这一创新性的举动拉开了中国农村改革的序幕，并推动了家庭联产承包责任制的出台。这种敢于创造的精神都展现了小岗人民不断解放思想、勇于创新的精神风貌。

出示十一届三中全会照片以及十一届三中全会重点内容和相关视频。

在小岗村土地承包的同时，十一届三中全会"确立了马克思主义实事求是的思想路线""全会作出了实行改革开放的新决策，启动了农村改革的新征程"。从制度上、政策上对农村改革进行了支持。

出示政策实施后农村的变化图片。从这些变化上我们能看到什么？

学生活动：学生1：看到人民生活越来越好。

教师活动：人民生活越来越好说明了什么？

学生活动：学生2：说明政策的制定是符合中国发展的国情的。

教师活动：是的，说明我们的农村改革政策是有成效的，激发了劳动积极性，创造了更多的粮食产量，解决了温饱，还有富余。

改革开放不仅让小岗村人摆脱了饥饿和困苦，更让人们看到了改革给生活带来的变化。如今，不仅仅是小岗村，中国大地上还有许许多多的农民秉承敢闯敢试敢为人先的改革精神，建设着新时代的现代化新农村，向着幸福生活继续前进。（播放当代小岗村及其他新农村建设的照片）

设计意图：本环节通过分析资料，思考小岗村改革前后生活的变化，引导学生了解改革开放的历史和新制度对促进农村发展产生的巨大影响，初步感受改革开放为人们生活带来的变化和意义。

环节三：以深圳为例，感受改革开放取得的成就

教师活动： 改革开放不仅给农村带来了翻天覆地的变化，也给我国城市的发展带来了生机和活力。1980年，中央决定设立深圳、珠海、汕头、厦门四个经济特区。（出示沿海地区对外开放示意图）这四个城市迅速崛起，成为中国对外改革开放的窗口，加快了中国走向世界的进程。其中，深圳的发展尤为迅猛，被称为"一夜崛起的城市"。请同学们以小组为单位观察图片，说一说你看到了深圳的哪些变化。

资料1：教材87页改革开放前后的深圳照片

文字说明：昔日的深圳是一个房屋简陋、街道狭窄、工农业生产十分落后，只有三万人口的"小渔村"。如今已经建成高楼林立、市场繁荣、人口超过千万的现代化城市，被人们称为"一夜崛起的城市"。

学生活动： 学生1：我从这份资料中看到曾经的深圳什么都没有，人们的生活一定很贫穷。而现在的深圳已经成为一个高楼林立的国际化大都市，无论是旅游还是工作，深圳都已经成为人们的首选之一。

资料2：1980年前的深圳火车站与如今的深圳火车站

文字说明：1980 年前，深圳火车站还只是十分简陋的三等小站。车站只有一个售票窗口、候车室是露天的，只有四条长凳，没有厕所，每天只有四五趟列车。如今的深圳火车站，配备了先进的客运服务设施，交通路网四通八达，地下通道里出租汽车排着整齐的队伍接送上下车的客人，乘客不用出站就可以直接换乘地铁，车站内更是窗明几净，秩序井然。

学生活动： 学生2：我从资料2中看到了深圳火车站的巨大变化。以前的深圳火车站实在是太简陋了，一天只有四五趟列车，设施也不完善。而现在的深圳火车站已经成为现代化的公交枢纽，不仅干净美观，而且四通八达，人们的出行更加方便了。

资料3：深圳华侨城改革开放前后对比照片

文字说明：华侨城在改革开放之前，就是一块基本上无人踏足的荒地，什么都没有。除了几棵树，几座小山，一条路，就再也找不出任何其他的东西了。如今的华侨城，已经成为世界级度假旅游地，不仅拥有"锦绣中华"主题乐园，还有创意文化园和艺术中心等展馆，让游客在这里可以欣赏到各式各样的美景。

学生活动：学生3：我和家人去深圳旅游时曾去过华侨城，那是深圳很著名的旅游景区，里面可好玩了，真没想到以前竟然是一片荒地！我觉得华侨城的建立丰富了人们的生活，让人们的生活更加丰富多彩。

资料4：深圳东门前后对比照片

文字说明：深圳东门步行街是深圳形成时间最早、最成熟和最具规模的商业旺区。以前的东门商业街主要都是一些小摊主、小商贩在经营，经营的商品也以低档为主。而今的东门商业街已经成为集购物、休闲和旅游观光于一体的新型步行街，日客流量达30万人次，年营业额达45亿元。

学生活动：学生4：大家看照片上以前的东门老街，地是土路，还有很多垃圾，大多是一些街边小摊。而现在的东门步行街不仅环境美观，年营业额更是高达45亿元，变化实在是太大了！

教师活动：结合刚才的观察，你有什么感受？

学生活动：

学生1：我觉得改革开放真是实实在在地造福了深圳人民，让大家过上了好日子！

学生2：我觉得改革开放不仅造福了深圳人民，中央一共设立了4个经济特区，这些城市也一定像深圳一样发生了巨大的变化，而这些城市的变化会带动其他城市的发展，慢慢地就会有更多的人过上好日子。

教师活动：是呀！无论是交通出行还是生活娱乐，无论是商业的繁荣还是城市的发展……短短几十年，改革开放为深圳带来了"一夜崛起"的神话！然而，深圳真的是"一夜崛起"的吗？"一夜崛起"的背后是什么呢？

学生活动：是改革开放的政策带来的。

教师活动：是的，一方面是国家改革开放政策的积极影响，另一方面还有深圳人民怎么样呢？

观察思考：（出示拓荒牛雕塑）这座雕塑是深圳的标志，名叫"拓荒牛"。请你仔细观察这座雕塑，如果用一个词来形容这头"拓荒牛"，你会用哪个词？为什么？

学生活动：

学生1：我想用"拼搏"这个词。我看到这头牛正在使劲拉后面的树根，青筋都暴起来了，好像使出了浑身的力气。

学生2：我想到的词是"奋进"。大家看这头牛的状态是向前的，我觉得它有一种不达目的誓不罢休的精神。

教师活动：结合刚才的感受，请你再来说一说，深圳"一夜崛起"的背后是什么呢？

学生活动：学生1：我觉得背后是深圳人的拼搏进取，他们就像这头"拓荒牛"一样，几十年来不断地拼搏奋进，正如此才有深圳如今翻天覆地的改变。

教师活动：敢为人先、拼搏进取不仅是"拓荒牛"雕塑的寓意，更是"深圳精神"的写照。几十年来，深圳人正是秉承着敢为人先、拼搏进取的"深圳精神"，成就了深圳的崛起神话。

教师活动：通过分析小岗村和深圳发展的案例，结合你的感悟，你找到我们的生活、我们的国家之所以能在短短几十年就产生翻天覆地变化的原因了吗？

学生活动：

学生1：我认为改革开放的政策是让我们的生活和国家发生如此大变化的原因。

学生2：我觉得人们敢于开拓、敢为人先、吃苦耐劳的精神也是令我们国家发生如此大变化的动力之一。

教师活动：没错！从小岗村的改革到深圳的飞速发展，再到沿海、沿江、沿边与内陆地区相结合的改革开放新格局的形成，在一代代人的共同奋斗下，中国经济发展迈向了新台阶，改革开放的脚步更加坚定。（板书：改革开放）

设计意图：本环节通过对深圳改革前后的对比，引导学生发现改革开放的政策为深圳带来的巨大变化，感受改革开放的成就。同时，以"拓荒牛"雕塑为切入点，引导学生思考深圳"一夜崛起"背后的动力正是敢为人先、拼搏进取的"深圳精神"，进而找到我们的国家、我们的生活能够在几十年间发生翻天覆地变化的第一个原因。

环节四：讲述袁隆平故事，理解改革创新的意义

教师活动：从小岗村"包产到户"的新制度为农村注入新活力，到经济特区的建立加快中国走向世界的进程，40多年来，改革开放的成就还有许许多多，中国工农业发展取得的成就就是有力见证。

同学们，这位老人你们认识吗？（出示教材86页袁隆平的照片）你了解他吗？

学生活动：学生1：这是袁隆平爷爷，他被称为"杂交水稻之父"，他的杂交水稻技术在世界上都处于领先地位。

教师活动：袁隆平爷爷与他的杂交水稻技术为我们的生活和国家带来了哪些影响？让我们通过一段视频，去了解袁隆平爷爷与杂交水稻的故事。（播放视频：《超级工程》第三季第一集《食物供应》）

学生活动：袁隆平爷爷的杂交水稻技术解决了中国人的温饱问题。

教师活动：改革开放以前，我们国家水稻的粮食亩产不足100千克。而今，袁隆平爷爷所带领的团队研制出来的第三代杂交水稻粮食亩产已突破1500千克。今天，袁隆平爷爷开创的杂交水稻技术依旧在不断突破创新。

盐碱地含盐量高，本不可能种植粮食，然而袁隆平爷爷和他的团队却将不可能变为可能，试图培育"海水稻"。让我们通过视频了解一下。（播放视频：《超级工程》第三季第一集《食物供应》）

看完这段视频，你有什么感受？

学生活动：

学生1：我觉得袁爷爷太厉害了！在盐碱地里种粮食，真是化不可能为可能！

学生2：我觉得袁爷爷真是我们现代的"神农氏"！正因为有袁爷爷，

我们的饭碗才能紧紧端在自己手里。

教师活动：产量的连年提高，农业技术不断发展的动力是什么呢？请阅读袁隆平爷爷的一段话，说说你的想法。

作为一个科学家，不能迷信权威，迷信书本，也不能因为取得一丁点的成绩就沾沾自喜，居功自傲。科学是没有止境的。只有敢于探索敢于创新，才能成果迭出，常创常新。

——袁隆平

学生活动：

学生1：我认为不断地创新是农业技术不断发展的动力。

学生2：袁爷爷研究的"海水稻"，就是在本不能种粮食的盐碱地里种的水稻，这就是一种创新。

教师活动：是呀，正如习爷爷所说，"改革开放40年的实践启示我们：创新是改革开放的生命"。小岗村的"包产到户"是政策创新，经济特区的建立是经济创新，袁爷爷的杂交水稻是技术创新。党的二十大报告中说"创新是第一动力"，事实也印证了只有在不断改革创新中，一个民族的凝聚力才能不断增强，一个国家才能有生机活力。

设计意图：本环节以袁隆平与杂交水稻的故事，引导学生感受改革创新对人民生活、国家战略的意义，进一步体会创新是改革开放的原动力，感受改革创新的意义与深远影响。感受到改革开放政策的正确以及中国特色社会主义制度的优越性。

环节五：了解改革创新的成就，感受科教兴国的战略意义

教师活动：除了杂交水稻外，还有哪些体现改革创新辉煌成就的例子？这些成就与我们国家的发展、人民的生活有什么关系？

学生活动：小组汇报交流。

学生1：我国的高铁就是改革创新的成就之一。我国的高铁不仅极大地方便了人们的生活，加强各地之间的联系，更以系统技术全面、造价低、建设速度快等优势，成为在世界上叫得响的"中国名片"。

学生2：我知道"天河一号"超级计算机是我国首台千万亿次超级计算

机。它的成功研制使天气预测更加精准，对我国的航天探测也意义非凡。

学生3：北斗卫星导航系统是我们国家自主研发的导航系统，在交通、公安、防灾、农业等多个领域都能发挥自己的作用，而且对于国家安全更是意义重大。

教师活动：正如同学们提到的，科技进步、改革创新改变了我们的生活，促进了国家的发展，你们觉得背后支持它的是什么呢？

学生活动：

学生1：科学家。

学生2：科技人才。

学生3：创新意识。

教师活动：同学们说的都对。但归根结底，人才和创新意识的培养都离不开教育，离不开国家政策、国家制度保障。在党的十九届五中全会上，党中央再次提出深入实施科教兴国战略、人才强国战略。与同学们息息相关的《中华人民共和国义务教育法》的出台与修订就是科教兴国战略的体现之一。

教师活动：阅读资料，说说《中华人民共和国义务教育法》的出台和修订给我国的教育带来了哪些变化。

资料1：2006年，修订后的《中华人民共和国义务教育法》明确规定，"实施义务教育，不收学费、杂费"。经过多年奋斗，我国已跻身免费义务教育水平较高的国家之列。

资料2：《中华人民共和国义务教育法》第二十二条规定：县级以上人民政府及其教育行政部门应当促进学校均衡发展，缩小学校之间办学条件的差距，不得将学校分为重点学校和非重点学校。学校不得分设重点班和非重点班。

学生活动：

学生1：我认为实施义务教育，可以让人人有学上，能够提高公民的整体素质。

学生2：我觉得法律规定缩小学校之间办学条件的差距是教育公平的一种体现，让不同地区的学生都能尽量享受到同样水平的教育。

教师活动：科技兴，则国家兴；教育强，则国家强。在改革创新辉煌成就的背后，是广大科技教育工作者的无私奉献，是一代代人的努力奋斗。除了改革创新外，"科教兴国"战略的提出也让我们的生活、我们的国家发生了巨大变化。可以看出我们中国特色社会主义制度是符合我国国情、适合我国人民的。（板书：科教兴国）

设计意图：本环节通过引导学生从不同角度感受改革创新为中国在工业、科技、农业、文化、生活等各个方面创造的突出成就，使学生在感受祖国飞速发展之余，进一步思考改革创新背后的不竭动力正得益于"科教兴国"战略对人才培养和教育的重视与支持，从而找到我们的国家和生活发生巨大变化的第二个原因。感受中国特色社会主义制度的正确性。

（二）课堂小结

通过这节课的学习，同学们找到了我们国家和人民生活在短短几十年里发生巨大变化的原因。说明改革开放的政策、科教兴国的政策都是利于国家和人民的，要坚定走中国特色社会主义道路，不断弘扬以改革创新为核心的时代精神，努力投身创新实践，发展才会有新思路，改革才会有新突破，我们才能开创更加美好的未来。（板书：国家富强）

在改革创新这条路上，我们都是同行者，尤其是同学们，你们是未来的主力军，让我们一起为祖国的富强而努力！

（三）板书设计

12 富起来到强起来
改革创新谋发展

改革开放 ┐
         ├──→ 国家富强 ──→ 坚持道路自信、制度自信
科教兴国 ┘

（四）作业设计

了解脱贫攻坚中一则小故事。

（五）参考资料

人民教育出版社课程教材研究所、小学德育课程教材研究开发中心：《义务教育教科书　教师教学用书　道德与法治　五年级下册》，人民教育出版社，2019年。

八、教学总结与反思

本课充分体现了教师的主导地位和学生的主体地位，学生积极参与课堂教学，成为课堂的主人；教师引导学生整理资料，提炼信息，使学生成为课程资源开发利用的主体。

教师精心设计问题，由浅入深，层层深入，引导学生由感性认识上升到理性认识。在这一过程中，学生思维活跃，发言踊跃，课堂气氛热烈，反映了师生是"学习共同体"的关系。同时，学生体验到了学习的快乐，增强了对改革开放这一原本认为是比较遥远的话题的兴趣。

在教学过程中，教师借助音频、视频、图片等资料，增强教学的直观性，教学环节的设计力求让每个学生都有所收获，使学生能力得到不同程度的提升和发展。

不足之处：教师教学评价语言过于单一。

改进措施：听取更多的老师讲课，观看网上相关视频课程，收集整理教师相关的评价用语。

我们神圣的国土

沈阳市皇姑区岐山路第一小学　臧一帆

一、课程基本信息

主讲课程：道德与法治

使用教材版本：人民教育出版社2019年版

教材章节出处：《道德与法治》五年级上册第三单元第六课《我们神圣的国土》

二、教学设计概述

《我们神圣的国土》对应《道德与法治》五年级上册第三单元《我们的国土　我们的家园》的教学内容。本节课需要学生在坚定制度自信的基础上，增强国家认同。因此，侧重引导学生了解我国国土特点、认识我国行政区划、明确我国领土神圣不可侵犯，从而进行国家意识教育，实现对于政治认同核心素养、法治观念核心素养以及责任意识核心素养的培养。

为了缩短学生与教材的距离，本节课以地图为线索，结合"课程学习单"，通过"疆域辽阔的祖国、海陆兼备的祖国、分级管理的祖国、不可分割的祖国"四项活动，帮助学生认识"我们神圣的国土"。感受百年未有之大变局下，中国共产党带领全党全国各族人民取得的部分重大成就，以坚定的制度自信推进复兴伟业。

首先，师生共赏多彩风光、遇见中国美景，以祖国壮美山河激发学生学习兴趣、增强民族自豪感的同时，直接点明课题。活动一"疆域辽阔的祖国"需要学生结合世界地图描述祖国的具体位置，联系生活实际感受祖国的疆域辽阔。借助学习单，完成"算一算"任务，再次感受辽阔的国土，实现跨学科的融合。活动二"海陆兼备的祖国"需要学生再次观察地图，引导学生发现我国海陆兼备的国土特点。以小组合作的形式，找一找我国邻国，以增强合作交流的能力。以小游戏的形式找出相应省级行政单位的具体位置，自然进入活动三"分级管理的祖国"。且所选案例均为我国近年来的重点工程，如"用中国速度与疫情赛跑""我国首批国家公园""港珠澳大桥""边防战士踏冰卧雪守卫祖国边防线"等，以提升学生的政治敏感度、坚定制度自信。最后，活动四"不可分割的祖国"从历史、地理双重角度明确"台湾自古以来是我国领土不可分割的一部分"这一结论；借助国防部发言人的相关发言重申这一观点。最后，结合"全国测绘法宣传日"活动、"中国今昔对比照"总结：祖国的每一寸土地都神圣不可侵犯，通过百年奋斗，我国近年来在抗击新冠疫情、脱贫攻坚、全面建成小康社会等重大事件和历史进程中，进一步彰显了中国特色社会主义制度优势。强调正确表达国家版图、坚定制度自信的必要性，再与现实生活中边境前线的戍边将士相联系，涵育学生的家国情怀。

三、学情分析

五年级学生的认知水平与思维能力都已经日趋成熟，思维能力也逐渐向抽象思维能力转化。首先，他们对于"制度自信""祖国""国家领土""版图意识"等概念已经有了初步的认识，但并不系统、全面。对于百年奋斗路上能够彰显中国特色社会主义制度优势的重大事件和历史进程，学生在生活实际、热点新闻中已有所感知，但未构建成体系。其次，在当今和平年代，学生难以体会到维护祖国领土神圣不可分割的使命感，需要教师提前准备相关视、听资料，正确引导并帮助其树立。再者，本节课带有部分的地理属性，教材本身就包含了多幅地图；加之，为帮助学生理解，授课时会补充相应的地图，而学生读图能力存在差异，需要教师根据情况及时指导、调整。

四、教学目标

1.通过"疆域辽阔的祖国、海陆兼备的祖国、分级管理的祖国、不可分割的祖国"等四项活动，在坚定制度自信的基础上，了解我国疆域辽阔、海陆兼备的国土特点；认识并熟记我国的行政区域划分，明确我国领土是不可分割、神圣不可侵犯的。正确对应百年奋斗路上能够彰显中国特色社会主义制度优势的重大事件、历史进程等。

2.在识图、计算、小组交流等活动中，联系生活实际回答问题；培养信息搜集、读图识图、发散创新思维、语言完整表达、小组合作交流等能力，达到全面提升素养的效果。

3.在欣赏祖国壮美山河、分享旅行经历的过程中，融入带有时效性、突显制度自信的相关案例，激发民族自豪感、增强维护祖国领土完整的使命感、树立正确的国家版图意识，坚定制度自信，增强国家认同。

五、教学重点难点

（一）教学重点

了解我国疆域辽阔、海陆兼备的国土特点；认识我国的行政区域划分并可结合地图清晰指出相应位置；明确台湾是我国领土不可分割的一部分，懂得祖国领土神圣不可侵犯；发现生活中能够激发民族自豪感、彰显中国特色社会主义制度优势的事例，坚定制度自信、增强国家认同。

（二）教学难点

可以结合自身实际经历表达出我国疆域辽阔的国土特点；能够将我国的省级行政区划、时政新闻中的"国家超级工程"一一对应，并可结合地图快速找出大致位置；明确中国的主权和领土完整不容侵犯，熟悉辨别问题地图的方法，自觉形成维护祖国领土完整的使命感、树立正确国家版图意识；能够将激发民族自豪感的案例与制度自信相结合。

六、教学设计总体思路

《我们神圣的国土》一课需要在坚定制度自信的基础上，激发学生的国家认同感、民族自豪感，增强维护祖国领土完整的使命感，以及树立正确的国家版图意识。因此，通过设置"疆域辽阔的祖国、海陆兼备的祖国、分级管理的祖国、不可分割的祖国"等四项活动，借助地图线索紧密联系各个环节，再通过"课程学习单"实时把握课堂节奏、培养学生相应的能力。

授课过程中，多次借助多媒体设备播放相关片段帮助学生直观感受。学生首先需要结合世界地图描述祖国的具体位置，联系生活实际感受祖国的疆域辽阔。再次观察地图，找一找我国大陆濒临的四大海域和我国的台湾岛，引导学生发现我国海陆兼备的国土特点。以小游戏的形式找出地图上相应省级行政单位、"中国超级工程"的具体位置。

联系时政让课堂学习效果实现显著提升。教师在案例选择时要注重时效性，在考虑学生年龄特点的同时，也要保持高度的政治敏锐性。在讲述案例时做到严谨与幽默并存，吸引学生的学习兴趣、激发相应的情感态度，体现制度自信与国家认同的深刻内涵。《我们神圣的国土》一课案例选取均考虑到以上特点。选择了"遇见中国美色""全国测绘法宣传日""中国航天""北京冬奥会""我国首批国家公园""港珠澳大桥""用中国速度与疫情赛跑""边防战士踏冰卧雪守卫祖国边防线"等相关案例，激发学生民族自豪感及家国情怀，提升学生的政治敏感度，坚定制度自信。

七、教学过程

（一）教学流程设计

环节一：遇见中国美色，共赏多彩风光

教师活动：

1.播放中国美色相关片段，提出问题：

（1）山河锦绣，国盛家兴；千里江山，中国如画。同学们，大家看得都很投入，那你们都看到了什么呢？

（2）同学们观察得都很细致。没错，什么是中国美色？那万千独特与不凡的山水景观可以作答。你曾经通过什么方式看见过这番壮美的景象？有什么样的心情？

2.总结过渡：那么今天换一个视角，让我们借助地图，来感受祖国的壮美、探索这片"神圣的国土"。请同学们齐读课题。

学生活动：

1.结合生活经验回答相应问题：

（1）我看到了西沙群岛的湛蓝辽阔、南迦巴瓦的日照金山、冬日光雾山上的银装素裹等美景。

（2）书中的图片、影视作品、旅行途中等都能看到中国山水的独特与壮美。每当看到祖国壮美山河、记录方式的转变，感到十分自豪。

2.齐读课题：我们神圣的国土。

设计意图：结合祖国壮美山河片段，激发学生学习兴趣、民族自豪感，直接点明课题。

环节二：课堂新授

第一部分：疆域辽阔的祖国

教师活动：

1.找一找：结合"中国在世界的位置"一图，引导学生正确使用方位关系准确描述中国的位置。借助相应数据，提出问题：你有什么样的感受？学生作答后，书写板书：疆域辽阔。

2.提出问题：生活中什么时候能感受到祖国的辽阔？学生自由回答后，分享冬奥会期间张家口街景图、长征八号遥二运载火箭发射图等案例，明确南北存在温度差；分享晚上同一时间拉萨和沈阳的夜景图，明确东西存在时间差，帮助学生直观感受祖国的辽阔。

3.借助学习单，完成"算一算"任务，帮助学生再次直观感受祖国的辽阔。同时书写板书：祖国、国土特点。

学生活动：

1.自由回答并相互补充：

（1）中国位于北半球，处在世界最大的大洲——亚洲的东部，东临世界最大的大洋——太平洋，地理位置十分优越。

（2）我国疆域辽阔。

2.结合各自旅行经历，自由回答。

3.分享答案。

设计意图：学生初看地图，大致了解祖国的位置，感受祖国的辽阔。随后联系生活实际，分享各自感受祖国辽阔的小故事，教师借助多媒体出示相关案例图片，增强学生民族自豪感的同时进行过渡小结。通过完成学习单上的"算一算"环节，达到多学科融合的效果，同时也帮助学生再次直观感受祖国疆域辽阔跨度大的国土特点。

第二部分：海陆兼备的祖国

教师活动：

1.出示"中国陆地边界与陆上邻国示意图""中国海上邻国示意图"，提出问题：同学们，观察地图，你还发现了什么国土特点？

2.学生回答后板书：海陆兼备。提出相应问题：（1）你能依照自北向南的顺序，说出我国大陆濒临的四大海域吗？（2）我国最大的岛屿是哪个？

3.小组合作找一找：探索中国的陆上、海上邻国。

学生活动：

1.观察地图后回答：海陆兼备。

2.抢答问题：（1）在祖国大陆的东面，我国濒临渤海、黄海、东海、南海。（2）台湾岛是我国第一大岛。

3.小组合作，并依次派代表回答问题，各小组相互补充。

设计意图：学生借助教师提供的中国邻国示意图，再次感受我国的国土面积之大，发现海陆兼备的另一国土特点。以小组合作的形式找出我国的陆上邻国以及隔海相望的国家，增强合作交流的能力。

第三部分：分级管理的祖国

教师活动：

1.出示"中国的省级行政区域图"并介绍：我国幅员辽阔、疆域广大，因此古往今来都非常重视对国家进行有效的分级管理，把国家疆域划分为不同层次的行政区域。板书：分级管理。

2.游戏互动：随机列举我国耳熟能详的重点工程、著名地点等，配合相关片段简单介绍，请同学们找出具体所在地点。

（1）大漠戈壁中，有一座全球最高、聚光面积最大的100兆瓦熔盐塔式光热电站。它由12000面"超级镜子"组成，最大镜面可达115平方米。

（2）世界第一高桥在哪里？横跨在碧波之上，连接着被峡谷隔绝的滇黔两地。曾经阻隔交通的峡谷，随着道路桥梁工程建设的日益增多，便利人民生活。

（3）这里有着阳光灿烂的海港、热带雨林国家公园、现代化新型航天发射场、非物质文化遗产"琼剧"等。

（4）重温激动人心的时刻：1997年7月1日0时0分0秒，《义勇军进行曲》准时奏响，鲜艳的五星红旗和香港特别行政区区旗同时在香港升起。

（5）它被国外媒体誉为"新世界七大奇迹"之一，是世界最长的跨海大桥。

（6）用中国速度与疫情赛跑，24小时内拿出设计图纸，37小时完成钢骨架安装焊接，3天完成雷神山送电，5天完成火神山送电，10天交付！

学生活动：

1.仔细观察地图，抢答并填空：

（1）我国有 23 个省。

（2）5 个自治区。

（3）4 个直辖市。

（4）2 个特别行政区。

2.结合地图找出相应地点，并结合知识储备补充发言。

（1）在甘肃敦煌有一面能发电的巨型镜子。

（2）贵州北盘江第一桥，大桥桥面距谷底垂直高度565.4米，居世界第一。桥姿挺拔，气势磅礴。

（3）海南省。

（4）香港特别行政区。

（5）港珠澳大桥。

（6）湖北省武汉市。

设计意图：教师讲述我国幅员辽阔是古往今来一直采用分级管理的原因，提升学生的民族自豪感。借助学习单上教师提供的省级行政单位简称顺口溜，帮助学生记忆。利用惊艳世界的"中国超级工程"，增强学生的"制度自信"。

第四部分：不可分割的祖国

教师活动：

1.出示台湾省地图，借助教材47页有关台湾省的介绍，明确：台湾自古以来就是我国领土不可分割的一部分。提出问题：你知道历史上曾经有一位和台湾颇有渊源的民族英雄吗？你了解他的故事吗？板书：不可分割。

2.借助地质学家的相关论证，从地理角度再次肯定：台湾自古以来就是我国领土不可分割的一部分。

3.播放国防部新闻发言人有关台湾问题的回答，再次明确立场：台湾自古以来就是我国领土不可分割的一部分。同时完善相应板书内容。

学生活动：

1.听教师讲解，随后结合课前准备内容，介绍郑成功收复台湾的故事。

2.观察地形图。

3.认真观看相关教学视频并明确立场：台湾自古以来就是我国领土不可分割的一部分。

设计意图："地图"为本课的学习线索，通过再次观察地图，完成不同活动之间的自然衔接。师生从地理角度以及历史角度得出结论：台湾自古以来就是我国领土不可分割的一部分。在学生回答相应问题后，教师播放官方视频，再次加深学生对于"不可分割"这一观点的理解，强调"制度自信"的重要性。

环节三：总结升华，学习反馈

教师活动：

1.结合"全国测绘法宣传日"的相关内容，出示系列"中国今昔对比照"。总结过渡：祖国的每一寸土地都神圣不可侵犯，通过百年奋斗，我国近年来在抗击新冠疫情、脱贫攻坚、全面建成小康社会等重大事件和历史进程中，进一步彰显了中国特色社会主义制度优势。

2.提问：我们在地图上守卫着"我们神圣的国土"，那现实生活中是谁冲在前线，守护着国门边境第一道防线？你想对这些英雄说些什么呢？

3.总结并布置课后作业：树立祖国版图意识，珍惜祖国的每一片疆域，遇到"问题地图"时，能够有所警惕。共同守护"我们神圣的国土"！请同学们于课后完成学习单上的自测、自评任务。

学生活动：

1.回答"全国测绘法宣传日"活动主题："规范使用地图，一点都不能错。"借助"今昔对比照"感受自豪之情、增强制度自信。

2.观看《边防战士踏冰卧雪守卫祖国边防线》视频片段，向边防战士致敬，谢谢他们的守护。

3.完成学习单上相应自测、自评任务。课后，关注时政热点新闻，及时结合地图对应"国家超级工程"所在位置。

设计意图：教师出示"全国测绘法宣传日"活动海报，强调"祖国领土不可分割"的重要性。通过"中国今昔对比照"，明确祖国强大、"制度自信"对人民生活的保障作用。借助对戍边将士想表达的情感这一问题，实现与现实生活的有效衔接，提升民族自豪感。借助学习单完成课后任务，引导学生养成及时自我反馈的好习惯。

（二）课堂小结

本节课以地图为线索，结合"课程学习单"，通过"疆域辽阔的祖国、海陆兼备的祖国、分级管理的祖国、不可分割的祖国"四项活动，帮助学生认识"我们神圣的国土"，坚定制度自信、增强国家认同。把学习的主动权交给学生，体现以生为本的课堂。选择了"遇见中国美色""全国测绘法宣传日""中国航天""北京冬奥会""我国首批国家公园""港珠澳大桥""用中国速度与疫情赛跑""边防战士踏冰卧雪守卫祖国边防线"等相关案例，激发学生民族自豪感及家国情怀，提升学生的政治敏感度，坚定制度自信、增强国家认同。最后实现帮助学生树立正确祖国版图意识、珍惜祖国的每一片疆域的目的。呼吁学生遇到"问题地图"时，能够有所警惕，共同守护"我们神圣的国土"！

（三）板书设计

我们神圣的国土

（四）作业设计

6 我们神圣的国土（第一课时）

班级：_____ 姓名：_____

活动一：疆域辽阔的祖国	
算一算	如果不眠不休，并且以最高时速 120 千米驾驶，从祖国的最北端开至最南端、从祖国的最西端开至最东端分别需要多久？
活动二：海陆兼备的祖国	
写一写	你知道我国版图的"四至点"吗？
活动三：分级管理的祖国	
填一填	我国现有_____个省、_____个自治区、_____个直辖市和_____个特别行政区。_____是中华人民共和国的首都。
中国省级行政单位简称背诵口诀："京津沪渝宁陕甘，两湖两广两河山，苏浙闽赣云贵皖，港澳台琼辽吉黑，内蒙青海疆藏川。"	
活动四：不可分割的祖国	
说一说	通过查阅资料，和我们分享一下你知道的台湾吧！

本课学习自测	1. 我国领土最北端位于（　　） A. 乌苏里江　B. 漠河　C. 额尔齐斯河　D. 额尔古纳河
	2. 以黑龙江为界与我国相邻的国家是（　　） A. 蒙古国　B. 俄罗斯　C. 哈萨克斯坦　D. 朝鲜
	3. 以下不属于中国近海的是（　　） A. 渤海　B. 黄海　C. 东海　D. 黑海
本课学习自评	

（五）参考资料

1.杨金海：《深化对中国特色社会主义制度优势和制度自信的研究》，《中国青年社会科学》2020年第4期。

2.宇文利：《新中国70年与中国特色社会主义制度自信》，《学术论坛》2019年第4期。

3.李家祥：《试论高校对制度自信教育素材的挖掘与运用》，《高教论坛》2024年第3期。

4.扎史吹追、曹明：《论习近平关于制度自信重要论述的生成逻辑》，《盐城师范学院学报（人文社会科学版）》2023年第4期。

5.黄亮：《论新时代青年制度自信教育的三个维度》，《中国青年社会科学》2020年第5期。

6.施肖凤：《高中思想政治课中国特色社会主义制度自信教育研究》，西南大学，2023年。

八、教学总结与反思

1.围绕课标完成初步设计。根据课标要求，《我们神圣的国土》在坚定制度自信的基础上，侧重引导学生了解我国国土特点、认识我国行政区划、明确我国领土神圣不可侵犯，从而进行国家意识教育、国家认同教育，实现对于政治认同核心素养、法治观念核心素养以及责任意识核心素养的培养。

2.联系实际选择案例完善。近代以来，西方国家潜移默化地诱导部分国人误读中国制度，产生对中国制度不自信的情绪。因此，本课选取了"遇见中国美色""全国测绘法宣传日""中国航天""北京冬奥会""我国首批国家公园""港珠澳大桥""用中国速度与疫情赛跑""边防战士踏冰卧雪守卫祖国边防线"等相关案例，提升学生的政治敏感度，坚定制度自信、增强国家认同。

屹立在世界的东方

沈阳市皇姑区童晖小学　张钟元

一、课程基本信息

主讲课程：道德与法治

使用教材版本：人民教育出版社2019年版

教材章节出处：《道德与法治》五年级下册第十一课《屹立在世界的东方》

二、教学设计概述

（一）依据课程标准要求

本课设计依据是《品德与社会课程标准》中主题五"我们的国家"第11条"知道中国共产党的成立，知道新中国成立和改革开放以来取得的成就，加深对社会主义祖国和中国共产党的热爱之情"。

依据课程标准的要求，结合五年级学生的年龄特点、生活实际和成长需求，综合考量由于时代发展和社会进步出现的新情况，设置了教学内容。

（二）依据大单元主题设计教学

了解单元整体教学内容和教学逻辑才能更好把握一节课的教学目标及教学重难点，本单元呈现了近代以来中国人民为实现民族复兴走过的历史进程，以重大历史事件、重要历史人物为主线，进行国情教育、革命传统教育和爱国主义教育，引导学生了解、认识和感悟先辈们走出苦难、复兴中华的艰难历程，树立奋发图强的爱国志向。中国的近代史是一段中华民族遭受深重苦难的屈辱史，也是一段中国人民不甘屈辱、前赴后继、奋起抗争的历史。最终，在中国共产党的带领下，中国人民迎来了民族独立和人民解放，掌握了自己的命运。新中国成立后，尤其是改革开放以来，中国共产党带领中国人民不断进行艰辛探索，找到了实现中华民族伟大复兴的正确道路，取得了举世瞩目的成就，体现了中国特色社会主义制度和道路的优越性。

本单元共六课，以时间为脉络，以精神为核心，呈现近代以来中国人民为实现民族复兴走过的历史征程。第十一课《屹立在世界的东方》介绍了中华人民共和国成立后，在中国共产党领导下，全国人民自力更生、齐心协力、艰苦奋斗、奋发图强，在一穷二白的基础上建设伟大祖国的历史，引导学生感悟新中国建设者奋力拼搏、不畏艰难、为国献身的爱国热情和爱国精神。

（三）本课时教学逻辑设计

第一个教学环节，教师可从介绍新中国成立前的准备工作引入，接着播放反映开国大典盛况的视频资料，让学生思考"为什么开国大典如此盛况空前"等问题，帮助其感受人民群众的喜悦之情。第二个教学环节，教师可对教材提供的教育普及、土地改革、妇女地位提高三个事例进行深入分析，还可以呈现《中国人民政治协商会议共同纲领》《中华人民共和国宪法》中的内容，让学生思考它们如何反映了人民的利益。

三、学情分析

本节课内容是《道德与法治》五年级下册第三单元《百年追梦　复兴中华》第十一课《屹立在世界的东方》的教学内容。

五年级的学生对中华人民共和国的成立已有基本了解，认识国旗、国歌、国徽。但学生们只了解大致状况及基本概念，对于"中华人民共和国的成立具有怎样的重要意义"等问题不甚了解，对于国旗、国歌、国徽的来历及深层含义也不甚明了。因此，本课设定第一个教学目标，意在帮助学生认识中华人民共和国成立的重要影响，了解"中国人民站起来了"的内在含义。

现在的学生生长在和平、繁荣的年代，习惯安定美好的生活，不能很好地理解中华人民共和国成立初期面临的内外压力。本课设定第二个教学目标，意在帮助学生了解中华人民共和国成立初期如何战胜内忧外患，屹立于世界民族之林。

很多学生对中华人民共和国成立初期的经济、社会及建设情况不甚了解，为了让学生了解中华人民共和国成立后各行各业取得的巨大成就，唤起学生对建设者的敬仰之情，本课设定第三个教学目标。

四、教学目标

1.认识中华人民共和国成立的伟大历史意义，理解中华人民共和国的成立开辟了中国历史的新纪元。

2.知道中华人民共和国成立初期面临的挑战和发生的重大事件。

3.了解中华人民共和国成立后中国共产党带领全国人民自力更生、艰苦奋斗取得的伟大成就，感受各族人民百折不挠投身社会主义建设的精神。

五、教学重点难点

（一）教学重点

帮助学生了解中华人民共和国成立的伟大历史意义，明白是中国共产党带领中国人民实现了民族独立与人民解放，并在新中国成立后带领全国人民自力更生、奋发图强，进行社会主义建设，使中国得以昂然屹立于世界的东方。教材分别呈现了中华人民共和国成立初期在经济建设、科学技术方面的进步和成就，以及为此作出突出贡献的模范人物。教材采用"以点带面"的形式，选取代表性事例，对建设成就及模范人物进行呈现，教师在教学时要注意拓展学习内容，创设灵活多样的情境，引导学生参与到教学活动中来。

（二）教学难点

本课涉及一些政治制度方面的内容，且所述的事例和人物也离学生的生活较远，不易引起学生共鸣，此为教学难点。针对这一问题，教师可组织调查、采访等活动，拉近学生与所学内容之间的距离，激发学生的兴趣。

六、教学设计总体思路

（一）本课时教学总体思路

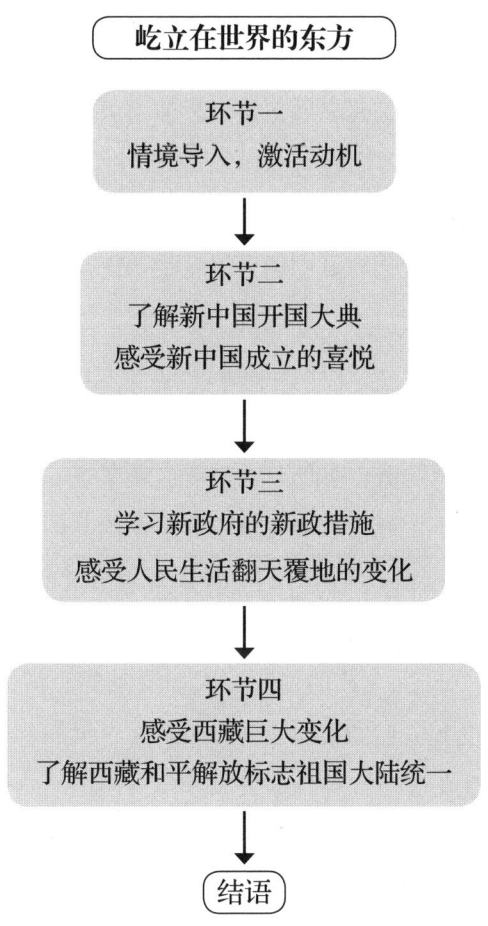

屹立在世界的东方

环节一
情境导入，激活动机

环节二
了解新中国开国大典
感受新中国成立的喜悦

环节三
学习新政府的新政措施
感受人民生活翻天覆地的变化

环节四
感受西藏巨大变化
了解西藏和平解放标志祖国大陆统一

结语

同学们，今天我们共同回顾了开国大典的盛况，为新中国取得的胜利而感到自豪，在中国共产党的领导下中国人民站起来了。我们知道中国人民实现了翻身解放，中国实现了民族独立，中华人民共和国的成立带来了史无前例的变化，开辟了中国历史的新纪元。2024年距离新中国成立已经有75年的历程，我们取得了令人瞩目的成就，同时在我们每个人的心中，都播撒下了制度自信的种子。

（二）本课采用的教学方法

1.情感体验法。通过1949年和70多年后"国庆节"的对比，使历史与学生当下的生活对接，认识到今天我们为祖国的强大而自豪。再通过对新中国诞生时人们激动场景的直观感受，使学生体会新中国成立时人民无比激动的心情的情感体验，理解新中国成立的伟大历史意义。

2.讲授法。在学生回答问题后，每个环节结束后，教师能有效地通过归纳概括让学生对本环节学习内容有总体认知。

3.互动讨论法。对于学生搜集到相关国旗、国歌、国徽的故事，新中国成立后人们生活有哪些变化以及中国人民政治协商会议第一届全体会议召开的资料，充分展开交流与讨论，并通过小组合作等途径，指导和运用学习资料，学会思考与表达，更加明白新中国成立的意义和新中国的成立让人民的生活发生了翻天覆地的变化，真正实现了人民当家作主。

4.现代信息技术教学法。本环节通过对大量文字、视频等资料的阅读与提炼，不仅使学生了解了先有政协会议才有新中国开国大典的历史，还在阅读资料、整理信息的过程中对各种信息加以提炼和总结，了解了1949年新中国成立时的盛况，本课从头至尾的每个环节中所采用的视频、文字、图片等现代技术呈现出的开国大典的盛况、人们激动的心情以及现在幸福的生活，让学生直观感受到人们的喜悦心情，理解在喜悦的背后新中国成立的意义。不仅增加了学生的学习兴趣，激发了学生对祖国的热爱之情，更增强了学生们的民族自豪感和民族自信心。

七、教学过程

（一）教学流程设计

环节一：情境导入，激活动机

1.导入：同学们，距离新中国成立已经有70多年的历史了，大家还记得新中国成立70周年国庆庆典的盛大场景吗？

预设1：我妈妈参加了群众游行，就站在"立德树人"的方阵中。回来后，她和我们分享了她参加群众游行时的故事，特别地自豪。

预设2：我们学校的老师当年也参加了群众花车游行，他回来后向我们介绍了当时现场的盛况。

预设3：我当时在家里看电视，在阅兵式上我看到了很多由我国自主研发的最先进的国防武器。这些武器提升了我国的国防能力，我觉得在自己的国家生活特别有安全感。

2.过渡：通过参与或是观看这次国庆盛典，我们对祖国更加热爱；看到祖国繁荣富强，我们为自己是一个中国人而感到由衷地自豪。现在让我们重温那一场景，再次感受那份自豪。

3.播放视频：《国庆70周年庆典》。谁能用一个词概括一下你看完这个视频的感受？

预设：激动！幸福！无与伦比！先进！大国重器！

4.谈话：国庆70周年庆典，再一次燃起了我们的爱国热情。每一个中国人都为祖国取得了如此辉煌的成就而感到骄傲与自豪。你知道1949年的10月1日，新中国成立当天，天安门广场上是什么样子吗？让我们一起去了解一下当年的盛况吧！（板书课题）

5.出示组图《开国大典》。说说你看到这些图片后感受到的又是什么？

预设1：我看到每一个人都特别激动，大家挥舞着手中的国旗，呐喊着，欢笑着……

预设2：我也看到了，广场上的每一个人脸上都洋溢着笑容，他们是那样的幸福与自豪。

6.提问：1949年的10月1日这一天也是万人欢腾，天安门广场成了欢乐的海洋，人们这么激动的原因又是什么呢？让我们走进70年前的那一天去寻找答案。

设计意图：本环节以"国庆节"为线索，使历史与学生当下的生活对接，在经历了70周年国庆节的欢庆仪式后追溯到1949年，认识到今天我们为祖国的强大而自豪。再通过对新中国诞生时人们为什么这么激动这一问题的思考，认识到时隔70年的两次国庆节场面对比，实则都是人们为新中国取得的伟大成就而骄傲。通过提出一个问题，使学生体会新中国建立时人民无比激动的心情，理解新中国成立的伟大历史意义。

环节二：了解新中国开国大典，感受新中国成立的喜悦

1.了解政治协商会议，国旗、国徽的确定，体会新中国成立后人民政治地位的改变。

（1）出示"中国人民政治协商会议第一届全体会议"图片。

（2）提问：这是新中国成立前的一次会议，在这张图片中你都看到了什么？这到底是一个怎样的会议呢？让我们通过下面这段文字去了解一下。

（3）阅读教材76页"阅读角"部分，说说这次会议的时间、地点和参会人员，以及在会议上都确定了哪些内容。

预设1：1949年9月，中国人民政治协商会议在北平召开，来自全国各地、各党派、各团体、各民族的600多名代表参加了这次会议，商讨新中国成立大事。会议确定成立中华人民共和国，选举毛泽东为中央人民政府主席，朱德、刘少奇等人为副主席。

预设2：这次会议决定的都是新中国的大事，而且是由全国范围内选举的600多名代表商议决定的。

小结：这次会议通过了4件国之大事的提案，分别是国都、纪年、国歌、国旗的提案。会议决定以五星红旗为国旗；国都定于北平，北平改名北京；采用公元纪年；在国歌未正式制定前以《义勇军进行曲》为国歌。

（4）提问：国旗、国歌、国徽是一个国家的象征，这些国家象征又是怎样确立的呢？

预设：我通过收看中央台的纪录片了解到，当时中央人民政府向全国人民发布启示，公开征集国旗、国徽的图案及国歌的词曲。

追问：如何在众多的作品中最终确定用哪一个方案呢，你知道吗？

预设："阅读角"中说明了是众多代表商讨决定的。

小结：说得对！"众多代表商讨决定"，也就是说不是一个人说了算。《中国人民政治协商会议共同纲领》规定"中华人民共和国的国家政权属于人民"，也就是人民当家作主。（板书：人民当家作主）

（5）提问：当时新中国还没有颁布《中华人民共和国宪法》，《中国人民政治协商会议共同纲领》就起到了临时宪法的作用。你还知道哪些有关国旗、国徽、国歌的意义以及相关故事吗？

预设1：我们低年级的时候学过，中华人民共和国国旗为五星红旗，长方形，红色象征革命，旗面左上方缀黄色五角星五颗，象征共产党领导下的革命大团结，五星用黄色象征红色大地上呈现光明。一星较大，四星较小，环拱于大星右侧，并各有一个角尖正对大星的中心点，表达亿万人民心向伟大的中国共产党，似众星拱北斗。

预设2：我从新闻中了解到，1949年7月，全国政治协商会议筹备会为了迎接新中国的成立，在《人民日报》登出了向全国征求国徽的启事。征得的稿件和图案虽各具特色，但都有不足之处，所以都未被采纳。因此，在1949年9月下旬的政协全体会议上，没有公布国徽方案。

预设3：我们在上音乐课的时候，老师讲过中华人民共和国国歌为《义勇军进行曲》，1935年由田汉作词，聂耳作曲，原是电影《风云儿女》的插曲。新中国成立时，中国人民政治协商会议第一届全体会议通过《义勇军进行曲》为代国歌。它以其高昂激越的旋律和鼓舞人心的歌词表现了伟大的中华民族在外侮面前勇敢、坚强、团结一心共赴国难的英雄气概。

（6）过渡：有关国旗的故事，让我们收看一段对国旗设计者曾联松的采访。

（7）播放视频：《国旗的故事》。

（8）小结：通过国旗诞生的故事，我们知道了新中国实行的是人民民主专政，采用的是人民代表大会制度，国家的事情由人民当家作主。在经历了这些前期准备后，1949年10月1日下午3时，开国大典准时开始了。

2.借助《开国大典》视频，感受中华儿女的激动与喜悦。

（1）播放《开国大典》视频片段，体会亿万同胞激动欢呼的心情。

（2）提问：从现场的画面中你感受到了什么？为什么全场30万人掌声雷动，欢呼庆祝？

预设1：中国人民在中国共产党的领导下，经过英勇奋斗，取得了革命的胜利，建立了中华人民共和国。

预设2：它标志着中国人民在中国共产党的领导下，经过浴血奋战，终于结束了受侵略、受压迫的历史，终于挺直腰杆站起来了，各族人民都激动万分。

预设3：旧中国人民饱受战争之苦，最渴望建立一个新的政权，一个新的国家，渴望过安居乐业的日子，这一天终于到来了，所以人民激动，人民欢呼。

（3）观看《开国大典》阅兵式的视频片段，说说你又感受到了什么。

预设1：通过观看视频，我们了解到当时的海军、陆军和空军都参加了阅兵式。

预设2：我国为数不多的骑兵也参加了阅兵式表演，人民解放军真是威武之师。

预设3：我们的武器装备当时被称为"万国牌"，多半是从战场上缴获的战利品。虽然当时的中国国力不强盛，但是阅兵仪式上我们看到的中国军人个个英姿飒爽，展现出了人民军队的威武气势。

预设4：我从新闻中了解到，礼炮28响代表着自1921年中国共产党成立至1949年中华人民共和国成立，中国共产党领导人民英勇奋斗的28年。

（4）小结：中华人民共和国的成立，开创了中国历史的新纪元，标志着近代以来中国人民争取民族独立、人民解放的历史任务基本完成，中华人民共和国的成立为实现国家的繁荣富强奠定了基础。

设计意图：本环节通过对大量文字、视频等资料的阅读与提炼，不仅使学生了解了先有政协会议才有新中国开国大典的历史，还在阅读资料、整理信息的过程中对各种信息加以提炼和总结，既了解了1949年新中国成立时的盛况，也感受到了人们的喜悦心情，理解在喜悦的背后新中国成立的意义。

环节三：学习新政府的新政措施，感受人民生活翻天覆地的变化

过渡：正如同学们看到的那样，新中国的成立标志着中国人民在中国共产党的领导下，经过浴血奋战，终于结束了受侵略、受压迫的历史，挺直腰杆站起来了。

1.阅读教科书，并交流课前调查，了解人们纪念新中国成立的方式。

提问：人们是如何纪念新中国成立这一重大事件的呢？

预设1：我听爷爷说，当时好多老百姓都给在那一年出生的孩子取名"国庆""建国"，以此纪念这一伟大的历史时刻。

预设2：我知道，每逢国庆佳节，各企事业单位都会挂起灯笼或横幅，用"欢度国庆"等标语来庆祝国庆。

预设3：天安门广场上会摆放标语字样的盆景和气球，以欢乐的气氛来迎接国庆。

2.阅读史实资料，了解人民当家作主政策的实施。

（1）过渡：新中国诞生了，祖国到处一片欣欣向荣的景象，劳苦大众成了这个国家的主人。新中国，人民当家作主又是如何体现的呢？让我们从书中去寻找答案。

（2）提问：借助教材78页"活动园"的内容，并结合你收集到的资料，说说从资料中你都了解到了什么。

（3）出示资料。

资料1：根据《第一次国内革命战争时期的农民运动资料》记载，70%—80%的土地集中在占农村人口不到15%的地主和富农手中，而占农村人口85%左右的中农和贫雇农只占有20%—30%的土地。土地改革后规定废除地主阶级封建剥削的土地所有制，实行农民的土地所有制。同年起，没收地主的土地，分给无地或少地的农民耕种，同时也分给地主应得的一份，让他们自己耕种，真正实现了"耕者有其田，居者有其屋"。

资料2：妇女权益得到保护。1950年《中华人民共和国婚姻法》的立法原则是废除包办强迫、男尊女卑的封建婚姻家庭制度，实行婚姻自主、一夫一妻、男女平等、保护妇女和儿童权益的新民主主义婚姻家庭制度。

资料3：新中国成立后，党和政府鼓励人民识字，让大家多学习文化知识，掌握生存技能，帮助人民从精神上站起来。为了鼓励人民多识字，各地想出了很多的办法，比如运动会跑步项目上，谁先写出来考查的生字，裁判判断无误，谁就先起跑，等等，让人民都能通过学习，掌握科学文化知识。只有人民都有文化了，我们的民族才有希望，只有精神解放了，才是真正的解放。

3.提问：请你结合资料以及教材中"活动园"的内容，说说人民当家作主这一政策是如何体现的。

预设1：我先说说土地改革给人民带来的变化。这样的土地分配方式让老百姓看到了希望，这就是人民当家作主的体现之一。新中国成立前，农民辛苦一辈子也没有自己的土地，年年种地却年年欠地主家的债务，甚至有的百姓被饿死。《白毛女》讲的就是这样一个故事。旧中国把人变成鬼，新中国把鬼变成人。

预设2：《婚姻法》的颁布切实保障了妇女的权益，实现了新中国人人平等。原来的妇女甚至连自己的名字都没有，社会地位是非常低的。《婚姻法》的颁布让新中国的妇女获得了与男性同等的权益，最为可贵的是，妇女可以读书了，这不正是人民当家作主的具体体现吗？

预设3：新中国成立前，只有有钱人家的孩子才能上学，才有可能识字，所以穷人翻身是非常难的事情。新中国成立后，政府办学校、办识字班，让每一个人都可以去识字上学，这是人民当家作主的体现。

4.回顾：学习了这部分知识，我们再来回顾一个问题：现在你知道为什么开国大典当天30万人民在广场上掌声雷动，万人欢呼了吗？

预设1：因为新中国的成立真正实现了人民当家作主。

预设2：因为新中国的成立实现了人人平等，真正做到了国家的政权属于人民。

预设3：中国人民实现了翻身解放，中国实现了民族独立，中华人民共和国的成立让中国发生了翻天覆地的变化，开始了中国历史的新纪元。（板书：国家政权属于人民）

设计意图：以农民识字、农民丈量土地和妇女学习《婚姻法》等三个不同侧面的事例反映出人民当家作主的历史事实，通过对历史资料的学习以及对新中国成立前后人民生活的对比，从而认识到新中国的成立让人民的生活发生了翻天覆地的变化，真正实现了人民当家作主。

环节四：感受西藏巨大变化，了解西藏和平解放标志祖国大陆统一

1.叙述并提问。新中国成立后，虽然我国大部分地区已经解放，但是由于中国国土面积非常大，位于西南边陲的西藏地区在新中国建立时还没有得到解放。为了实现祖国的民族统一事业，中国共产党经过不懈的努力，终于在1951年5月23日和平解放了西藏地区。请你观看视频资料，思考西藏的和平解放给农奴带来的变化是什么。

2.出示视频资料。播放纪录片《纪念西藏和平解放60周年》。

3.学生交流。

预设1：通过这段新闻记录，我知道了解放前西藏地区农奴主阶级占西藏总人口的5%，却把持了西藏所有的土地、牲畜、房屋和财富。占西藏总人口95%的农奴，他们没有人身自由，甚至过着食不果腹、衣不遮体的生活，吃住都和牲口在一起。他们只能依附于农奴主生存，既无尊严，也无财富，人身权利更加无法保证，随时随地可能遭受鞭打甚至失去生命。在土地划分上，统治者占据了31%的土地，贵族占有30%，寺院占据39%，可以说没有一分土地属于人民。

预设2：西藏解放后，农奴们分到了属于自己的土地，他们获得了自由，收获了人人平等的权利。

预设3：西藏和平解放至今，在政治、经济、文化等各个领域都发生了翻天覆地的变化，广大人民群众充分行使宪法、民族区域自治法赋予的各项权利，昔日的农奴成为社会主义新西藏的主人。

预设4：2019年西藏地区的文盲率已从解放初期的95%下降到0.52%，平均寿命从35.5岁提高到68.2岁。

4.小结：西藏终于在1951年和平解放，人民解放军顺利进藏后受到了各界僧众的欢迎，西藏人民终于过上了安居乐业的日子。

5.听歌感悟

有一首歌最能表达西藏人民解放时的喜悦心情，让我们来听一曲《翻身农奴把歌唱》吧。

设计意图：通过西藏和平解放60周年的新闻纪录片，展示西藏百万农奴解放的史实资料，理解西藏和平解放对中国完成民族统一大业的意义，了解西藏的和平解放标志着中国大陆的和平统一。和平解放西藏使当地的人民过上了安居乐业的生活。

（二）课堂小结

同学们，今天我们共同回顾了开国大典的盛况，为新中国取得的胜利而感到自豪，在中国共产党的领导下中国人民站起来了。我们知道中国人民实现了翻身解放，中国实现了民族独立，中华人民共和国的成立带来了史无前例的变化，开辟了中国历史的新纪元。2024年距离新中国成立已经有75年的历程，我们取得了令人瞩目的成就，同时在我们每个人的心中，都播撒下了对我们国家政治制度、经济制度等各种制度自信的种子。

（三）板书设计

中国人民站起来了

人民当家作主

人民民主主义国家　　国家政权属于人民

（四）作业设计

1.收集关于国歌、国徽、国旗的故事。

2.小调查：中国人民政治协商会议第一届全体会议召开的时间、地点、人员、内容。

3.收集中华人民共和国成立后，人民生活发生了哪些变化。

（五）参考资料

1.中共中央党史研究室：《中国共产党历史》第二卷，中共党史出版社，2011年。

2.当代中国研究所：《中华人民共和国史稿》，人民出版社、当代中国出版社，2012年。

3.李晓东、胡玲：《新版课程标准解析与教学指导　小学道德与法治》，北京师范大学出版社，2022年。

4.人民教育出版社课程教材研究所、小学德育课程教材研究开发中心：《义务教育教科书　教师教学用书　道德与法治　五年级下册》，人民教育出版社，2019年。

5.姚春平：《统编小学道德与法治教科书教学设计与指导　五年级下册》，华东师范大学出版社，2020年。

八、教学总结与反思

本课充分体现了教师的主导地位和学生的主体地位，学生积极参与课堂教学，成为课堂的主人；教师引导学生整理资料，提炼信息，使学生成为课程资源开发利用的主体。教师精心设计问题，由浅入深，层层深入，引导学生由感性认识上升到理性认识。在这一过程中，学生思维活跃，发言踊跃，课堂气氛热烈，反映了师生是"学习共同体"的关系。

同时，课上充分利用教材资源，让学生通过分析阅读角内容完成表格，梳理教材内容，使学生体验到了学习的快乐，增强了对中国人民政治协商会议的意义这一原本比较深奥的话题的兴趣，进而理解中华人民共和国成立的伟大历史意义。在教学过程中，教师借助音频、视频、图片、表格分析整理等资料，增强教学的直观性，教学环节的设计，尤其后面的小组探究活动，力求让每个学生都有所收获，使学生能力得到不同程度的提升和发展。

发扬抗震救灾精神

沈阳市皇姑区珠江街第五小学　王亚茹

一、课程基本信息

主讲课程：道德与法治

使用教材版本：人民教育出版社2018年版

教材章节出处：《道德与法治》六年级下册第二单元第五课第三框《不屈的抗灾精神》

二、教学设计概述

本节课是《道德与法治》六年级下册第二单元《爱护地球　共同责任》第五课《应对自然灾害》的第三框，在前两框的学习中，学生已经知道我国自然灾害种类、特点，以及常见自然灾害（暴雨、洪灾等）的自救自护知识，但是对面对重大自然灾害，举全国之力、不畏牺牲、众志成城的做法没有深入理解，这反映出学生的集体主义意识淡薄，对伟大抗震救灾精神理解不到位。

围绕新课标内容，是对核心素养中"政治认同"的培养和落实，"政治认同"在该课表现为"在情感和政治上认同伟大祖国、中华民族、中华文化……有强烈的中国人身份认同感……有以实现中华民族伟大复兴为己任的使命感"。利用多媒体、VR科技开展有效教学。

基于上述论述，我将本课设计为四个教学环节，分别是：环节一——"习语"进课堂；环节二——团结奋斗，万众一心；环节三——汇集涓涓细流的志愿精神；环节四——总结。并布置分层作业——查一查：收集人们不懈抗灾以及在灾害中团结互助的故事；画一画：画出一幅你最感动的人像图或者群像图，并将原因写在画纸边。各环节环环相扣又前后呼应，做到情感的不断深化、实践力的不断上升。

三、学情分析

六年级的学生正处于身心发展的关键阶段，他们对社会现象和道德价值观有了一定的认识和理解。在《发扬抗震救灾精神》这一课的学习中，学生们能够初步理解到在灾难面前，人们应该展现出的万众一心、众志成城，勇敢和互助精神。

从知识层面看，学生们通过之前的学习，已经具备了一定的阅读和理解能力，能够自主阅读相关材料，并从中提取关键信息。但在深入理解抗震救灾精神所蕴含的深层意义及如何在实际生活中践行这一精神方面，还需要教师的引导和点拨。

情感与价值观方面，六年级学生正处于情感和价值观形成的重要时期，他们对英雄人物和崇高精神有着天然的崇敬和向往。通过本课的学习，可以进一步培养学生的爱国情怀和社会责任感，激发他们在实际生活中践行抗震救灾精神的意愿。

四、教学目标

本节课的教学围绕新课标内容，是对核心素养中"政治认同"的培养和落实，"政治认同"在该课表现为"在情感和政治上认同伟大祖国、中华民族、中华文化……有强烈的中国人身份认同感……有以实现中华民族伟大复兴为己任的使命感"。所以将本课教学目标设定为：

1.学生能够理解并认同抗震救灾精神是中华民族优秀传统和社会主义核心价值观的重要体现。

2.通过学习，学生能够增强对中国共产党领导下的社会主义制度的认同感，理解其在应对自然灾害中的重要作用。

3.通过学习抗震救灾中的英雄事迹，激发学生的爱国情感，塑造健全的人格品质。使学生明确自己在社会中的角色和责任，理解在抗震救灾中每个人都可以作出自己的贡献。培养学生的集体意识和团队精神，能够在集体中发挥自己的作用，共同面对挑战。

4.通过上述教学目标的达成，旨在引导学生理解志愿精神，并在日常生活中践行这一精神，为构建和谐社会贡献自己的力量。

五、教学重点难点

（一）教学重点

通过对抗震救灾案例的了解，使学生能够理解并认同抗震救灾精神是中华民族优秀传统和社会主义核心价值观的重要体现。

（二）教学难点

通过学习，学生能够增强对中国共产党领导下的社会主义制度的认同感，理解其在应对自然灾害中的重要作用。

六、教学设计总体思路

环节一——"习语"进课堂：通过多媒体出示习近平总书记向2018年5月12日召开的汶川地震十周年国际研讨会暨第四届大陆地震国际研讨会致信。一是让同学们了解时事，逐渐培养学科素养；二是为新授课奠定理论基础。

环节二——团结奋斗，万众一心：通过多媒体沉浸式体验参观"汶川特大地震纪念馆"，创设教学情境，了解全国人民应对灾害的事迹，体会伟大的抗震救灾精神，并在众志成城的艰苦奋斗中增强对中国共产党领导的认同和在中国共产党领导下的社会主义制度的认同。

环节三——汇集涓涓细流的志愿精神：通过情景剧演绎，还原汶川地震时志愿者为抗震救灾工作作出的无私贡献，帮助学生感受志愿服务；引导学生理解志愿精神，并在日常生活中践行这一精神，为构建和谐社会贡献自己的力量。

最后通过总结概括本节课，升华精神。

作业环节则是布置了具有学科特点的分层作业——查一查：收集人们不懈抗灾以及在灾害中团结互助的故事。画一画：画出一幅你最感动的人像图或者群像图，并将原因写在画纸边。各环节环环相扣又前后呼应，做到情感的不断深化、实践力的不断上升。

七、教学过程

（一）教学流程设计

环节一："习语"进课堂

教师活动：

1.利用多媒体展示：

"中国将坚持以人民为中心的发展理念，坚持以防为主、防灾抗灾救灾相结合，全面提升综合防灾能力，为人民生命财产安全提供坚实保障。"2018年5月12日，习近平总书记向汶川地震十周年国际研讨会暨第四届大陆地震国际研讨会致信时强调。

2.总结：多难兴邦，实干强国。回望过去，我们历经很多自然灾害，但中国人民从未退缩。正如习近平总书记所说："中华民族历史上经历过很多磨难，但从来没有被压垮过，而是愈挫愈勇，不断在磨难中成长、从磨难中奋起。"

学生活动：

1.大声朗读。

2.负责查找"习语"材料的同学进行解释说明。

设计意图：通过"习语"进课堂活动，一是让同学了解时事，逐渐培养学科素养；二是为新授课奠定理论基础。

环节二：团结奋斗，万众一心

教师活动：

1.情境创设——灾难来临时

（1）创设情境：多媒体播放"汶川特大地震纪念馆"VR全息影像。

（2）播放视频：汶川地震15周年微纪录片《汶川·重生》。

引导语：同学们，自然灾害始终伴随着人类的生活，人类也一直在与自然灾害进行着斗争。通过科技VR让我们共同走进"汶川特大地震纪念馆"，领略中华民族伟大的抗震救灾精神。（板书：发扬抗震救灾精神）

2.多方支援，可歌可泣

（1）出示图片：汶川地震亲历者、"敬礼男孩"——郎铮。

（2）介绍郎铮事迹，并邀请他以课堂观察者的身份参与课程。

（3）小组合作探究：在资料中你看到了哪些救援力量？（解放军、消防人员、武警官兵、医护人员、志愿者、国有企业、民营企业等）简要介绍这些救援力量。

资料一：解放军和武警部队官兵昼夜兼程奔赴灾区，冒着余震的危险，组成一条生命通道，轮流托举着被固定在简易担架上的幸存者。

资料二：消防队员在废墟中寻找幸存者，以执着的信念和令人感动的爱，拯救生命，创造出一个个超越生理极限的人间奇迹。

资料三：国有企业（中储粮、中储棉、国家电网等）管理人员指挥救援物资装车。民营企业（比亚迪、网易等）纷纷捐款。

资料四：各地医护人员连夜驰援汶川，放弃自己休息时间迅速投入伤者治疗和抢救过程中。

（4）播放视频：《跨越十二年 受援到驰援 汶川武汉彼此守护》。

（5）过渡：2008年，武汉伸出手拉向汶川。2020年新冠疫情袭来，只因一句"我是汶川人，给我一个机会，让我报当年的恩"，身披战甲，驰援武汉，那一刻，让我们感受到什么是爱的接力，那是众志成城，是团结互助。（板书：众志成城，团结互助）

（6）提问：什么原因让各方力量在第一时间迅速集结驰援灾区？你有什么感想？

（7）小结：同学们，中华民族在文化传承下生长在基因中的团结互助、万众一心、众志成城铸就了战胜灾难的磅礴伟力，而对中国共产党执政能力的信任，对中国共产党领导下社会主义制度的认同成为战胜灾难的主心骨和精神支撑。在同灾害的艰苦搏斗中，不仅践行了社会主义核心价值观，也让中国人民形成了万众一心、众志成城，不畏艰险、百折不挠，以人为本、尊重科学的伟大抗震救灾精神。

学生活动：

1.戴上VR眼镜了解汶川地震发生时的概况。

2.观看微纪录片。

3.观看并倾听郎铮事迹。

4.小组合作分析资料，思考看到的救援力量，并结合课前查找到的资料，对相应救援力量进行简单介绍。

5.观看视频。

6.自主思考。懂得在疫情暴发后，各方力量第一时间迅速集结驰援灾区的原因。

（1）中华民族在文化传承下生长在基因中的团结互助、万众一心、众志成城。

（2）中国共产党以人为本、尊重科学的价值追求。

（3）对中国共产党执政能力的信任，对中国共产党领导下社会主义制度的认同。

设计意图：通过多媒体沉浸式体验参观"汶川特大地震纪念馆"，创设教学情境，了解全国人民应对灾害的事迹，体会伟大的抗震救灾精神，并在众志成城的艰苦奋斗中增强对中国共产党领导的认同和在中国共产党领导下的社会主义制度的认同。

环节三：汇集涓涓细流的志愿精神

教师活动：

1.再现支援者的感人瞬间。

（1）过渡词：同学们，在汶川地震的救援过程中，还有一些画面让我们为之震撼，还有一批人值得我们竖起大拇指，让我们一起去看看。

（2）情景剧演绎。

情景一：13名唐山赶来的志愿者，用最简单的方法——铁锤砸、钢杆撬、双手刨，不断寻找幸存者。与解放军战士一起解救25名幸存者。

情境二：北川县，刚从废墟里爬出来的幸存者，忍着已经在地震中失去15个亲人的巨大悲痛，坚持救人，从废墟里救出10名幸存者。

情景三：一位头发花白、衣衫褴褛的老人，在一天中午走进募捐点，捐出5元钱后离开。下午又赶来，这次他捐出了100元。"灾区的人比我更困难！""上午就想多捐点儿，但钱太碎了……"原来，他中午到银行把零钱兑换成了整钱。

2.提问：他们都是平凡的普通人，看到他们为灾区出钱、出力，我们能够发现他们身上的什么精神？

3.多媒体展示：《中国的减灾行动》白皮书。

4.提问：看完白皮书上的内容，再结合讲述的内容，说说你的感受。

5.引导：志愿和年龄、性别、出身无关，虽然我们是小学生，但也可以加入到志愿服务中来，学习并继承志愿精神。那么，你将如何身体力行地参与志愿服务呢？

6.小结：奉献、友爱、团结互助，是中华民族五千年文明积蓄下的宝贵财富，体现了中华儿女继承和发扬优秀传统文化的精神。而在新时代，这种精神又是社会主义核心价值观的应有之义，同学们理应学习并在生活中不断践行。

学生活动：

1.演绎情景剧。

2.观看情景剧并思考志愿者身上体现出的精神，即奉献、友爱、互助、进步的志愿精神。

3.阅读白皮书的内容，感受灾难中志愿者不求回报，可歌可泣的珍贵品质。并回看自身，发掘志愿精神。

4.分享加入志愿行列的具体做法。例如：把零花钱捐赠给灾区，拍摄视频宣传志愿精神。明确志愿和年龄无关。

设计意图：通过情景剧演绎，帮助学生感受志愿服务。引导学生理解志愿精神，并在日常生活中践行这一精神，为构建和谐社会贡献属于自己的力量。

（二）课堂小结

尽管自然灾害依旧同我们共存，但是我们还会尽最大努力，全国上下一盘棋，在中国共产党的带领下，团结一致、众志成城，形成防灾减灾共同体，减少自然灾害对我们的伤害。

（三）板书设计

发扬抗震救灾精神

万众一心　　众志成城
不畏艰险
百折不挠
以人为本　　尊重科学

（四）作业设计

1.查一查：收集人们不懈抗灾以及在灾害中团结互助的故事。

2.画一画：画出一幅你最感动的人像图或者群像图，并将原因写在画纸边。

八、教学总结与反思

（一）教学优点

教学活动时刻关注学生，重视与学生的"沟通"和"合作"。

本节课我将课堂给予学生，让他们进行充分的交流和探索，例如探究"在资料中你看到了哪些力量，并简要介绍这些力量"这一问题时，我提前布置了前置性作业，以小组为单位，自行选择调查人物，去查资料，课上选取代表汇报。以上设计，既避免了教师一言堂，又锻炼了学生小组合作、语言表达能力。最重要的是，通过这次活动，学生自己就完成了"通过学习抗震救灾中的英雄事迹，激发学生的爱国情感，塑造健全的人格品质。使学生明确自己在社会中的角色和责任，理解在抗震救灾中每个人都可以作出自己的贡献。培养学生的集体意识和团队精神，能够在集体中发挥自己的作用，共同面对挑战"这个教学目标。

（二）存在的不足

任何一节课，即使教师的备课十分细密，慎之又慎，也不可能十全十美。如同本节课，其实也有不足。比如本堂课囿于我知识的局限，对制度自信理论研究甚少，不能以我切身经验和学生进行交流，对教学内容不敢深度挖掘，在今后教学中，我会不断体验、不断学习。争取在本课教学中给学生更多知识，更能丰富他们的认知、激发学生对本学科的热情。

根本政治制度

鞍山海城市第四中学　房小曼

一、课程基本信息

主讲课程：道德与法治

使用教材版本：人民教育出版社2018年版

教材章节出处：《道德与法治》八年级下册第三单元第五课第一框《根本政治制度》

二、教学设计概述

《根本政治制度》是《道德与法治》八年级下册第三单元第五课第一框的内容，本节课结合2023年召开的十四届全国人大常委会第二次会议的议程，以身边的人大代表为主线，采用议题式教学方法，设置一个总议题"全过程人民民主制度载体——人民代表大会制度"，结合对身边人大代表李波老师的采访内容以及两会情境，设置三个子议题，帮助学生理解人民代表大会制度是我国的根本政治制度。通过小组绘制、粘贴思维导图的议学活动，帮助学生了解人民代表大会制度的基本内容。通过人大代表的采访情境以及议学小组对战等活动，认识和理解人大代表的权利和义务。运用有趣味性的连贯两会情境，让学生感受到人民代表大会制度的优越性，从而认同并拥护人民代表大会制度，不断坚持和完善这一制度。通过本堂课的学习，让学生总结分享收获，加深理解人民代表大会制度是全过程人民民主的重要制度载体。层层推进教学实施、任务驱动，突出教学重点和突破教学难点，提升教学实践深度，使提高核心素养教学任务真正落地。

在议题式教学过程中，从议题、情境、活动和知识四个要素形成如下四条线，议题线：结合今年召开的十四届全国人大常委会第二次会议的议程及身边的人大代表为主线，设置一个总议题"全过程人民民主制度载体——人民代表大会制度"，结合身边人大代表李波老师的采访内容以及两会情境，设置三个子议题，子议题1：根源于民，人大制度保民主；子议题2：服务于民，人大代表展风采；子议题3：造福于民，人大制度显优势。帮助学生理解人民代表大会制度是我国的根本政治制度。最后设置议学拓思和议学践行两个环节，从理论到实践，从理解到应用，逐步认识人民代表大会制度到增强主人翁意识，行使人民当家作主的权利。情景线：学生自制采访短视频《寻找身边的人大代表》—十四届全国人大常委会第二次会议的有关情景材料—《中华人民共和国国务院组织法（修订草案）》。活动线：寻找身边人大代表—小组绘制、粘贴思维导图的议学活动—议学小组对战—小组合作探究—我向代表提建议。知识线：人民代表大会制度的内容—人大代表的职权和义务—人民代表大会制度的优势及如何坚持人民代表大会制度。

三、学情分析

八年级学生在日常学习和生活中会遇到一些政治现象，并对此充满好奇，开始探究。但是他们缺乏理论支撑，对于政治现象背后涉及的制度不能深入了解。本课利用学生小记者采访身边人大代表李波老师的视频，以及十四届全国人大常委会第二次会议和十四届全国人大代表的视频图片材料，引导他们感受人大代表制度就在身边，调动学生学习积极性，落地核心素养。通过与学生互动、实践，帮助学生感知人民代表大会制度在人民当家作主中发挥的作用，增强爱党爱国的情感。

四、教学目标

（一）政治认同

通过身边人大代表李波老师的采访内容以及两会情境展示，认同人民代表大会制度是我国的根本政治制度，深刻感受人大代表的职权和义务，感受到人民代表大会制度的优越性，从而认同并拥护人民代表大会制度，不断坚持和完善这一制度。热爱伟大祖国，形成制度自信。筑牢以实现中华民族伟大复兴为己任的使命感。

（二）法治观念

通过分析"十四届全国人大代表的构成变化"和"《中华人民共和国国务院组织法（修订草案）》的修改、征求意见和提请审议过程"，理解坚持人民代表大会制度必须坚持党的领导、人民当家作主、依法治国有机统一，培育法治观念。

（三）责任意识

通过议学拓展和议学践行两个环节的设置，为坚持和完善人民代表大会制度提出自己的意见和建议，与人大代表保持密切联系，采取多种方式参与政治生活，从理论到实践，从理解到应用，逐步认识人民代表大会制度，增强主人翁意识，行使人民当家作主权利，培养担当精神和有序参与。

五、教学重点难点

（一）教学重点

1.通过小组绘制、粘贴思维导图的议学活动，认识和理解人民代表大会制度的基本内容。

2.通过人大代表的采访情境以及议学小组对战等活动，认识和理解人大代表的职权和义务。

（二）教学难点

运用有趣味性的连贯两会情境，感受到人民代表大会制度的优越性，从而认同并拥护人民代表大会制度，不断坚持和完善这一制度。

六、教学设计总体思路

本节课以"全过程人民民主制度载体——人民代表大会制度"为中心议题，结合身边人大代表李波老师的采访内容以及两会情境，设置三个子议题，帮助学生理解人民代表大会制度是我国的根本政治制度。通过小组绘制、粘贴思维导图的议学活动，帮助学生了解人民代表大会制度的基本内容。通过人大代表的采访情境以及议学小组对战等活动，认识和理解人大代表的职权和义务。运用有趣味性的连贯两会情境，让学生感受到人民代表大会制度的优越性，从而认同并拥护人民代表大会制度，不断坚持和完善这一制度。通过本堂课的学习，让学生总结分享收获，加深理解人民代表大会制度是全过程人民民主的重要制度载体。

在课堂实施中，通过多媒体播放学生小记者采访视频贯穿整堂课程，学生参与积极性高涨，激发学生学习兴趣，议学活动探究的环节效果较好，大部分学生能够积极参与其中，形成良好的学习氛围。

七、教学过程

（一）教学流程设计

环节一：

教师活动：2021年10月13日，习近平总书记在中央人大工作会议上的讲话中强调，人民代表大会制度是实现我国全过程人民民主的重要制度载体。为新时代发展全过程人民民主，推进社会主义民主政治建设提供了根本遵循。

为什么说人民代表大会制度是实现全过程人民民主的重要载体呢？这一制度又是如何保障我们人民当家作主的呢？这节课让我们一起来学习5.1《根本政治制度》，共同解密制度背后的故事。

这节课我们将通过议题探究的方式开始我们的学习。

总议题：全过程人民民主——人民代表大会制度。

子议题1：根源于民，人大制度保民主。

子议题2：服务于民，人大代表展风采。

子议题3：造福于民，人大制度显优势。

学生活动：认真观看多媒体呈现的素材，初步了解全过程人民民主的提出及制度载体——根本政治制度。

设计意图：激趣导入，引入主题话题——全过程人民民主的制度载体——人民代表大会制度。

环节二：议题1——根源于民，人大制度保民主

教师活动：播放对我校人大代表李波老师的采访视频。

◎议学情境：播放采访视频1。

◎议学活动一：梳理理解人民代表大会制度的基本内容。

学生活动：各小组根据李老师的采访并结合教材63页的内容，尝试理一理"人民""人大代表""人民代表大会"和"其他国家机关"之间的关系，各小组绘制一张人民代表大会制度基本内容的流程图。代表展示并讲解。

设计意图：通过学生小组合作制作并展示人民代表大会制度基本内容的流程图，理解人民代表大会制度的基本内容，同时提高学生课堂参与积极性。

环节三：议题2——服务于民，人大代表展风采

教师活动：

◎议学情境：播放采访视频2。

◎议学活动二：结合视频和教材，小组探究学习人大代表的职权和义务。

议学小组对战：小组间抢答，理解人大代表的职权。

◎议学情境：播放采访视频3。

◎议学活动三：结合视频和人大代表的职权和义务，小组合作探究：人大代表应该怎么做才能让人们真切地感受到全过程人民民主就在身边。

小组合作议学：加深对人大代表职权和义务的理解，从而初步认识到全过程人民民主就在身边。

学生活动：观看采访视频，结合视频和教材，小组探究学习人大代表的职权和义务，完成议学小组对战，理解人大代表的职权并完成导学案中的议学活动三。

设计意图：通过观看采访身边人大代表李波老师的视频，让学生更直观深刻地感受到人大代表的职权和义务，通过议学小组对战环节，小组间抢答，让学生在全员参与课堂的过程中理解人大代表的职权，从而初步认识到全过程人民民主就在身边。

环节四：议题3——造福于民，人大制度显优势

教师活动：

◎议学情境：关于十四届人大代表构成变化等三个情境材料。

◎议学活动四：小组阅读材料，合作探究以下问题：三个情境分别说明了什么？体现了我国人民代表大会制度"好"在哪里？

小组合作议学：概括总结人民代表大会制度的优越性。

◎议学情境：审议全国人民代表大会常务委员会关于提请审议《中华人民共和国国务院组织法（修订草案）》的议案。

提请审议之前要做些什么？

修改：全国人大常委会法制工作委员会主任沈春耀在向全国人大常委会会议作草案说明时介绍，此次修改工作坚持正确政治方向，贯彻落实党中央重大决策部署，把坚决维护党中央权威和集中统一领导作为最高政治原则贯穿修法全过程和各方面……坚持依宪立法，严格遵循宪法确立的制度、原则和规定，处理好国务院组织法与全国人大组织法、立法法、监督法等法律以及相关党内法规、行政法规之间的关系。

征求意见：经由立法机关二次审议后，《国务院组织法》修订草案向社会公开征求意见。2024年1月27日前，社会公众可以直接登录中国人大网或国家法律法规数据库提出意见。

◎议学活动五：小组合作探究，这部法律修订过程启示我们应该怎样坚持和完善人民代表大会制度。

小组合作议学：总结怎样坚持和完善人民代表大会制度？

引用习近平总书记在党的二十大报告中关于全过程人民民主的表述，扣题，完成本节课议题探究。

学生活动：小组合作完成导学案中议学活动四、五两部分内容。

设计意图：引用去年和今年的两会素材，引导学生小组合作探究，概括总结人民代表大会制度的优越性、总结怎样坚持和完善人民代表大会制度，引用习近平总书记在党的二十大报告中关于全过程人民民主的表述，扣题，完成本节课议题探究。引导学生关注国家时政新闻，提高制度自信和政治认同感。

环节五：议学拓思和议学践行

教师活动：

1.议学拓思（课堂小结）。

结合本课所学，学生自主总结分享本课的收获，你如何理解人民代表大会制度是体现全过程人民民主的制度载体，作为国家的主人，我们可以为发展和完善人大制度做些什么？

2.议学践行——拓展延伸（作业）。

找到身边的人大代表，选择感兴趣的民生问题，以小组为单位，搜索资料，分组调查，设计方案，把建议交给当地人大代表。（介绍寻找人大代表的方法）

学生活动：自主总结分享本课的收获。

设计意图：通过议学拓展和议学践行两个环节的设置，让学生为坚持和完善人民代表大会制度提出自己的意见和建议，与人大代表保持密切联系，采取多种方式参与政治生活，从理论到实践，从理解到应用，使学生逐步认识人民代表大会制度到增强主人翁意识，行使人民当家作主的权利，培养担当精神和有序参与。

（二）课堂小结

通过这节课的学习，我们了解了我国的根本政治制度——人民代表大会制度，我们知道了作为国家的主人，人民是如何行使当家作主的权利的，这就是人民代表大会制度的内容。人大代表在其中扮演了重要的角色。人民代表大会制度是坚持党的领导、人民当家作主、依法治国有机统一的制度安排，需要长期的坚持和不断的完善。

身边人大代表——李波老师寄语："同学们，我们每个人都是国家制度的受益者，也是国家制度的践行者，愿你们坚定这份制度自信，努力学习，早日为实现中华民族伟大复兴的中国梦贡献一份属于你们的坚实力量。"

（三）板书设计

（四）作业设计

1.基础作业：完成本课思维导图的设计。

2.拓展作业：课后试着找到自己身边的人大代表，选择一个你感兴趣的民生问题主题，搜索资料，分组调查，设计一个方案，把建议交给当地人大代表。例如，主题一：学校门口很多无证的摊贩摆摊，造成放学后交通拥堵；主题二：中小学校食堂饭菜不佳，膳食营养不够全面；主题三：电动自行车"上楼入户"和"飞线充电"现象屡禁不止；主题四：霓虹灯让夜晚色彩斑斓，但却严重影响了临街住户的休息。

（五）参考资料

中共中央宣传部理论局：《中国制度面对面》，学习出版社、人民出版社，2020年。

八、教学总结与反思

本节课以"全过程人民民主制度载体——人民代表大会制度"为中心议题，结合身边人大代表李波老师的采访内容以及两会情境，设置三个子议题，帮助学生理解人民代表大会制度是我国的根本政治制度。通过小组绘制、粘贴思维导图的议学活动，帮助学生了解人民代表大会制度的基本内容。通过人大代表的采访情境以及议学小组对战等活动，认识和理解人大代表的职权和义务。运用有趣味性的连贯两会情境，让学生感受到人民代表大会制度的优越性，从而认同并拥护人民代表大会制度，不断坚持和完善这一制度。通过本堂课的学习，让学生总结分享收获，加深理解人民代表大会制度是全过程人民民主的重要制度载体。在课堂实施中，通过多媒体播放学生小记者采访视频贯穿整堂课程，学生参与积极性高涨，激发学生学习兴趣，议学活动探究的环节效果较好，大部分学生能够积极参与其中，形成良好的学习氛围。但本堂课时间把握不够合理，课堂语言不够精练，同时还要注意及时鼓励和表扬上课状态比较好的同学，做到点评及时。

基本经济制度

朝阳市第一中学燕都分校　刘华森

一、课程基本信息

主讲课程：道德与法治

使用教材版本：人民教育出版社2018年版

教材章节出处：《道德与法治》八年级下册第三单元第五课第三框《基本经济制度》

二、教学设计概述

在庆祝中国共产党成立95周年大会上，习近平总书记提出了中国特色社会主义道路自信、理论自信、制度自信、文化自信，创造性地拓展了党的十八大提出的中国特色社会主义"三个自信"的谱系。其中制度自信就是要相信中国特色社会主义制度在推动发展、维护稳定、保障民主等方面的巨大优势。

教材通过第三单元《人民当家作主》第五课《我国的政治和经济制度》一课，对我国的政治制度、经济制度以及国家机关进行了相关阐述。而我国基本经济制度又是中国特色社会主义制度的支柱，故这一课时的内容显得尤为重要。

又因为八年级的学生对我国的政治经济制度了解不充分，对我国的社会制度不够自信，认为国家的制度保障与自己无关，没有切实认识到作为未来的希望所肩负的历史使命，因此本节课会在知识讲授的同时，帮助学生增强制度自信，增强对国家经济发展的认同感、使命感。

习近平总书记提出，要把统筹推进大中小学思政课一体化建设作为一项重要工程，推动思政课建设内涵式发展。所以在教学设计、讲授、反思的全过程，务必要联系小学、高中乃至大学教材的有关内容，将相关知识做到有机结合。

基于新课程标准下的核心素养指向，通过对社会主义初级阶段基本经济制度内容的学习和掌握，增强对党和社会主义的热爱之情，体会社会主义制度的优越性；自觉坚持和维护基本经济制度，主动参与各种正当的经济活动，推动社会主义社会经济建设；了解我国基本经济制度的相关知识，能够把学到的基本经济制度知识运用到日常生活中，理解、分析相关的经济现象，解决相关经济问题。

基于核心素养下的教学目标设定，要符合初中学段的学生特点，发挥道德与法治学科在思想政治教育领域的独特作用，有目的、有导向、有方法地引导学生学习课堂知识，增强对经济现象的分析实践能力，培养树立制度自信、增强国家认同。

基于教学目标下的教学重难点分析，对教学难点进行有层次、有条理的分析，并着重进行法治观念与责任意识的培养。基于活动引领的教学思路设计，大量采用情境探究法、案例分析法、小组合作学习法，以同学们个人职业设计为主线贯穿全课。

三、学情分析

八年级是学生生理、心理发展过渡的关键期，也是开始融入社会的关键期。通过国家意识、法治思维、基本制度的教育，可以帮助他们在日常生活中更好作出正确判断、自觉行动、走向成熟。

八年级学生好奇心旺盛，面对生活中遇到的很多经济现象，开始思考其背后的道理。通过对我国基本经济制度的学习，可以更加科学、辩证、理性地思考经济问题，剖析问题根源，也可以培养对经济学的学习兴趣，主动了解、学习国家制度设计的初衷与过程，树立、增强制度自信。

当今时代网络发达、自媒体兴盛，八年级学生获取信息资源的渠道众

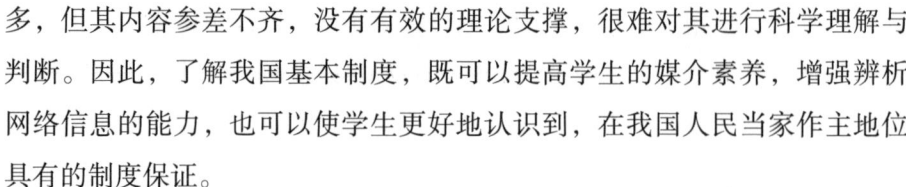

多，但其内容参差不齐，没有有效的理论支撑，很难对其进行科学理解与判断。因此，了解我国基本制度，既可以提高学生的媒介素养，增强辨析网络信息的能力，也可以使学生更好地认识到，在我国人民当家作主地位具有的制度保证。

四、教学目标

为了明确我国基本经济制度的优越性，坚定制度自信，增强对伟大祖国、中国特色社会主义的认同，培育国家情怀；为了理解国家对人民主体地位的保护，认识公民权利与义务的统一，为了培养关心国家、关心社会的主人翁意识和肩负历史使命的担当精神，本堂课确立了以下教学目标：

1.通过对未来职业的规划、分类，学会区分公有制经济与非公有制经济，培养针对多种所有制经济成分的分析能力，培育职业规划意识与超前思维。

2.通过对公有国家企业500强的分析与维恩图的绘制，分析公有制经济、国有经济的优势，培养材料分析能力与学科迁移能力，认同我国坚持公有制主体地位的制度安排。

3.通过对不同收入类型的区分，分析各种分配方式的异同，掌握对公有制收入、非公有制收入、劳动收入、非劳动收入的区分能力，思考多种分配方式并存的必要性和优势，增强对我国按劳分配为主体、多种分配方式并存的制度认同。

4.通过对经济学"金字塔模型"与"橄榄球模型"的分析，学会分析收入差距带来的积极影响与消极影响，探究收入分配与社会公平之间的辩证关系，培养辩证思维，正确认识"平均"与"公平"的差异。

5.通过对超市经营策略的模拟制定，了解市场配置资源的机制、优势与弊端，理解我国既要发挥市场在资源配置中的决定性作用，又要加强科学宏观调控的原因，理解社会主义市场经济体制独特的优越性，增强对社会主义市场经济体制的认同，树立制度自信。

五、教学重点难点

根据课标要求，为了进一步了解中国的基本国情，热爱伟大祖国、中华民族、中国共产党和中国特色社会主义，培育关心社会和国家的积极性，树立主人翁意识、责任感和集体主义精神，也为了充分发挥道德与法治课程在初中思想政治教育方面的独特作用，统筹大中小学思政一体化教学，结合高中必修二第一、二单元中，第一、二、四课对我国生产资料所有制、社会主义市场经济体制、个人收入分配与社会保障的深入学习，我设立了以下重难点。

（一）教学重点

1.明确公有制经济、非公有制经济的地位、态度。

2.了解按劳分配和按生产要素分配的基本内容和要求。

3.体会市场配置资源的机制、优势与不足，感受我国基本经济制度的优越性，增强制度自信和国家认同。

（二）教学难点

区分按劳分配与按劳动要素分配的不同含义与地位。

六、教学设计总体思路

针对八年级的学生的学识水平，存在着对我国的基本经济制度了解不够充分，对中国特色社会主义制度不够自信，对自己与国家的联系、建设祖国的使命认识不够明确等情况。因此本节课会在知识讲授的同时，帮助学生增强制度自信，增强对国家经济发展的认同感、使命感。

授课过程大量采用情境探究法、案例分析法、小组合作学习法，以同学们个人职业设计为主线贯穿全课。充分构建学生主体课堂，教师仅作为问题的提出者、媒体资料的提供者、课堂探究的引导者与重难点知识的归纳者，营造积极活跃的课堂氛围，构建让学生充分发挥主观能动性的课堂空间。

同时，一例贯穿式授课，可以增强课堂的流畅度，使课堂条理更加清晰，逻辑更加明确，也降低了学习难度，方便同学们在探究中进行自我学习、自我感悟、自我提升。

七、教学过程

（一）教学流程设计

环节一：导入新课

◎活动设计1：制定、分享职业规划

教师活动： 在今年的两会期间，有记者采访人大代表说："现在网络上很流行的一句话是'宇宙的尽头是考公'，怎么看待这种现象？"老师也想采访一下大家，等大家面临就业的时候，会去选择什么样的工作？你们又会不会与近几年大学毕业生一样，偏爱央企、国企和政府部门呢？

学生活动： 制定、分享自己的未来职业规划，并思考为何大学生择业偏爱"央""国""政"。

设计意图： 培养树立职业规划意识，为高中后的分科选课做好铺垫，也有利于鼓励为实现理想而努力。同时，可以迅速调动学生，将同学们的注意力迅速由课间活动转移到课上学习。

◎活动设计2：职业规划分类

教师活动： 同学们对自己未来的职业规划设计有很多。接下来，我们试着从各个公司企业幕后持股人的角度来分析，发现它们有些是国家持股，有些是一部分人合作持股，有些是个人持股，甚至还有些是中外合资，那么现在，我们试着给它们分分类吧。

学生活动： 思考自己心仪职业的所有制成分，并将其分类。

设计意图： 结合日常生活，思考公有制经济相对于非公有制经济有哪些异同，并导入对我国基本经济制度的讲授。

环节二：新知讲授

◎活动设计3：2023年中国企业500强名单分析

教师活动： 从我国企业营业收入排名前500来看，其中多数是央企与国企；从前100名看，央企、国企更是占比接近百分之九十。这说明了什么？

学生活动：通过分析企业营收数据榜单，探究公有制经济与国有经济的优势。

设计意图：通过数据，直观对比分析公有制经济的优势，初步理解我国坚持公有制的主体地位以及国有经济的主导作用的原因。

◎活动设计4：绘制维恩图，了解公有制经济与非公有制经济的成分

教师活动：我国坚持公有制为主体、多种所有制经济共同发展的基本经济制度。现在同学们在教材中找到公有制经济与非公有制经济的含义，并与老师一起绘制完成维恩图。

公有制经济有其优势所在，但非公有制经济同样是社会主义市场经济的重要组成部分，同样可以发挥它的独特作用。所以我们既要毫不动摇地巩固和发展公有制经济，也要毫不动摇鼓励、支持、引导非公有制经济的发展。

学生活动：自学公有制经济与非公有制经济的定义，并绘制所有制维恩图。区分公有制经济与国有经济的不同地位。

设计意图：将简单的知识点，通过自学的形式进行，可以培养自主学习、分析教材的能力，同时，以跨学科迁移的形式来掌握重点知识，有利于更好地理解各种所有制的含义与成分，区分公有制经济与国有经济，也可以加深印象，巩固积累。

◎活动设计5：个人收入分配类型对比分类

教师活动：（例）刚刚甲同学说，他以后想学铁路专业，去国企工作；而乙同学说他想学计算机，以后去阿里、腾讯、字节跳动这种大型互联网公司去工作。那么他们未来的收入有什么异同呢？

（例）丙同学说，她以后想在学校门口开一家小超市，一边实现零食自由，一边还能赚钱；而丁同学也想自己创业，开创一个像大疆、华为一样的大企业，研究新的技术。那么他们未来的收入与其他同学相比又有什么异同呢？

学生活动：通过小组讨论得出结论：甲乙同学未来收入的相同点是他们都在用劳动换取收入，不同点是，甲同学在国企工作，属于公有制，而

乙同学的工作属于非公有制。

分析丙同学与丁同学的工作模式，得出结论：两人都选择自主创业，但区别在于丙同学主要依靠自己与家庭的劳动赚取收入，而丁同学的收入主要依靠的是管理员工或是资本要素投入，而并非劳动。

设计意图：通过同学们自身的实例，分析不同工作赚取收入的不同方式。并且通过思考甲、乙、丙三位同学同样依靠劳动换取收入，分配方式却不同，从而明确按劳分配与按劳动要素分配的主要区别在于，是否在公有制条件下；通过分析丙、丁两位同学，同样是自主创业，收入分配类型却完全不同，从而明确个体劳动与私营企业的区别在于是否存在雇佣劳动。若存在雇佣劳动，则属于私营企业，不存在，则是个体劳动。

◎活动设计6：分析经济学"金字塔模型"与"橄榄球模型"，探究收入分配与社会公平之间的关系

教师活动：同学们心仪的工作五花八门，而收入分配也不仅在形式上存在差异，甚至在数量上也有着很大的不同。通过对比分析"金字塔模型"与"橄榄球模型"可以看出，我们更希望构建类似"橄榄球模型"的社会形态，这种形态的社会收入分配更加公平，社会整体消费水平也会更高。但是按劳分配要求我们坚持多劳多得、少劳少得，不同人劳动量的区别，导致收入存在差距；而按要素分配又要求按各生产要素参与的贡献进行分配，同样会导致收入差距。所以为了消除收入分配间的差距，是否可以进行平均分配？

既然不能够平均分配，那么是否可以不顾社会公平呢？

学生活动：探究进行平均分配的弊端：会严重打击劳动的积极性，也会降低生产要素投入生产的效率，从而使社会生产力水平下降。

小组讨论如何处理收入差距与社会公平的关系：既要存在收入差距，以促进生产积极性的提高，又不能使收入差距过大，导致贫富两极分化。就是既要提高生产效率，又要促进社会公平。

教师活动：按劳分配要求有劳动能力的人必须参与劳动，多劳多得、少劳少得。但现实生活中，由于年龄、伤病、身体等各种原因，有些人并

不具备劳动能力，他们是否应该"不劳不得"呢？

学生活动：从国家对人权的保障角度分析不具备劳动能力的人，并不是"不劳不得"，国家会以最低生活保障金、养老金等形式为其提供物质保障。同时，各种各样的社会组织、民间团体甚至个人，也可以通过慈善等形式支援需要的人士。

设计意图：通过对自身未来职业规划的收入预估与经济学模型的直观感受，从积极与消极两个方面分析收入差距带来的影响，明确"平均"并不等同于"公平"的同时，也培养了辩证思维。了解我国分配制度的优势，既可以提高生产效率，又可以促进社会公平。另外，通过对"不劳不得"的否认，分析再分配与第三次分配在促进社会公平过程中的独特作用。

◎活动设计7：模拟制定超市经营策略，分析市场配置资源的机制

教师活动：刚刚丙同学说，想要在学校附近开一家超市。现在大家就一起来帮她参谋参谋，这个小超市，要开在哪里，为什么？又要卖一些什么类别、什么价位的商品呢？

没错，我们发现市场可以通过价格、供求与竞争的机制来实现资源的配置与流动。因此它就像一只无形的手，可以通过价格来及时、准确、灵敏地反映供求关系。

学生活动：思考开设超市的位置因素：一是离学校越近越好，二是附近其他超市越少越好。离学校越近，越能吸引更多学生消费，附近超市越少，竞争压力越小；商品类别可以以各种文具和零食为主，因为学校的主要消费群体是学生，他们的主要消费对象就是文具和零食；商品的价位可以根据学生的具体情况来确定，尽量满足多样的需求。

设计意图：通过模拟超市经营策略，了解市场配置资源的机制与优势，从而理解为何我国要坚持发挥市场在资源配置中的决定性作用。增强对市场经济的认同感。

◎活动设计8：模拟商品批发，分析市场配置资源的弊端，感悟社会主义市场经济体制的优势

教师活动：选好了店铺的地址，也确定了主卖的商品，那么接下来，我们一起来到批发市场，看一看到底要购入些什么商品来售卖。来到批发市场，琳琅满目的商品让我们应接不暇。我们挑挑选选后，找到老板，希望能有优惠。老板四下打量发现没有别人，便偷偷从角落拿出一批山寨货物，说这些能便宜一半，而且质量与正品区别"不大"。我们该怎么选择呢？

学生活动：开展小组自由辩论：

（例）A小组：我们选山寨商品。在质量区别不大的情况下，没必要去攀比品牌，反而山寨商品的利润率更高。

（例）B小组：我们选择正品。因为学习用品与食品都属于消耗品，正品的质量、口感会更好，更能吸引顾客。

（例）C小组：我们也选择购买正品。因为我们的销售群体主要面向的是学生，身体还处于发育阶段，像零食这种入口的商品，必须严格把控质量，不能为了利润而丢了良心。

教师活动：每个小组都有各自的选择与理由。但老师更希望大家去选择正品。就像C组同学说的那样，不能为了利润而丢了良心。每年的3·15晚会，都会曝光很多不良商家，比如今年曝光的淀粉肠、奶茶等，对我们的身体健康都有着不利影响。但市场经济下，商人逐利的本性就会凸显出来，所以我们该怎么去弥补市场调节的弊端呢？

学生活动：探究如何弥补市场调节的弊端：不断完善社会主义市场经济体制，这样既可以发挥市场在资源配置中的决定性作用，又可以进行科学的宏观调控。

设计意图：通过分析市场经济的弊端，探究科学的宏观调控的必要性，从而理解社会主义市场经济体制的优势，树立制度自信。

（二）课堂小结

今天我们学到了我国基本经济制度的内容，学习了公有制经济、非公有制经济的组成及地位；了解了按劳分配、按生产要素分配，以及再分配和第三次分配的作用；知道了市场在资源配置中发挥着怎样的作用，体会到我国社会主义市场经济体制特有的优越性。

我们对不同职业的巨大差异感到惊讶；对国家对人权的物质保障充满骄傲；对市场经营产生浓厚兴趣；对中国特色社会主义制度体系充满自信。

希望在这节课后，我们会树立职业规划意识，会对高中、大学的政治课充满期待，也会加倍努力去实现我们的梦想。

（三）板书设计

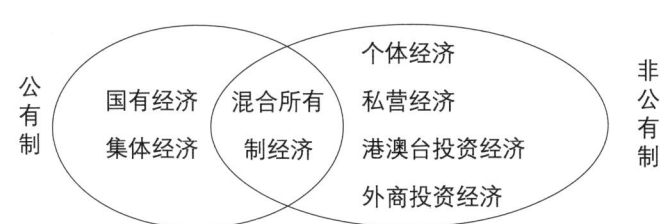

一、公有制为主体、多种所有制经济共同发展

基本经济制度　公有制　国有经济　集体经济　混合所有制经济　个体经济　私营经济　港澳台投资经济　外商投资经济　非公有制

二、按劳分配为主体、多种分配方式并存

1. 按劳分配

2. 按生产要素分配

3. 再分配与第三次分配

三、社会主义市场经济体制

1. 市场在资源配置中的决定作用

2. 科学的宏观调控

（四）作业设计

实践调查：以当地某一店铺为例，从所有制与分配方式角度探究网络时代、社会主义市场经济条件下，实体店与网店经营的差异。

设计意图：立足生活实践，实现对知识的深度融合、迁移，帮助学生在实践中了解基本经济制度在当地经济社会发展中所发挥的作用，实现首尾呼应。

（五）参考资料

1.胡锦涛：《坚定不移沿着中国特色社会主义道路前进　为全面建成小康社会而奋斗——在中国共产党第十八次全国代表大会上的报告》，人民出版社，2012年。

2.中华人民共和国教育部：《义务教育道德与法治课程标准（2022年版）》，北京师范大学出版社，2022年。

3.黄正平：《邓小平理论概要》，南京师范大学出版社，1999年。

4.国家发展改革委体制改革综合司：《改革开放的伟大成就与深刻启示》，《人民日报》2023年12月18日。

5.葛扬、丁涵浩：《社会主义改造和改革：中国式现代化的基本经济制度逻辑》，《社会科学战线》2024年第2期。

6.谭劲松、张七妹、闫成松：《习近平关于基本经济制度论述的辩证思维和辩证方法》，《海派经济学》2023年第4期。

八、教学总结与反思

本节课的主要内容是我国现阶段的基本经济制度是什么，以及实行基本经济制度的重要意义。内容比较抽象，但是经过创设情境激发了学生的积极性，利用学生身边的例子，化抽象为具体，可以取得良好的课堂效果。

但是也有可能存在一些不足：如对较深奥问题的小组讨论，可能会出现偏离重点、概括不够准确等情况，需要老师在必要时加以适度引导，不可武断干预，也不可过度放任；另外，由于本节课教学设计中学生活动较多，授课老师应注意保持课堂纪律，防止占用课堂时间讨论课外内容的溜号行为，以保证课程高效率进行；最后，由于本节课容量较大，可能会出现授课超时的情况，需要老师根据实际情况，酌情做好详略设计，如有必要，也可分为多课时进行学习讲授。

基本经济制度

大连庄河市德贤学校　李婷婷

一、课程基本信息

　　主讲课程：道德与法治

　　使用教材版本：人民教育出版社2018年版

　　教材章节出处：《道德与法治》八年级下册第三单元第五课第三框《基本经济制度》

二、教学设计概述

（一）教学设计思路

　　本堂课以议题式为主干，分为总议题——我国的基本经济制度，三个分议题——我国现阶段的所有制结构、我国现阶段的分配制度、社会主义市场经济体系。议题式教学就是将课堂变成一个时长45分钟的会议，每一位学生都是参会人员，而最终得到的理论则是参会人员共同讨论出的结果，体现课堂的民主与平等。以视频导入引导学生了解我国经济的发展过程和现状进而引出本课内容。

　　每一个分议题都设有不同的情境，如分议题一总共分成两个情境"身边的所有制经济"和"经济新闻资讯"。从身边人和事出发，在充分利用教材资源的同时检验学生的预习情况，以小组合作汇报的方式提升学生的合作探究能力和实践能力。两个情境由浅入深，最后由学生自己总结出公有制经济与非公有制经济的关系以及作用。在分议题二中，利用分辨身边收入分配的例子，引导学生结合所学知识将知识点串联起来并举一反三。

分议题三的角色扮演环节，通过真实的经济现象引导学生，帮助解决问题，调动学生的积极性，提升解决问题的思维能力，并能从愉悦的交流中总结出市场激发和政府宏观调控在资源调配中的作用。随堂练的环节夯实基础，随学随练更能扎实基础。以思维导图小结开发学生大脑、串联知识点，为以后的复习做铺垫。

（二）理论依据

党的十九届四中全会将按劳分配为主体、多种分配方式并存和社会主义市场经济体制纳入我国社会主义基本经济制度，提出"公有制为主体、多种所有制经济共同发展，按劳分配为主体、多种分配方式并存，社会主义市场经济体制等社会主义基本经济制度"，标志着我国社会主义基本经济制度更加成熟、更加定型，也充分体现了社会主义基本经济制度的不断完善。《义务教育道德与法治课程标准（2022年版）》指出，7—9年级的学生需要了解中国特色社会主义制度的优越性，坚定道路自信、理论自信、制度自信、文化自信，能够在生活和学习中自觉维护国家主权、尊严和利益。八年级阶段的学生思想正是飞速发展的阶段，作为道德与法治课的课堂要扎实抓好学生认识并理解我国制度，引导学生感受到社会主义制度的优越性，使其在生活中自觉维护国家的尊严和利益。

三、学情分析

八年级学生心理是从依赖向独立性过渡，从冲动性向自觉性过渡，也是思想走向成熟的发展关键期。他们正处在长身体、长知识的阶段，每天都在接触社会，他们的一些想法是对社会现实的反应，而他们受到年龄与知识的限制，对于国家的制度了解很少。但因为成长的好奇心，在遇到生活中的经济现象时，他们开始刨根问底。比如身边亲人的单位什么样的是国有企业、什么样的是私营企业，人们的收入分配方式有哪些等，没有一定的理论支撑学生很难理解这些内容。

基于以上学情，本课设计了一个总议题和三个分议题，引导学生了解基本经济制度进而认识并能够解释相关的经济现象。

四、教学目标

（一）知识目标

通过对身边家人的工作单位分析以及特定情境的思考讨论，知道社会主义初级阶段所有制经济的关系以及重要作用，现阶段我国的分配制度、社会主义市场经济体制的特点等重点知识，了解我国基本经济制度的优越性。

（二）能力目标

学生在分析、判断经济新闻、资料等的信息的过程中提升理论联系实际的能力。能够从具体的经济现象抽象概括出基本经济制度的作用。结合材料收集、小组合作学习等方式提高合作探究学习和与人沟通交流的能力。

（三）情感、态度与价值观目标

以角色扮演身临其境的方式了解认同我国基本经济制度，联系实际感受社会主义市场经济体制对我国经济繁荣带来的积极作用，增强对中国特色社会主义制度正确性的认同感，增强制度自信。自觉坚持和维护基本经济制度，主动参与各种正当的经济活动，推动社会主义经济建设。

五、教学重点难点

（一）教学重点

理解国有经济是生产资料属于全体人民共同所有的一种经济形式，是我国国民经济的主导力量。发展、壮大国有经济，对于提供公共服务、发展重要前瞻性战略性产业、保护生态环境、支持科技进步和保障国家安全等，具有关键作用。

（二）教学难点

知道我国社会主义市场经济体制把社会主义制度和市场经济有机结合起来，充分发挥市场在资源配置中的决定作用，更好发挥政府作用，进行科学宏观调控，激发各类市场主体的活力，为人民对美好生活的需求提供保障。学会分析市场经济中的供求与价格变化的关系，感受"无形的手"和"有形的手"在资源配置中的作用。

六、教学设计总体思路

1.本篇教学设计以议题式的方式展开教学，分为一个总议题以及三个分议题。以议题讨论的形式充分地体现课堂中以学生为中心，教师抛出观点、学生小组合作探究议论得出结论，这样的知识点是学生自己得出的，充分展现了学生是教育的主人。

2.课堂中使用了启发教学、小组合作学习等教学方法。从学生的实际出发，利用课前预习、课堂教学以及课堂课后巩固等方式引导学生独立思考、合作探究最终得出最优的结果。此外，教师抛出问题、学生探究结果、教师整合答案的过程更能让学生在课堂中有参与感。

3.利用信息化的手段，合理使用多媒体教学。从导入的视频到最后的思维导图，多媒体贯穿在整个课堂中。学生利用多媒体展示其课前预习的成果，教师利用多媒体展示相关资料和数据，多媒体是现代教学一个重要的工具。

七、教学过程

（一）教学流程设计

环节一：初步认知，导入新课

教师活动：

1.播放视频：《回顾中国经济崛起之路》。

过渡：从一穷二白到世界第二大经济体，从温饱不足迈向全面小康，中国经济几十年间发生了翻天覆地的变化。

2.提出问题：为什么中国经济能够如此扎实而又快速地崛起？

3.总结答案并引出课题：中国特色社会主义取得的巨大成功，展现出中国特色社会主义制度的巨大优越性，今天我们就一起学习其中的重要内容——基本经济制度，请同学们翻开教材74页并齐读课题。

学生活动：

1.认真观看视频，根据视频内容以及生活经验回答问题。

答案预设：中国共产党的领导以及中国人民的勤劳与努力；走中国特色社会主义道路等。

2.翻开教材74页并齐读课题。

设计意图：结合时事，以视频导入调动学生的积极性，也更加直观地让学生感受到国家经济的飞速发展，使其身临其境。问题以视频内容为基础，启发学生思考并快速地引入课题，由浅入深。

环节二：了解本课学习目标、重难点以及课堂总体脉络

教师活动：多媒体出示本课教学目标以及教学重难点。

我们先来快速浏览一下本课的学习目标和学习重难点。本节课的总议题为：我国的基本经济制度。分为三个分议题：1.我国现阶段的所有制结构。2.我国现阶段的分配制度。3.社会主义市场经济体系。

学生活动：快速浏览阅读多媒体中的学习目标、学习重难点内容。带着对目标的理解以及课前预习的内容开始本课的议题讨论。

设计意图：开宗明义，了解课堂的学习目标才能依据目标更有目的性地学习。以目标为中心导向学习知识、提升能力，更好地感受到中国特色社会主义制度为什么行、为什么好。议题式的教学方式把课堂还给学生，以学生为主体，抛出问题让学生思考、讨论、汇报，体现课堂的民主性。

环节三：议题一——我国现阶段的所有制结构

教师活动：明确我国现阶段所有制结构：公有制为主体、多种所有制经济共同发展。

◎情境一：身边的所有制经济

活动1：根据课前预习，请同学们阅读教材74页，运用你的经验，自行思考并回答：这些同学的父母工作单位哪些属于公有制经济？哪些属于非公有制经济？

明确答案：小餐馆是非公有制中的个体经济；国有企业是公有制中的国有经济；外资企业是非公有制中的外商投资经济；伯父的建筑公司是非

公有制中的私营经济；村办企业是公有制中的集体经济。

活动2：以小组为单位展示找到的庄河公有制经济和非公有制经济。

◎情境二：经济新闻资讯

活动3：阅读教材75页"探究与分享"，回答问题。

问题1：谈谈公有制经济和非公有制经济的不同点以及各自的作用。

问题2：现阶段我们应以什么样的态度面对公有制和非公有制经济？

总结答案，补充并明确知识点：

1.公有制经济包括哪些？（教材74页）

（1）国有经济：①地位：在我国，国有经济是国民经济的主导力量。②含义：国有经济的生产资料属于全体人民共同所有。

（2）集体经济：集体经济的生产资料属于一部分劳动者共同所有。

（3）混合所有制经济中的国有成分和集体成分。

2.非公有制经济包括哪些？（教材74页）

个体经济、私营经济、港澳台投资经济、外商投资经济等。

3.坚持公有制为主体多种所有制经济共同发展的作用。（教材75页）

（1）公有制与非公有制都是社会主义市场经济的重要组成部分，都是我国经济社会发展的重要基础。

（2）坚持公有制为主体、多种所有制经济共同发展，促进了生产力的发展、综合国力的增强和人民生活水平的提高，为人民当家作主奠定了坚实的物质基础。

4.现阶段我国对待公有制经济与非公有制经济的正确态度。

必须毫不动摇巩固和发展公有制经济，毫不动摇鼓励、支持、引导非公有制经济的发展。

学生活动：

1.阅读书中情境，思考并积极回答相关问题。

答案预设：小餐馆是非公有制、国有企业是公有制、外资企业是非公有制、伯父的建筑公司是非公有制、村办企业是公有制。

2.以小组为单位展示课前预习内容。

预设：中国石油天然气有限公司是公有制经济中的国有经济；国电电力大连庄河发电有限公司是公有制经济中的国有经济；马家面馆是非公有制经济中的个体经济等。

3.依据活动及课前预习回答问题。

预设：（1）公有制包括：国有经济、集体经济、混合所有制经济中的国有成分和集体成分。非公有制包括：个体经济、私营经济等。二者都是我国经济社会发展的重要基础，公有制为主体、多种所有制经济共同发展，促进生产力的发展。（2）我们必须发展公有制、鼓励非公有制。

明确知识点并圈画落实在教材中。

设计意图：课前预习与课堂教学相结合，大大提升了课堂效率，小组为单位的活动性作业既能提升学生学习的扎实程度，又能提升学生的合作能力、实践能力、逻辑思维能力和探索能力。以身边事物创造情境，学生更能体会到书本知识点对实际生活的作用。

环节四：议题二——我国现阶段的分配方式

教师活动：明确我国现阶段的分配方式：按劳分配为主体、多种分配方式并存。

情境一：家人收入分配

活动1：阅读教材75页"探究与分享"，回答下列问题。

问题1：根据预习，同桌间合作交流，谈谈几位亲人的收入分别是按哪种分配方式取得的。

问题2：你分别说说按劳分配以及按生产要素分配的依据是什么。

总结答案并整合知识点：

1.按劳分配的依据、基本内容和要求。（教材76页）

按劳分配是由生产资料公有制决定的。有劳动能力的社会成员必须参加劳动，在做了必要的扣除后，以劳动分工者所提供的劳动为尺度对个人进行分配，多劳多得，少劳少得，在现阶段要着重保护劳动所得，增加劳动者劳动报酬。

2.除了按劳分配，我国还存在哪些分配方式？（教材76页）

（1）生产要素：劳动、资本、土地等。

（2）社会保障收入。

学生活动：

阅读材料，同桌交流并回答问题。

答案预设：

1.爸爸：按劳分配；妈妈：按生产要素分配；叔叔：按生产要素分配；舅舅：社会公益事业。

2.国有企业属于公有制经济，所以是按劳分配；私营企业和家庭农场是非公有制经济，所以是按照生产要素分配。

明确知识点并圈画落实在教材中。

设计意图：同桌间交流合作提升学生的合作和表达能力，增进同学间的感情。以情境引题，结合现实、综合所学知识点步步设问，巩固知识，层层递进。

环节五：议题三——社会主义市场经济体制

教师活动：

◎情境一：经济的起伏现象

活动1：阅读教材76页"探究与分享"并思考。

问题：你是怎么看待上述经济现象的？

整合并补充答案：当小龙虾供不应求时，会造成买家的竞争，价格上涨，一旦扩大生产供大于求会造成卖家竞争从而价格下降。

明确知识点：市场经济体制的含义和作用。（教材76页）

市场经济体制是市场在资源配置中起决定性作用的经济体制。在市场经济中，生产什么、如何生产、生产多少，主要是通过价格、供求、竞争等机制来调节。市场机制就像一只"看不见的手"，在资源配置中起决定性作用。

◎情境二：角色扮演，"村官"我来当

活动1：一场突如其来的大雪让某地蔬菜采摘、运输非常困难，蔬菜价格飞涨。

问题：如果你们小组是当地政府部门，你会采取什么措施应对难题？小组内合作讨论交流。

活动2：因为当地政府采取的相关措施，蔬菜价格很快回落，人民的生活恢复正常。

问题：你是如何看待该地区价格由飞涨到回落的？

整合答案明确知识点：我国社会主义市场经济体制把社会主义制度和市场经济有机结合起来，充分发挥市场在资源配置中的决定性作用，更好地发挥政府作用，进行科学宏观调控，激发各类市场主体的活力，为人民对美好生活的需求提供保障。

学生活动：阅读材料，根据材料思考问题。

答案预设：小龙虾价格上涨，养殖户有钱赚，所以扩大生产；小龙虾价格下跌，养殖户获得收益减少甚至亏本，所以减少生产。说明价格很重要，也就是说市场在资源配置中起决定性作用。

整理答案并落实知识点，圈画在书中。

阅读材料，以小组为单位讨论并汇报结果。

答案预设：

1.①给菜农提供补贴，解决采摘运输困难导致菜农经济困难问题。②组织人力疏通道路，保障蔬菜的运输。③到外地调运蔬菜保证市场供应。

2.采摘运输困难导致供不应求市场价格飞涨这是市场机制的作用。价格回落是政府调节的作用，我国的社会主义经济体制充分发挥了市场以及政府调控双重作用，是人民群众生活稳定幸福的保障。

明确落实知识点，圈画在书中。

设计意图：以经济现象为情境设身处地地解决问题，角色扮演式的小组合作能提升学生思考问题的兴趣，提升课堂活力。

环节六：整合思维导图

教师活动：出示思维导图。请同学们整合今天所学知识点，根据思维导图说一说本课你学到了什么。

学生活动：观察思维导图，说说自己的理解与所学知识。

设计意图：思维导图突出了思维内容的重心和层次，搭建框架，为单元整合打好基础。

环节七：课堂跟踪练习

教师活动：出示课题小测练习，包括三道选择题一道材料题。请同学们依据本课所学知识在规定时间内完成随堂练，并在小组内讨论，不理解的问题由组长汇总。

学生活动：根据课堂内容自行完成随堂练习，在组内交流答案和想法，对有不理解的问题互相帮助、课堂交流。

设计意图：一课一练巩固新知，提升做题能力。

（二）课堂小结

相信同学们通过本节课的学习都能够深入理解中国特色社会主义基本经济制度的内容以及作用，更加直观地感受到中国特色社会主义制度的优越性。改革开放以来基本经济制度保证和推动了中国经济持续快速发展，使我国经济建设取得了巨大成就，这就是中国强盛起来的原因。

（三）板书设计

5.3 基本经济制度

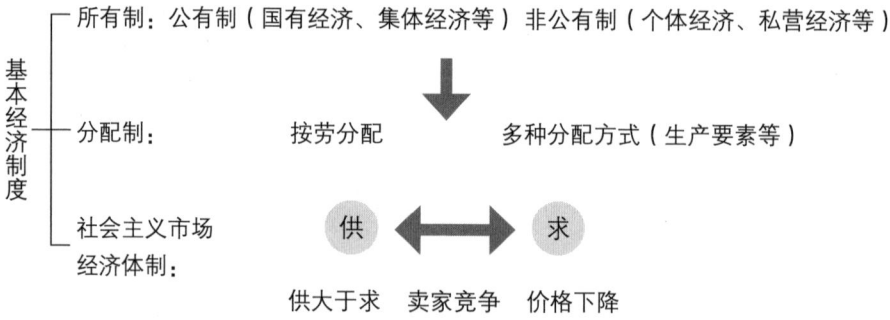

（四）作业设计

1.根据课堂内容设计本单元思维导图。

2.调查本地一家企业的发展现状，探究其所有制种类以及分配方式。

（五）参考资料

1.中华人民共和国教育部：《义务教育道德与法治课程标准（2022年版）》，北京师范大学出版社，2022年。

2.人民教育出版社课程教材研究所、中学德育课程教材研究开发中心：《义务教育教科书　教师教学用书　道德与法治　八年级下册》，人民教育出版社，2018年。

八、教学总结与反思

本课的基本观点是用来合理解释现阶段我国经济的发展问题。我利用学生课前预习的时间段，让学生自行寻找庄河身边的国有企业、民营企业等，围绕这些例子深入讨论。充分利用教材中真实的案例分析，引导学生感受我国社会主义市场经济体制的特点和优势。本课围绕总议题发起以小组为单位、以同桌为单位、自行思考回答等方式充分调动每一位学生参与到课堂中，将课堂还给学生，以学生为主体、以教师为主导帮助学生提升能力、自行讨论出知识点等促进学生全面发展。

根本政治制度

沈阳市实验学校　赵思童

一、课程基本信息

主讲课程：道德与法治

使用教材版本：人民教育出版社2018年版

教材章节出处：《道德与法治》八年级下册第三单元第五课第一框《根本政治制度》

二、教学设计概述

《根本政治制度》是《道德与法治》八年级下册第三单元第五课第一框的内容，本框内容主要介绍了人民代表大会制度是适合我国国情的根本政治制度，我国国家机关都由其产生、对其负责、受其监督。通过本课的学习能够帮助学生了解人民代表大会制度的基本内容、人大代表的职权以及人大代表与人民群众的关系，从而能够引导学生树立正确的价值观、政治观，增强对国家根本政治制度的热爱，并懂得如何坚持和完善人民代表大会制度。本节课的内容在整本教材中具有承上启下的作用。

本课采用议题式教学，通过递进的议题设置，采用情境化、生活化事例，充分运用时政资源展开教学。

三、学情分析

八年级是学生法治意识和行为形成的重要时期，进行法治专题教育，促使学生了解宪法，增强法律意识，培养法治思维，符合这一阶段学生的心理发展趋势，对帮助他们作出正确判断、自觉行动、走向成熟具有重要意义。对于人民代表大会的相关知识，学生在小学阶段、本学期第一单元的学习中都有涉及，学习基础较好。但是人民代表大会制度与学生生活有一定距离，学生缺乏直接经验。本节课要引导学生充分吃透教材，结合案例与素材，深入理解、领会这一根本政治制度。

四、教学目标

（一）知识目标

初中阶段本科教学目标设计中学生应理解掌握的知识要求呈现如下：

1.事实性知识：我国的根本政治制度是人民代表大会制度；人民代表大会是国家权力机关。

2.概念性知识：人民代表大会与其他国家机关的关系、人大代表如何行使职权、人民代表大会制度的优越性、坚持和完善人民代表大会制度的路径。

3.程序性知识：寻找到身边的人大代表；向人大代表提出合理建议。

（二）政治认同

通过开展资料查阅，解释人民代表大会制度是我国根本政治制度，人民代表大会是我国的权力机关；结合人大议程分析、人民代表大会行使权力的实例，解释人民代表大会与其他国家权力机关之间的关系，并说明我国人民代表大会制度的优势如何在实际生活情境中体现；能够在生活和学习中自觉维护国家主权、尊严和利益，认同人民代表大会制度是我国的根本政治制度，坚定爱国意识。

（三）法治观念

通过情景表演，知道人民代表大会的职权、人大代表的各项职责，知道人大代表要对人民负责，接受人民监督，在宪法和法律规定范围内行使职权，理解权利与义务的统一，树立法律意识；形成初步的法治观念，在社会生活、社会交往中遵守相关法律、法规。

（四）责任意识

通过"寻找身边的人大代表"活动，力所能及地联系当地人大代表，了解其工作内容；选择自身生活中存在的问题，向人大代表提出建议；在此基础上结合生活实例，小组讨论并说出如何坚持和完善人民代表大会制度。养成了解时政，关心社会，主动参与社会管理的主人翁意识，做德智体美劳全面发展的社会主义事业建设者和接班人。

五、教学重点难点

根据课程标准、教材内容分析及学情分析，本课的重点确定为人民代表大会制度的地位、内容；人大代表的职权、义务。本课的难点确定为坚持和完善人民代表大会制度。

在重难点的设置问题上，重点内容聚焦陈述性知识的理解和识记；在难点的设置上聚焦于通过学习知识培育政治认同和社会责任，树立制度自信，从而从自身做起，坚持和完善人民代表大会制度。

六、教学设计总体思路

1.进行模拟人大的活动。模拟人大活动可以调动学生主动学习，活动的流程按照人民代表大会议事规则设定，让学生真实体验提案程序。根据学生的实际学习情况和认知接受水平，将提案的范围限制在校园生活之中，通过划分代表小组的方式，实现小组合作探究。

> **活动介绍**
> （1）参会代表为八年（四）班代表团。
> （2）代表团可以分设若干代表小组。代表小组会议推选小组召集人。
> （3）代表团全体会议推选代表团团长、副团长。团长召集并主持代表团全体会议。副团长协助团长工作。
> （4）各代表小组讨论本组议案，由小组召集人发言。
> （5）各组代表充分讨论后进行举手表决。议案由代表团全体代表的过半数通过。

2.课堂中采取学生表演情景剧的形式。利用角色扮演的方式加深学生对人大代表职权和义务的理解。改变传统课堂中"你听我讲"的教学模式，让学生亲自参与到课堂环节中，在模拟情境中，自主体验、辨析归纳和互动，激发学生的主体意识。因为学生都有自己要扮演的角色，学生要出色地完成自己所扮演的角色，就要具备主人翁意识，主动参与、积极探究。学生从学生角色转变为社会中、政治生活中的角色，可以更好地把抽象的问题具体化。同时，模拟角色可以让师生共同参与到教学活动中来，无论是在准备阶段还是演绎阶段，在教师的有效引导下，学生可以主动地接受知识。

以上述两种活动为材料，以议题为主线，展开教学。

七、教学过程

（一）教学流程设计

环节一：模拟人大之八年（四）班代表团会议

教师活动：介绍模拟人大基本要求以及活动流程，根据学生准备相关资料的情况，将代表提案的范围限制在学校事务内。

学生活动：经过讨论后，小组代表提出本组议案，举手表决决定议案是否通过。

设计意图：本环节结合学生校园生活实际，引导学生关心国家发展大事，通过模拟人大活动引导学生对根本政治制度的思考，营造积极的课堂气氛。学生除了能完成教材规定内容之外，还能拓展知识。学生从活动中获得感性认识，由抽象思维上升到理性认识，进而培养法治思维和政治认同。

环节二：完善流程图

教师活动：以"议案从何而来"和"议案要到哪去"为主线，结合"模拟人大"活动，引导学生探讨人民代表大会的基本内容。

议题1：议案从何而来？

议案从何而来，归根结底是得益于我们的人民代表大会制度。人民代表大会制度在我国的政治生活中发挥着举足轻重的作用。请大家结合刚刚进行的模拟人大活动思考以下问题：

1.我们为什么要选小组代表来提出议案？这样的形式有什么好处？

2.国家的一切权力属于人民，人民通过民主选举选出代表，组成人民代表大会。这个制度的运行机制、组织活动原则是什么样的？

3.实行民主集中制，重大问题经人民代表大会充分讨论，遵循少数服从多数原则，民主决定。

议题2：议案要到哪去？

虽然刚刚同学们已经通过投票的方式决定了要通过哪些议案，但是如果真的要让这些议案发挥作用，真正地丰富同学们的校园生活，促进校园环境，我们的路还没有走完，请同学们结合自己校园生活的实际经验思考：同学们提出的议案应该由学校的哪些部门来贯彻落实呢？德育处、八年年部、党办……

在国家层面也是如此，一份议案真正变成人民福祉，还需要各个不同的国家机构去执行。由人民代表大会选举产生国家行政机关、监察机关、审判机关、检察机关，这些国家机关依法行使各自的职权，并对人民代表大会负责，受人民代表大会监督。

教师总结：在同学们的共同努力下，我们的流程图已经很完善了。

学生活动：结合所学知识回答问题，并在教师引导下进行归纳总结。

设计意图：在教师的引导下，让学生以流程图的形式在活动后进行总结，促进学生对知识的整理和系统把握，并锻炼学生分析材料、归纳总结的能力。流程图可以更清晰体现人民代表大会制度的主要内容，将复杂的知识转化为简练易懂的关键词句和关系。

环节三：情景剧表演：《人大代表与外卖骑手》

教师活动：每一次召开人民代表大会会议，必不可少的角色就是人大代表，接下来我们步入第三个议题。

议题3：人大代表为什么能提议案、要提议案？

请同学们表演情景剧《人大代表与外卖骑手》。

结合刚刚同学们的演示，思考以下问题：

1.人大代表为什么能够提议案？

宪法赋予的人大代表的职权。职权：全国人民代表大会和地方各级人民代表大会代表依照宪法和法律赋予本级人民代表大会的各项职权，参加行使国家权力，有权依法审议各项议案和报告、表决各项决定、提出议案和质询案。

2.人大代表为什么要提出议案？

人大代表为人民，作为人大代表的义务就是：必须与人民群众保持密切联系，听取和反映人民群众的意见和要求，努力为人民服务，对人民负责，并接受人民监督。

3.生活中，我们如何找到身边的人大代表？

学生活动：表演情景剧，根据情景剧内容思考并回答问题。

设计意图：学生观看同学表演的情景剧，情景剧的内容包括：人大代表发现问题调查走访、提出议案、参加全国人民代表大会、代表通道采访、政策施行等多个内容。学生可以通过生动的形式更加深刻地理解人大代表的职权和义务，真正地明白"民有所呼、'会'有所应"，坚信人民代表大会制度的优越性，增强制度自信和责任担当，同时不断激发学生政治参与的热情和责任感，促进初中生从"想参与"转变为"会参与""正在参与"，帮助学生明确自己可以参与到政治生活的哪一个环节，掌握有序参与政治生活的途径和方式。

（二）课堂小结

同学们，经过这节课的学习，我想大家对于课前的那份满意度民调为什么那么高，心中已经有了答案。中国自古以来有深厚的民本基因。"民为贵，社稷次之，君为轻。""水能载舟，亦能覆舟。"中国共产党创立的初心和使命就是为中国人民谋幸福，为中华民族谋复兴。这种始终以人民为中心，全心全意为人民服务的崇高情怀体现在今天的治国理政上就是找到了一条人民当家作主的好的途径，这条好的途径就是人民代表大会制度，它能最大程度地代表全体中国人民的整体利益。有了它，整个国家和社会得以协调高效运转，人民觉得很满意，人民感到很幸福！

（三）板书设计

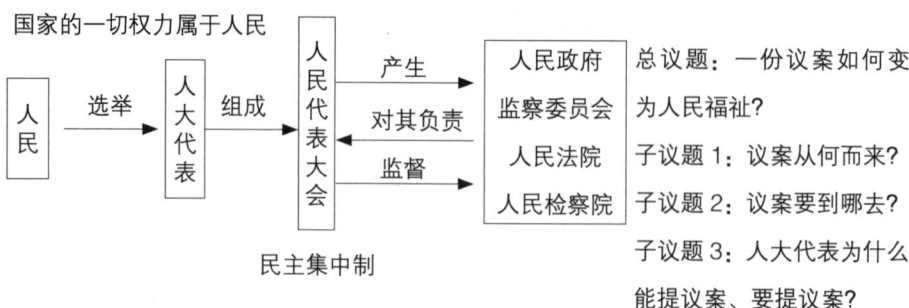

国家的一切权力属于人民

总议题：一份议案如何变为人民福祉？

子议题1：议案从何而来？

子议题2：议案要到哪去？

子议题3：人大代表为什么能提议案、要提议案？

（四）作业设计

在作业设计的过程中，力求在学与教的基础上，立足基础，考查能力，突出素养。核心素养是课程育人价值的集中体现，是学生通过课程学习逐步形成的正确价值观、必备品格和关键能力。因此，在作业设计的过程中充分体现"政治认同""法治观念""责任意识"等核心素养。作业的设计应顺应学生思维发展规律，逐渐深入、层层递进，培养学生的法治思维，增强法治意识。坚持从学生出发，注重科学性、适标性、导向性和有效性，尽可能地贴近学生、贴近生活、贴近实际，使学生的学科能力和学科素养在真实的生活情境中形成和发展，尊重学生的主动精神，让教育回归生活。争取突出新意，突出能力，突出情感、态度与价值观，让学生在阅读、思考中得到政治认同和法治观念等学科核心素养的培养，增强学生对当代中国的高度认同感、自豪感和使命感。

通过分析本课知识的逻辑关系，将作业设计的总目标制定为：增强学生家国情怀，引导学生理解人民代表大会制度是如何保障和实现人民当家作主，增强学生的政治认同与制度自信，为学生进一步理解宪法的核心价值和宪法精神提供支撑，提升学生对国家的责任感、自豪感和归属感。

1.基础性目标：了解我国的根本政治制度、初步形成对我国根本政治制度的整体认识，从而理解我国国家制度保证政治稳定、经济发展、人民幸福的显著优势。

2.拓展性目标：能够从真实社会情境所反映的经济现象、政治现象中正确认识根本政治制度保证人民当家作主的作用，提高材料分析、阅读理解等答题能力，进一步提高学生的知识迁移能力和方法运用能力，运用所学知识理解、解决生活中的实际问题，并在此过程中培养、提高自主学习、合作探究、社会实践等能力。

3.挑战性目标：认识中国特色社会主义的伟大建设成就，理解中国共产党在建设中国特色社会主义过程中的领导作用，自觉坚持和维护国家制度，坚定对中国共产党、中国特色社会主义的高度政治认同。积极参与国家政治生活，树立责任意识，做社会主义建设者和接班人。

具体作业安排如下，预计完成时间30分钟。

1.预习作业（15分钟）

结合校园生活实际，搜集相关资料，完成提案表格。

八年（　）班模拟人大提案表

提案小组	第　　组	小组代表	
小组成员			
议案题目			
案由			
解决办法			
此议案是否通过	□通过		□不通过

2.基础性选择题（5分钟）

（1）随着工作生活节奏的不断加快，年轻人突发心源性心脏病的事件时有发生。某省人大代表在人民代表大会上提交了《公共安全应急救护管理条例》的议案，呼吁建立救护机制。这表明人大代表（　　　　）

①享有并行使提案权　　②依法审议议案和报告

③努力为人民服务　　　④接受人民的监督

A.①②　　　　B.①③　　　　C.②③　　　　D.②④

（2）习近平总书记指出，要坚持国家一切权力属于人民的宪法理念，最广泛地动员和组织人民依照宪法和法律规定，通过各级人民代表大会行使国家权力。下列关于人民、人大代表、人民代表大会之间关系的说法正确的是（　　　　）

①人民代表大会是由人大代表组成的

②人民代表大会是人民行使国家权力的机关

③人大代表代表人民行使国家权力

④人民要对人大代表负责，受人大代表监督

A.①②③　　　　B.①③④　　　　C.②③④　　　　D.①②④

（3）依据我国宪法，对下列图示中所缺内容表述正确的是（　　　　）

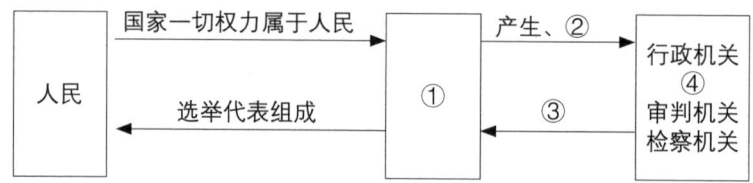

A.①国家监察机关　②监督　③负责　④法律监督机关

B.①国家司法机关　②负责　③监督　④监察委员会

C.①国家权力机关　②监督　③负责　④人民政协

D.①国家权力机关　②监督　③负责　④监察机关

（4）2024年3月，来自全国各地的人大代表汇聚北京，参加十四届全国人大第二次会议，围绕政治、经济、文化、社会与生态文明等建言献策，共商国是。这表明（　　　　）

A.国家的一切权力属于各级人大代表

B.公民通过人民代表大会行使国家权力

C.广大人民可以直接管理国家重大事务

D.人民代表大会制度是我国的根本政治制度

3.能力提升主观题（10分钟）

随着民主法治建设不断推进，郑州市某校积极探索核心素养的培养路径，创新教育教学模式，组织了"首届青少年模拟人大活动"，通过体验国家权力运作流程，亲身感受人民代表大会制度的强大生命力和巨大优越性。

经过调研和论证，学生撰写并提交了十多份"议案"，其中部分"议案"由当地人大代表正式提交给本级人大会议审议和表决。

运用所学知识，简要回答以下问题。

（1）模拟议案调研环节：为了增加议案的代表性和民主性，你应该① _____；为增加议案的科学性，你应该② _____。（将你的做法补充完整）

《关于完善学校体育设施的议案》（摘要）

学校体育是实现立德树人根本任务、提升学生综合素质的基础性工程，是加快推进教育现代化、建设教育强国和体育强国的重要工作。但学校体育设施种类单一、数量不足且年久失修，严重影响学生开展体育活动，因此完善学校体育设施，势在必行！

1.学校加强对于体育设施的资金投入力度，配置相应体育设施；

2._____

3._____

（2）模拟议案环节：同学们针对完善学校体育设施模拟议案，发表建议。请补充。

（3）模拟表决环节：本次参会的有九年级全体学生500人，教师18人。小王模拟"县长"作政府工作报告，会议投票结果如下，请你根据所学知识判断该报告是否通过，并说明理由。

赞成：480；反对：20；弃权：18。

（4）结合材料，该校学生作为活动参与者，亲身感受到人大代表行使了哪些职权？

（5）活动结束后，请你谈谈参与"模拟人大"活动的一些感受。

（五）参考资料

1.《中华人民共和国全国人民代表大会议事规则》，https://www.gov.cn/xinwen/2021-03/12/content_5592426.htm.

2.《黄超、管旭代表：加强外卖骑手权益保障》，https://www.spp.gov.cn/spp/zdgz/202303/t20230305_606142.shtml.

八、教学总结与反思

（一）经验总结

针对采取情境教学、设置活动时间较长的问题，采取片段活动的方式，与其他教学方法相结合完成本课教学任务。因此围绕教学内容，设计了"一份议案如何变为人民福祉"的总议题，"议案从何而来""议案要到哪去""人大代表为什么能提议案、要提议案"三个子议题，逐步将活动串联起来，形成知识体系。

（二）目标达成度

充分考虑学生的能力、学习兴趣，关注学生的个体差异，真正做到以学生发展为中心，因材施教。学生进行完本课的学习之后，能达成预设的核心素养，认同人民代表大会制度的重要意义，增强制度自信和国家认同。树立起了主人翁意识，会结合自身实际，积极参与国家政治生活。明确人大代表的职责和义务，懂得如何与人大代表沟通交流。

（三）改进设想

在本课程设计的基础上，未来会尝试在模拟人大活动中，扩大学生提议案的范围，鼓励学生关注新闻事实，关注身边社会，提出更多有价值的议案。

只有坚持和发展中国特色社会主义
才能实现中华民族伟大复兴

铁岭市教师进修学院　刘　远

一、课程基本信息

主讲课程：高中思想政治

使用教材版本：人民教育出版社2023年版

教材章节出处：高中思想政治必修一《中国特色社会主义》第四课第一框《中国特色社会主义进入新时代》

二、教学设计概述

（一）单元教学内容分析

《只有坚持和发展中国特色社会主义才能实现中华民族伟大复兴》作为《中国特色社会主义》模块的落脚点，紧密结合中国特色社会主义实践和中国式现代化，阐述中国特色社会主义进入新时代的历史方位，明确新时代我国社会主要矛盾的变化；阐述中华民族伟大复兴中国梦的本质是国家富强、民族振兴、人民幸福，培养学生对中国特色社会主义道路的政治认同，为实现新时代中国共产党的历史使命必须进行伟大斗争，建设伟大工程、推进伟大事业，把我国建设成为富强民主文明和谐美丽的社会主义现代化强国，引领学生在思政小课堂和社会大课堂的结合中增强公共参与；阐述作为回答时代之问的科学理论——习近平新时代中国特色社会主义思想，具有丰富内涵，是新思想新观点，是党和国家必须长期坚持的指导思想。理解随时代变化需要推进马克思主义时代化中国化的时代精

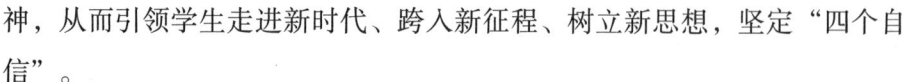

神，从而引领学生走进新时代、跨入新征程、树立新思想，坚定"四个自信"。

（二）单元设计理念

单元教学设计与教学实践遵循的是活动型学科课程的教学设计理念，根据建构主义理论提出的学习者对外部理解是自己积极主动地选择、加工和建构的结果，采用议题式教学方式。根据最近发展区理论，挖掘学生学习潜质，引导学生深度学习，引领学生实现思维进阶、发挥学生的潜能。采用议题式教学方式，围绕单元总议题，创设单元大情境，设置单元序列化活动，在学习活动中培育学生的学科核心素养。

（三）基本教学理念

在教学活动中坚持议题式教学、深度学习和核心素养三者有机统一：

1.深度学习引领议题式教学。深度学习要求议题式教学，以第四课为一个单元设置的总议题，构建真实丰富的情境，提出间接性的设问。

2.议题式教学促进深度学习。议题式教学使学生在活动型整个课程中走向深处。

3.将教学和深度学习的融合。助力核心素养的培育，使学科教学转向学科育人，有利于实现立德树人的根本任务。

（四）本课地位

1.政治地位。是习近平总书记在党的二十大报告中提到的十年来我们经历的对党和人民事业有重大现实意义和深远历史意义的三件大事之一。

2.教材地位。《中国特色社会主义进入新时代》是高中思想政治必修一《中国特色社会主义》第四课《只有坚持和发展中国特色社会主义才能实现中华民族伟大复兴》的第一框。遵循"新时代新思想新征程"这一逻辑思路，作为中国特色社会主义大单元教学下一个重要的子议题，本课旨在说明当代中国进入新阶段、呈现新特征，是对后面内容的引领和导入。

3.本课作用。本课上承"中国特色社会主义的开创和发展"，下启"中华民族伟大复兴的中国梦"和"习近平新时代中国特色社会主义思想"。学习本课有助于学生理解新时代的内涵，明确新时代中国社会主要矛盾的变化，引导学生自觉融入实现中华民族伟大复兴的奋斗之中。

三、学情分析

（一）知识基础

本课的授课对象是高一年级学生，通过对《道德与法治》九年级上册第四单元《和谐与梦想》的学习，已经对"中国特色社会主义进入新时代"和"我国社会的主要矛盾的变化"有了初步的了解。经过必修一《中国特色社会主义》前三课的学习，学生能够接受"只有社会主义才能救中国"和"只有中国特色社会主义才能发展中国"两大结论。

（二）心智特征

新时代背景下，学生对中国发展历史阶段和特征有比较浓厚的兴趣，但对空洞的理论说教有排斥情绪，应采用新课标倡导的活动型学科课程教学。学生具备一定对于新时代表现的观察力和认知力，但缺乏理论高度，学生的抽象能力及理论联系实际的能力有待提高，因此需要在授课中由浅入深，以研学活动和展学活动为载体分析理论和促进素养落地。

（三）生活经验

"〇五后"的学生对新时代是什么及其带来的更美好的生活有切身体验，但缺乏对"为什么"的思考和"怎么做"的践行。对于我国所处的历史方位和新征程上的发展目标理解不够，感受不深，很难做到内化于心，外化于行。

四、教学目标

1.通过研学活动了解我国步入新的历史阶段，理解新时代主要矛盾、理解新时代主要特征及意义，内化中国特色社会主义要一以贯之坚持。加强对中国特色社会主义道路的政治认同，树立正确的世界观人生观价值观，通过分享身边的新时代建设者事例，弘扬奋斗精神，培养担当民族复兴的时代新人，为中国式现代化、实现中国梦贡献力量。坚持马克思主义科学世界观和方法论，能够对个人成长、社会进步、国家发展和人类文明作出正确的价值判断和行为选择。

2.通过展学活动加深对新时代变与不变的理解，对新时代发展取得的历史性成就前途的光明与主要矛盾的转变道路的曲折性的理解，培养辩证思维能力，树立科学精神。以建设性批判的态度，回应社会转型的复杂变化，通过马克思主义基本立场、观点和方法观察事物、分析问题、解决问题，作出科学的解释，感悟人生的智慧，提高公共参与能力。

3.通过讨论活动、研学活动、展学活动培养独立思考的能力，通过逻辑思辨，发表独立的、有创造性的看法；能够从多个视角观察、思考同一个问题；能够把所学知识迁移到新情境，解决新问题，得出新结论。

五、教学重点难点

（一）教学重点

新时代中国特色社会主义的主要特征及意义。

明确坚持和发展中国特色社会主义，贯彻和落实习近平新时代中国特色社会主义思想，坚信只有坚持和发展中国特色社会主义才能实现中华民族伟大复兴，积极投身于发展中国特色社会主义的伟大实践，努力实现中华民族伟大复兴的中国梦。

（二）教学难点

新时代中国特色社会主义要一以贯之坚持。

阐明中国特色社会主义进入新时代，我们比历史上任何时期都更接近、更有信心和能力实现中华民族伟大复兴的目标，明确把爱国情、强国志、报国行自觉融入坚持和发展中国式现代化、中国特色社会主义事业、建设社会主义现代化强国、实现中华民族伟大复兴的奋斗之中。坚信中国特色社会主义能焕发出科学社会主义在21世纪的新的强大生命力。

六、教学设计总体思路

只有坚持和发展中国特色社会主义才能实现中华民族伟大复兴

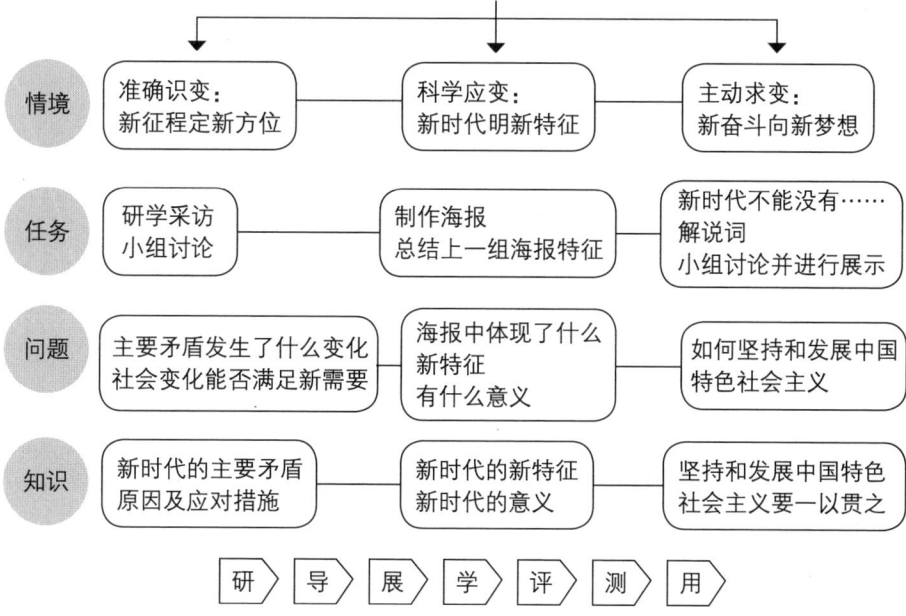

七、教学过程

（一）教学流程设计

环节一：导入——立足时代之变，胸怀强国之梦

教师活动：

1.课前准备红色歌曲，布置演唱任务。

2.通过中国共产党历经百年风雨飘摇历程，在红船上选择社会主义道路，如今成长为红色巨轮，载着人们驶向新时代引出本课主议题。

3.提出问题：新时代有哪些变化？

学生活动：

1.齐声合唱新时代版《少年》，感悟百年历程。

2.通过回答"新时代变化"这一问题深切体会新时代的发展。

设计意图：

1.通过演唱红色歌曲，激发学生学习兴趣，形成每日一唱，推进德育教育与美育教育相结合。

2.形成生生、师生间互动，推动价值引领、素养导向下的教学目标的完成。

环节二：讲授新课——议题一：准确识变：新征程定新方位

教师活动：

1.参与学生采访资料的准备和整理工作，观察学生的自学能力，引导学生理论联系实际，深入论证和探究问题本质。

2.在分组过程中观察学生的语言表达能力与辩证思维能力，引导学生全面、辩证地看待问题。

3.总结我国三次主要矛盾变化以及新时代主要矛盾变化。

学生活动：

1.课前活动：开展乡村研学活动、体验农活劳动教育、根据学案采访村民。

2.研学活动：

（1）分小组展示在乡村研学过程中采访不同年龄层次而得到的采访成果。

（2）集中讨论不同时代的主要矛盾。

（3）新时代下仍存在的问题、新时代的变与不变以及现阶段社会发展能否满足人民需要。

3.评价活动：

自评问题列表	完全达标	基本达标	勉强达标	尚未达标
明确新时代新特征、明确我们比历史上任何时期都更接近、更有信心和能力实现中华民族伟大复兴的目标。				

设计意图：本环节从乡村振兴小切口入手，创设真实情境，一方面调动学生参与课堂的兴趣，调动学习积极性，另一方面还可提升学生的实践能力，开展劳动教育活动，培养劳动精神，增强公共参与能力。从乡

村小切口入手既有助于学生理解脱贫攻坚和全面建成小康社会的历史性成就，又引发学生深入思考，现阶段如何巩固发展成果，培育经济内生发展动力。

环节三：讲授新课——议题二：科学应变：新时代明新特征

教师活动：

1.课前准备：

（1）以"中国道路"为主题，布置课前制作海报任务。

（2）为学生提供方向上的指导并观察学生的探究能力。

2.设置问题：

（1）上一组海报体现了新时代的哪些特征？

（2）中国进入新时代意味着什么？

3.总结。点评学生回答，并引导学生纠正、补充形成准确的答案，再进行重难点的点拨。同学们从不同角度谈了对新时代具体表现的理解，那么，究竟应该如何理解新时代的科学内涵？其实，我们可以从伟大事业、人民幸福、国家富强、民族振兴、国际地位这五个方面，对新时代的基本特征进行概括。

学生活动：

1.课前准备：瞰发展之路，以中国道路为主题制作海报。

2.研学活动：

（1）展示研究成果。

（2）分析其他组的海报体现了新时代的哪些新特征，中国进入新时代的意义。

3.评价活动：

自评问题列表	完全达标	基本达标	勉强达标	尚未达标
自觉融入实现中华民族伟大复兴的奋斗之中，形成政治认同、科学精神和公共参与的学科素养。				

设计意图：

1.选取时政热点，引导学生通过理解我国在发展过程中取得的历史性成就，布置具体明晰可操作的任务要求，引导学生在已有知识的基础上结合情景材料进行合作学习和探究学习，在数说我国发展成就的过程中，认同中国特色社会主义道路，坚定道路自信。

2.通过关键词概括新时代的表现，进一步明确我国进入新时代的客观依据，从而为后续学习奠定基础。通过观看视频，激发学生认识和把握新时代的兴趣，涌现出生活在新时代的幸福感、满足感，拉近新时代与学生的距离。

环节四：讲授新课——议题三：主动求变：新时代向新梦想

教师活动：

1.在收集资料前给予学生方向上的指导，帮助学生找准方向，提高学习效率，引导学生续写解说词。

2.展示新时代奋斗者图片，引导学生简述奋斗者事迹，引导学生讲述自身实际。

学生活动：

1.观看《中国一分钟》视频，根据提前收集的资料填写"我们的新时代不能没有……"并进行150字的解说词的分享。小组表演展示，从研学到展学，培养内驱动力。

2.从新时代新青年的角度，分析如何接下先辈手中的接力棒，谈当下的具体行动。

时代成就了英雄，也是英雄成就了这个时代。中国特色社会主义进入新时代，在你心中一定也有一些名字，值得被这个时代所铭记，值得每个中国人致以崇高的敬意。

3.评价活动：

自评问题列表	完全达标	基本达标	勉强达标	尚未达标
自觉融入实现中华民族伟大复兴的奋斗之中，形成政治认同、科学精神和公共参与的学科素养。				

设计意图：

1.学生畅谈时代英雄例子，深刻感悟如何实现精彩人生，引导学生理解中国特色社会主义进入新时代这一重要判断，坚定理想信念，同时认识到中国特色社会主义道路是实现中华民族伟大复兴的唯一正确道路，培养时代新人。

2.时代的跨越是需要条件的，人生的跨越亦是如此，如此设置活动有利于引导学生树立正确的价值观和公共参与意识，从身边小事做起，从点滴做起，才能成就美好人生。最终实现本课的升华，培养学生的责任担当意识，树立制度自信和道路自信。把生活逻辑与理论逻辑相结合，让学生理解新时代需要每个人都去奋斗，牢记党的领导，理解我国的制度优势，提升政治认同。

环节五：课堂总结

教师活动：带领学生共同朗诵进行总结。

于高山之巅，方见大河奔涌；

于群峰之上，更觉长风浩荡。

立志做有理想、敢担当、能吃苦、肯奋斗的新时代好青年，让青春在全面建设社会主义现代化国家的火热实践中绽放绚丽之花。

学生活动：共同朗诵并感悟课堂。

设计意图：推进"习语"进课堂、二十大精神进课堂，利用习近平新时代中国特色社会主义思想和二十大精神的引领力和感召力推进本课内容的升华。推进学生明确在新时代，青年学子要成为有理想、有本领，有担当的奋斗者，才能肩负起民族复兴的历史重托和时代重任。

（二）课堂小结

通过本节课的学习，推进学生深刻理解中国特色社会主义建设需要每一个人接续奋斗，认同我们要一以贯之坚持和发展中国特色社会主义。培养学生的责任担当意识，树立制度自信和道路自信。把生活逻辑与理论逻辑相结合，让学生理解新时代需要每个人都去奋斗，牢记党的领导，理解我国的制度优势，提升政治认同。这些真实的德育素材能够让学生联系生活实际，迸发真情实感，让真实的德育发生，实现立德目标。

（三）板书设计

新变化
新特征
新奋斗

（四）作业设计

1.课前作业：课前采访。

2.分层作业：知识梳理（学案）、基础过关（必做）、提升测试（选做）。

3.课后实践：请同学制作一份《我为新时代中国点赞手账》，可从经济、政治、文化、军事、国际贡献等任意角度进行绘制，下节课一起做小组分享。

设计意图：通过立足新发展阶段绘制手账，激发学生爱国情怀，站在新时代起点，发扬奋斗精神，努力成为一个有理想、有本领、有担当的时代新青年。作业设计方面，坚持了思政小课堂和社会大课堂的有机结合，实现思政课知、信、行的统一，也符合双减背景下提升作业质量的要求。

（五）参考资料

1.习近平：《高举中国特色社会主义伟大旗帜　为全面建设社会主义现代化国家而团结奋斗——在中国共产党第二十次全国代表大会上的报告》，人民出版社，2022年。

2.刘月霞、郭华：《深度学习：走向核心素养》，教育科学出版社，2018年。

3.刘徽：《大概念教学：素养导向的单元整体设计》，教育科学出版社，2022年。

八、教学总结与反思

（一）教学亮点

本课为活动型新授课，设计的精巧之处在于以"新时代"为线索贯穿课堂始终，通过三个篇章将情境素材进行了时空化处理、对教学内容进行了结构化整合，使教学逻辑由浅入深、由表及里。呈现了这节理论性较强又很有现实意义的"新时代"课程。同时侧重培养学生从生活实际出发，讲述真实故事，激发真实情感。不仅完成了思政课立德树人的目标，也尊重了生活实践到理论思考的逻辑，坚持了灌输性和启发性相统一，主导性和主体性相统一。

（二）教学不足

1.课堂的开放性和辨析性还有待加强，教师应该选取更具辨析性的复杂情境和更具挑战性的时代课题来激发学生进行深入的思考。

2.课堂的思辨性和辨析性不足，活动型课堂的议题如何通过问题导向，环环相扣提高学生的思辨能力和公共参与素养，使议题直抵人心也是接下来要思考的重点。

（三）学习评价设计

1.过程性评价

评价项目	评价内容及标准			评价方式	
	A 级	B 级	C 级	自评	师评
知识内容和创新意识考查学生的自主性和独创性	□独立自主思考 □深入分析活动任务 □形成完整认识或提出创新设想	□独立自主思考 □在团队成员的帮助下形成完整的认识 □对其他成员创意设想的提出有一定的启发作用	□自主思考，但无法深入探究 □不能形成完整认识或提出创新设想		
通过问题解决能力考查学生的实践性和科学性	□独立解决问题 □对小组活动遇到的瓶颈能够找到恰当的解决办法	□能够解决问题 □对小组活动遇到的问题能提出解决办法	□能够发现小组活动关键问题，找出症结点 □无法独立提出解决办法		

评价项目	评价内容及标准			评价方式	
	A 级	B 级	C 级	自评	师评
基础知识和展学活动考查学生的知识性和延展性	□自觉主动运用学科知识阐述并论述自己的观点 □条理清晰并且运用准确	□运用学科知识阐释并论述自己的观点 □缺乏条理性	□尝试运用学科知识阐释自己的观点 □知识运用不准确		
小组合作探究项目考查学生的合作性和探究性	【组织者】 □有效组织小组成员展开讨论 □准确把握小组活动进展程度 □协调组员之间分工	【主要贡献者】 □提出完成小组任务的关键想法或措施 □承担小组成果制作的主要责任人 □负责小组成果展示的汇报人	【参加者】 □积极参与小组话题讨论与成果制作 □完成自身所负责的分工任务		

2.结果性评价

自评问题列表	完全达标	基本达标	勉强达标	尚未达标
理解新时代的内涵，体悟新时代中国社会主要矛盾的变化。				
明确我们比历史上任何时期都更接近、更有信心和能力实现中华民族伟大复兴的目标。				
自觉融入实现中华民族伟大复兴的奋斗之中，形成政治认同、科学精神和公共参与的学科素养。				

人民代表大会制度：我国的根本政治制度

大连经济技术开发区第十高级中学　　王兵南

一、课程基本信息

主讲课程：高中思想政治

使用教材版本：人民教育出版社2023年版

教材章节出处：高中思想政治必修三《政治与法治》第二单元第五课第二框《人民代表大会制度：我国的根本政治制度》

二、教学设计概述

本框内容主要依据习近平新时代中国特色社会主义民主政治思想，讲述我国的根本政治制度：人民代表大会制度。人民代表大会制度是支撑中国国家治理体系和治理能力现代化的根本政治制度，是中国特色社会主义制度体系的重要组成部分，是人民当家作主的重要途径和最高实现形式。

人民代表大会制度是坚持党的领导、人民当家作主、依法治国有机统一的根本政治制度安排，是中国特色社会主义制度的重要组成部分、支撑中国国家治理体系和治理能力的根本政治制度。新中国成立以来，在中国共产党领导下，人民代表大会制度不断巩固、完善和发展，展现出强大的生命力和巨大的优越性。中国特色社会主义进入新时代，必须充分发挥人民代表大会制度的根本政治制度作用，通过这一制度把国家和民族前途命运掌握在人民手中。

在本课的教学设计中我主要通过人大代表调研外卖小哥生活现状，最后提出议案的过程采用了多种教学方法，如讲授、讨论、学生模拟写议案等，提高学生的参与度与理解深度，同时，注重培养学生的批判性思维，鼓励他们对人民代表大会制度的实践进行深度思考和分析。通过这样的教学设计，旨在使学生全面理解人民代表大会制度的理论基础、实践运作和发展前景，从而培养他们成为具有社会责任感和法治意识的公民。

一个国家实行什么样的政治制度，必须与这个国家的国情和性质相适应。习近平总书记指出："设计和发展国家政治制度，必须注重历史和现实、理论和实践、形式和内容有机统一。"人民代表大会制度这一根本政治制度，之所以行得通、有生命力、有效率，之所以能够取得巨大成功，关键在于它植根于中华民族几千年的历史文化积淀，产生于中国共产党团结带领人民为争取民族独立、国家富强和人民幸福而进行的伟大社会实践。

通过学习本框内容，带领学生了解我国的政权组织形式，理解什么是人民代表大会制度，为什么人民代表大会制度是我国的根本政治制度，理解人民代表大会制度是适合我国国情的好制度，认同人民代表大会制度具有优越性，坚定对中国特色社会主义政治制度的制度自信。

三、学情分析

（一）知识储备

高中学生在政治学科的学习上已经具备了基本的政治理论基础，同学们对社会热点时事政治等内容比较感兴趣。

（二）学习兴趣

由于外卖小哥就生活在我们身边，同学们对他们比较了解，因此学生对这节课很有兴趣。此外，通过角色扮演让同学们自己当人大代表提议案，在提高同学们课堂参与度的同时也提高了他们的学习兴趣。

（三）认知水平

高中学生抽象思维能力较强，可以理解较复杂的政治概念和理论。

（四）学习态度

不同学生对政治学科的态度各异，但大多数同学都对人民代表大会制度有浓厚的兴趣。

（五）价值观和立场

本课旨在提高学生对我国政权组织形式的认识，了解人民代表大会制度的优越性，理解中国特色社会主义为什么好，从而增强制度自信。

（六）情感和心理状态

学生在学习政治时可能会遇到困惑和挑战，如对某些政治现象的不解或对社会问题的担忧。通过本课的学习我会时刻关注学生疑惑并及时予以解答，通过关注学生的情感变化，及时为学生提供适当的心理支持。

四、教学目标

（一）政治认同

认同人民代表大会制度是符合我国国情的根本政治制度，树立高度的制度自信。增强对党的各项方针政策的理解，如民主集中制原则、培养创新思维、坚持党的领导、与时俱进等。

（二）科学精神

明确我国政权的组织形式，理解人民代表大会制度的基本功能，理解为什么人民代表大会制度是我国的根本政治制度，理解人民代表大会制度的地位及其原因，明确人民代表大会制度优越性。如何坚持和完善人民代表大会制度。

（三）法治意识

坚持党的领导、人民当家作主、依法治国的有机统一。正确行使各项公民权利，如审议权、表决权、提案权，质询权等。俗话说："没有规矩，不成方圆。"当代中学生应注重法治精神，我国的一切权力属于人民，并由人民依法行使，坚持公民在法律面前一切平等，维护法制统一、尊严、权威，正确行使公民民主权利，树立正确的世界观、人生观、价值观。

（四）公共参与

自觉拥护人民代表大会制度，积极参与人大及其代表密切联系群众的活动。积极参与社会管理，为人大代表提供意见建议。积极建言献策，感知我国人民当家作主的真实性，增强热爱社会主义的自觉性，树立为建设富强、

民主、文明、和谐、美丽的社会主义现代化强国而奋斗的政治责任感。

五、教学重点难点

（一）教学重点

1.我国的政权组织形式。通过引导学生查阅资料，获取丰富详尽的信息，调动学生的主动探究意识，同时通过小组内的交流讨论来实现生生互动，激发课堂参与度。在列举实例进行分析的过程中，将抽象的制度内容和现实中的生动实践紧密结合，提高学生的认知能力。

2.民主集中制。通过选取近几年全国人民代表大会召开的具体实例，结合全国人大及其常委会的具体职权以及人大代表的履职过程，分析情境中出现的实例体现了人民和人大代表、人大和其他国家机关以及中央和地方的哪些关系，又是如何发挥民主集中制的作用的。

（二）教学难点

选择人民代表大会制度的必然性。"鞋舒不舒服，脚最清楚。"一种政治制度不能脱离特定社会政治条件和历史文化传统来抽象评判，不能生搬硬套别国模式。

六、教学设计总体思路

本课旨在通过对人民代表大会制度的讲解，使学生对人民代表大会制度的含义、原则、功能、优势以及为什么要坚持人民代表大会制度，如何坚持人民代表大会制度有初步的了解，从而使学生认同人民代表大会制度，增强制度自信，积极投身社会主义现代化建设。

在具体讲解过程中根据高中学生的学情特点，我主要采取讲授法：主要针对重点、难点的讲解；体验法：主要通过"我为两会写议案"活动增强学生参与感；辩论解析法：通过对比西方与我国的政权组织形式，让学生深刻体验我国政体的优越性等，最终使学生达到预期学习目标。

七、教学过程

（一）教学流程设计

导入新课：

教师活动：邓小平说过："社会主义国家有个最大的优越性，就是干一件事情，一下决心，一做出决议，就立即执行，不受牵扯。"同学们对这句话是怎么理解的呢？是什么样的社会制度让我们有如此大的底气呢？今天就让我们共同学习我国的根本政治制度：人民代表大会制度。

设计意图：学生充分感受我国人民代表大会制度的优越性。

环节一：

教师活动：

议题一：人大代表是如何通过全国人民代表大会行使职权的？

议学情境一：观看视频《人大代表建议从提出到落实总共分几步：与外卖小哥相关建议》并阅读材料"从国务院机构改革方案看我国人民代表大会制度基本功能与权力运行"。

材料：2023年迎来1982年至今以来党和国家机构第九次机构改革。

2023年2月21日，中共中央政治局召开会议讨论了《党和国家机构改革方案》稿。2月26日至28日，中国共产党第二十届中央委员会第二次全体会议审议通过了在广泛征求党内外意见、反复酝酿协商的基础上提出的《党和国家机构改革方案》，全会同意把《党和国家机构改革方案》的部分内容按照法定程序提交十四届全国人大一次会议审议。2月28日，中共中央在中南海举行民主协商会，就党和国家机构改革方案等向各民主党派中央、全国工商联和无党派人士代表通报情况，听取意见。

十四届全国人大一次会议3月7日下午在人民大会堂举行第二次全体会议。受国务院委托，国务委员兼国务院秘书长肖捷作关于国务院机构改革方案的说明，并请予审议。10日上午十四届全国人大一次会议第三次全体会议表决通过了关于国务院机构改革方案的决定。

后续中共中央将印发《深化党和国家机构改革方案》并发出通知，要求各地区各部门结合实际认真贯彻执行。此外，中央改革方案出台后，下一步应该是人们关心的地方行政机构改革。这并不是临时提出，并且早已进行试点。青海人口小县玛多党政机构将由改革前的25个精简为20个，新设置了县自然资源和生态环境林草水利局，执法队伍由5支精简为1支，"四人以下局"减少8个，人员精简比例达20%，山西人口小县河曲36个党政机构精简为22个，领导职数精简21名、186个涉改事业单位整合为40个。

议学问题：结合议学情境和教材内容分析回答下列问题：

1.从国务院机构改革方案材料中分析人大制度是如何组织和运行的。

2.从人大代表提出建议到外卖小哥工伤、医保等问题的解决分析我们如何诠释人大制度，又应如何理解这一制度的地位。

学习提示：

1.人大制度的组织和运行：

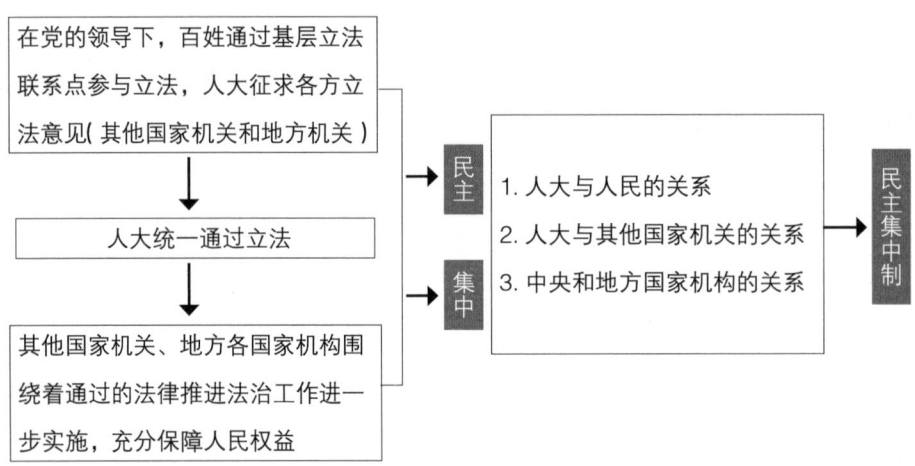

2.阅读教材50—51页，结合上一问题所总结的人大与人民、人大与国家机关的关系，总结人大制度的含义、决定因素、功能，以及人大制度作为我国根本政治制度的两大具体表现。

小结：我国的政权组织形式

1.人大制度的组织活动原则：民主集中制。

（1）在人民代表大会与人民的关系上：人大由民主选举产生，对人民负责，受人民监督。

（2）在人民代表大会与其他国家机关的关系上：国家行政机关、监察机关、审判机关、检察机关都由人大产生，对它负责，受它监督。

（3）在中央和地方国家机构的关系上：中央和地方的国家机构的划分，遵循在中央的统一领导下，充分发挥地方的主动性、积极性原则。

2.人大制度的含义：人民代表大会制度是按照民主集中制原则，由人民定期选出自己的代表组成各级人民代表大会作为人民行使国家权力的机关，并由人民代表大会组织其他国家机关，以实现人民民主专政历史任务的政权组织形式。

3.人大制度的决定因素：由我国人民当家作主的社会主义国家性质决定的。

4.人大制度的基本功能：在党的领导下把体现广大人民群众根本利益的党的路线、方针、政策依照法定程序转化为国家意志，并使之成为全体公民共同遵守的法律规范。

5.人大制度的地位：我国根本政治制度（政体）。

（1）国家政治生活中体现人民当家作主，突出强调权为民所赋，最充分地体现了社会主义国家的本质要求。

（2）在我国政治制度体系中居于核心地位，国家的其他制度，包括行政制度、监察制度、司法制度等，都是由人民代表大会通过立法创制出来的，都要受其统领和制约。

学生活动：小组讨论，通过学习提示，结合材料和视频资料回答梳理问题。

设计意图：通过让学生观看人大代表关于外卖小哥的提案视频让学生先从身边的人和事入手了解人民代表是如何行使权力的，为什么人大代表议案要提交到全国人民代表大会而不是其他部门，是因为我们国家的根本政治制度是人民代表大会制度，由此引出什么是人民代表大会制度（含义），那么人民代表大会制度有什么作用呢？通过人民代表大会人大代表把议案一步一步依照法定程序转化为国家意志，实现了全过程民主。通过国务院机构改革方案的材料让学生了解我国的人民代表大会制度是如何组织和运行的。

环节二：人民代表大会制度有哪些优越性?

教师活动：

议题二：人民代表大会制度的优越性。

1.组织我为两会写议案活动。

问题：通过我为两会写议案活动，同学们结合本课学习内容谈谈自己的感受。

预设：人民代表大会制度保障了人民当家作主，动员了全体人民以国家主人翁的姿态投身于社会主义建设。

2.播放视频：《我是人大代表为民履职》。

预设：视频中的人大代表不仅为民请愿、为民办事，而且来自不同民族，体现了我国人民代表大会制度具有维护国家统一和民族团结的优势。

3.出示材料：2023年，新一届美国国会开幕后，众议院议长的选举经多轮投票仍然"难产"，导致新一届国会众议院无法履职。开年的这一乱象凸显美国政治制度失灵，警示美国党争极化的趋势恐正愈演愈烈：当地时间1月5日，美国国会众议院就众议长人选重新开始投票，本次投票为第10轮，在已经完成的唱票中，众议院共和党领袖凯文·麦卡锡以200票不敌民主党众议员哈基姆·杰弗里斯212票，仍未当选众议院议长。众议院议长选举经过第10轮投票，追平并打破了1923年众议院议长九轮投票的百年纪录，成为自美国南北战争164年来持续时间最长的众议院议长选举投票。

西方国家立法、行政、司法机关之间经常扯皮，相互牵制，致使许多重要的国事无法得以及时决断，美国国会通过的法案往往被总统否决，仅在罗斯福任总统时就多达580次之多。美国总统提出的议案常常被搁置，如提出的建立海军部的议案取得国会同意用了10年，建立内政部的议案用了39年。

在我国，法律的审议、国家领导人的选举和重大决议的表决常常由全国人大投票通过，人大及其常委会审议、决定问题，除了在集体充分讨论的基础上进行表决外，人大代表、人大常委会委员之间还经常就人民关心的重大问题进行沟通和协商。

辨析：西方国家权力运行方式和我国实行民主集中制的人民代表大会制度的区别，并总结我国人民代表大会制度的优势。

预设：材料体现了人民代表大会制度是具有鲜明的中国特色和突出的制度优势的。而西方国家立法机关、行政机关、司法机关之间经常扯皮，互相牵制，致使许多重要国事无法及时决断。我国的人民代表大会制度则能够保证国家机关协调高效运转。

学习小结：

1.人民代表大会制度保障了人民当家作主。

2.动员了全体人民以国家主人翁的姿态投身于社会主义建设。

3.保证了国家机关协调高效运转。

4.维护了国家统一和民族团结。

归纳总结：

1.坚持和完善人民代表大会制度的原因？

（1）人民代表大会制度是由我国人民当家作主的社会主义国家性质决定的。

（2）人民代表大会制度是中国共产党把马克思主义基本原理同中国具体实际相结合的伟大创造，具有鲜明的中国特色和突出的制度优势。

（3）人民代表大会制度是坚持党的领导、人民当家作主、依法治国有机统一的根本政治制度安排，体现了中国特色社会主义的制度优势，必须长期坚持、不断完善。

2.怎样坚持和完善人民代表大会制度？

（1）坚持和完善人民代表大会制度，必须坚持民主集中制。

（2）坚持和完善人民代表大会制度，必须毫不动摇坚持中国共产党的领导。

（3）坚持和完善人民代表大会制度，必须保证和发展人民当家作主。

（4）坚持和完善人民代表大会制度，必须全面推进依法治国。

学生活动：

1.将自己提前准备的议案在班级朗读。

2.分组讨论，自觉组织正方反方，辩论西方政体与我国政体的优缺点。

设计意图：本环节采取让学生切身体验、观看视频和正反方辨析的多种模式让学生切实体会到人民代表大会制度的优越性。尤其是辨析观点"西方国家权力运行方式和我国实行民主集中制的人民代表大会制度"的区别，从而使学生认识到我们决不照搬西方政治制度模式，从根本上是国家性质的区别，从而引领学生认同我国的人民代表大会制度。

本课以我国的政权组织形式为核心展开教学。通过学习，掌握人民代表大会制度的内容、含义、组织和活动原则，以及人民代表大会制度的优越性，增强制度自信和政治认同。

（二）课堂小结

本课学习了人民代表大会制度的含义、基本功能、地位、优势、性质以及民主集中制以及坚持党的领导、人民当家作主、依法治国有机统一，让我们充分了解了我国的根本政治制度。

（三）板书设计

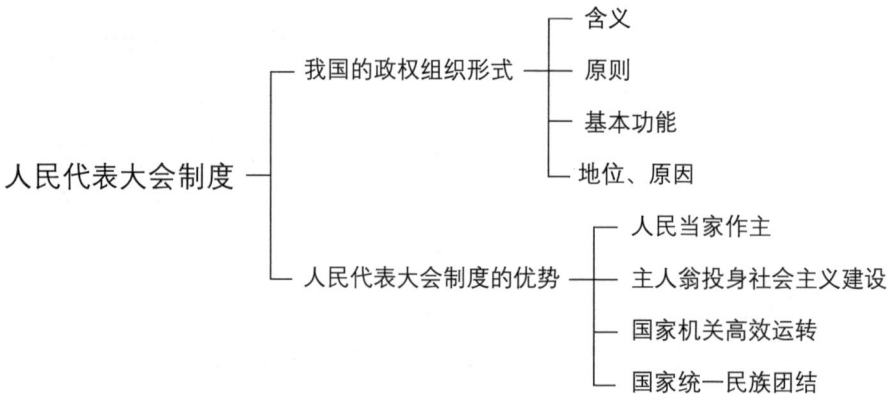

（四）作业设计

用自己的身边事例举例讲讲民主集中制。我们班的班长是民主集中制选举出来的吗？

（五）参考资料

1.中华人民共和国教育部：《普通高中思想政治课程标准（2017年版

2020年修订）》，人民教育出版社，2020年。

2.人民教育出版社课程教材研究所、中学德育课程教材研究开发中心：《普通高中教科书 教师教学用书 思想政治 必修3 政治与法治》，人民教育出版社，2021年。

八、教学总结与反思

本节课是必修三第五课第二框的内容，已经不是第一次教给学生，所以一切都没什么变化，但是当我要为本节课认真编写教学设计的时候，我发现人民代表大会制度真是依据我们国家国情制定的好制度，比如讲到民主集中制的时候，与西方国家的选举制相比，说明我国只适合民主集中制，每个国家都有自己的比较优势和比较劣势，只有充分发挥我国的比较优势才是适合自己的。又比如邓小平说："社会主义国家有个最大的优越性，就是干一件事情，一下决心，一做出决议，就立即执行，不受牵扯。"过去几年的经历证明了，如果没有中国的制度优势，我们是不可能全体人民万众一心的。

通过本节课的教学我知道教师要发挥好主导作用，学生要发挥主体作用。师生配合，教学相长，那么任何重点难点都会迎刃而解。

在比较中见优劣，在实践中出真知

—— 中国制度何以自信

大连庄河市第六高级中学　教　媛

一、课程基本信息

主讲课程：高中思想政治

使用教材版本：《中国特色社会主义》，人民教育出版社2023年版；《经济与社会》，人民教育出版社2023年版；《政治与法治》，人民教育出版社2023年版；《哲学与文化》，人民教育出版社2023年版；《当代国际政治与经济》，人民教育出版社2022年版

教材章节出处：高中思想政治必修一《中国特色社会主义》第三课第二框第二目《中国特色社会主义道路、理论、制度、文化》；必修二《经济与社会》第一课《我国的生产资料所有制》、第四课《我国的个人收入分配与社会保障》；必修三《政治与法治》第五课《我国的根本政治制度》、第六课《我国的基本政治制度》；必修四《哲学与文化》第二单元《认识社会与价值选择》；选择性必修一《当代国际政治与经济》第一单元《各具特色的国家》

二、教学设计概述

（一）教学设计思路

本课围绕"中国制度何以自信"这一主题展开，针对高三二轮复习阶段学生的学情特点设计教学。为了增强学生对中国制度自信的认识，本课主要

采取比较的学习方法让学生自主探究中国特色社会主义制度的优越性。

（二）理论依据

本课以《新课标》和《课程大纲》为根本遵循，在教学设计和课堂讲授的过程中落实学科素养要求，引导学生将自主思考和合作探究相结合，将教材理论和时政实践相结合，关注高中学段对知识性学习和价值观指引的特殊需求，让学生在课堂中收获知识、培养能力、树立信念。

（三）设计特色

1.贴近高考，一个主题情景，多个模块融合

本课迎合近年来辽宁省高考主观题"一个主题情景，多个模块融合"的题试形式进行教学设计。围绕"制度自信"这一概念，本课首先联系到必修一《中国特色社会主义》第三课第二框第二目"中国特色社会主义道路、理论、制度、文化"。在这一目中，教材阐释了中国特色社会主义制度的重要性。由此引出中国特色社会主义制度的内容，即必修三《政治与法治》第二单元的第五课《我国的根本政治制度》和第六课《我国的基本政治制度》，必修二《经济与社会》第一课《我国的生产资料所有制》和第四课《我国的个人收入分配与社会保障》。再根据情景案例，结合选择性必修一《当代国际政治与经济》第一单元的内容，引导学生比较中美两国在制度上的差异性，由此阐释出中国特色社会主义制度的优越性。最后结合案例引导学生用唯物史观说明中国特色社会主义制度的优越性。由此实现"一个主题情景——中美制度比较，多个模块融合——考察四本教材"的高考题型练习。

2.理论联系实际，立足中国国情，拓展国际视野

为了让学生理解中国特色社会主义制度的优越性，本课采用比较的学习方法，将中美两国在政体、政党制度、民族制度、基层治理制度和经济制度上进行比较，让学生在比较中总结出中国特色社会主义制度的优越性，不仅加深对中国基本国情的认识，也扩宽国际视野，了解其他国家的发展现状。由此引导学生关注现实，坚持马克思主义实践观，真正将道路自信、理论自信、制度自信和文化自信深入到学习和生活中。

三、学情分析

本课的讲授对象是普通高中高三处于二轮复习阶段的学生，该阶段的学生已经完成了所有教材内容的学习，并且经历了一轮复习，在知识储备方面能够做到熟悉和掌握教材内容，对中国特色社会主义制度、唯物史观等本课涉及的概念有基本认知，对其价值有基本认同。

但是，学生对这些概念和认知的理解并不深入，对教材框架没有形成系统性认识，认识不到教材之间的内在联系，例如将中国的根本政治制度、基本政治制度与选择性必修一第一单元的内容进行整合，用唯物史观解释中国特色社会主义制度的产生和发展等。学生缺乏模块的整合能力，不能做到快速、准确地调取知识，不能联系教材理论分析和解决实际问题。而这些能力正是新高考试题对学生的要求，应该在课堂中有所训练和提高。

四、教学目标

（一）三维目标

1.过程与方法目标：学生在了解相关案例后自主在导学案上填写有关中美制度比较的内容，而后在小组展开交流讨论，形成小组学习结果，最后分小组展示。

2.知识与能力目标：在这一环节中，学生将复习和回顾有关人大制度、新型政党制度、民族区域自治制度、基层群众自治制度、社会主义基本经济制度，以及资本主义民主共和制、政党制和利益集团等相关内容。培养学生对材料的理解和分析能力，快速调用基础知识的能力，理论联系实际的能力，以及合作探究能力、表达和思辨能力。

3.情感、态度与价值观目标：在学习的过程中，感受中国特色社会主义制度的科学性，坚定制度自信。

（二）核心素养

1.政治认同：加强对中国特色社会主义制度的理解，认识到中国特色社会主义制度的优越性，认同中国特色社会主义制度，增强制度自信。

2.科学精神：知道中国特色社会主义制度在教材中包括哪些内容，系统性掌握教材内容，理解教材之间的内在联系，加强模块整合能力。坚持用唯物史观看待中国特色社会主义制度的产生和发展，树立正确的价值判断和行为选择。

3.法治意识：在坚定制度自信的基础上增强法治意识，坚持党的领导、人民当家作主和依法治国的有机统一，正确行使民主权利。

4.公共参与：坚定制度自信，积极参与政治生活，发挥主人翁精神，在生活中积极维护中国特色社会主义制度。

五、教学重点难点

（一）教学重点

1.课堂自主思考、合作探究和展示分享环节是本课重点内容，意在加深学生对教材内容的理解，加强对教材的系统性认识，能够认识到中美两国在经济、政治、外交等方面的制度差异，加强知识的调取能力和对材料的理解、分析能力。

2.用唯物史观的知识回答"中国特色社会主义为什么好"是本课第二个重点内容，训练学生回答大切口主观试题时，能够准确、全面使用哲学知识解释和分析现实案例的能力。

（二）教学难点

1.在案例选取方面有难度。课堂容量大，对案例材料的选取既要契合主题，又要精简凝练。

2.学生在比较中美两国制度差异后，可能难以概括和总结出中国特色社会主义的制度优势。这一环节对学生的分析、表达能力要求较高，学生可能出现无话可说的情况，需要教师加强引导。

六、教学设计总体思路

本课针对高三二轮复习阶段的学生，围绕"中国制度何以自信"这一主题，设计课堂导入、回顾基础、自主学习、合作探究、展示分享、总结升华等六个环节。

其中，自主学习、合作探究、展示分享三个环节环环相扣，引导学生利用比较分析法对比中美制度的差异性，理解中国特色社会主义制度的优越性，再通过探究与分享的形式展示答案，揭示主题，让学生在主动思考中加深对教材内容的理解，把握教材间的联系，建立起对中国特色社会主义制度的认同感和自信心。

最后，以训练主观题的形式，让学生结合哲学相关知识回答"中国特色社会主义为什么好"这一问题，并将学生的答案通过投影的方式进行展示，当堂总结和评析，以此加强对哲学唯物史观的理解和分析能力，并对本节课内容进行总结和升华。

七、教学过程

（一）教学流程设计

环节一：课程导入（2分钟）

教师活动：播放关于美国对中国进行科技封锁，展现中美激烈竞争的视频，并引出问题：中美之间最根本的竞争是什么竞争？

学生活动：观看视频后，根据必修一《中国特色社会主义》第三课第二框第二目的知识，回答问题，"中美之间最根本的竞争是制度竞争"。

设计意图：通过"制度竞争"引出"中国制度何以自信"的主题。

环节二：回顾教材基础知识（1分钟）

教师活动：提问：教材哪些内容涉及制度？将学生的回答进行板书记录。

学生活动：回答："必修二三个基本经济制度，必修三党的领导制度、根本政治制度和基本政治制度，选择性必修一中国的外交政策。"

设计意图：引导学生由一个主题联想发散到多个教材模块，回顾教材内容，梳理教材框架。

环节三：自主思考，比较分析（10分钟）

教师活动：播放视频，内容是关于美国2024年大选两党就种族、移民、外交和经济等议题上的分歧，指导学生阅读导学案材料，内容是有关中国2023年两会，以及中美两国在政体、政党、民族、社会治理、外交、财富分配等方面的不同点，要求学生结合所学知识自主填写导学案上的表格。

学生活动：观看视频，阅读导学案材料，自主填写导学案有关中美制度比较及其结果的表格。

学生可能涉及的答案：①中国是人民代表大会制度，美国是民主共和制，中国以人民为中心，美国代表资本主义利益，参见必修三人大制度优越性相关部分；②中国是共产党领导的多党合作和政治协商制度，美国是两党制，参见必修三多党合作和政治协商制度的优越性和选择性必修一西方政党制度的本质相关部分；③中国是民族区域自治制度，美国无相关法律，参见必修三民族区域自治制度的意义相关部分；④中国是基层群众自治制度，美国有利益集团，参见基层群众自治制度的意义和利益集团的局限性相关部分；⑤中国奉行独立自主的和平外交政策，美国有结盟体系；⑥中美生产资料所有制、分配制不同，参见必修二生产资料所有制、分配制意义相关部分；⑦中国特色社会主义市场经济体制，美国市场经济体制，参见必修二社会主义市场经济体制意义相关部分。

设计意图：训练学生从材料中提取答题信息的能力，提升对教材的理解能力、对问题的分析能力以及理论联系实际的能力，在此过程中加深对教材的理解，拓展对世界的认知。

环节四：合作探究，解决问题（5分钟）

教师活动：要求学生在小组内分享自主思考的结果，汇总成小组意见，尤其就表格最后一栏的比较结果，即"哪个制度更具有优越性"进行讨论。

学生活动：组成6个小组，在小组内进行交流讨论。

设计意图：就这一复杂问题进行小组讨论，在有限的时间内快速形成小组意见，训练学生的合作探究能力、表达能力、思辨能力。

环节五：小组展示，分享答案（14分钟）

教师活动：要求每个小组说出一条中美制度的比较内容及其结果，即哪一制度更好，具有哪些优越性。每个小组的内容不得重复，小组之间可以相互补充。教师在板书上记录每个小组的发言内容，适时进行纠正和补充。

学生活动：小组按举手顺序依次进行结果展示，所有小组展示完，进行相互补充。每个小组不得超过2分钟。

设计意图：通过对小组讨论结果的分享，形成"中国特色社会主义制度何以自信"的答案，学生在探究与分享的过程中认识到中国特色社会主义制度的优越性，加深对教材内容的理解，认知到教材之间的内在联系，逐渐形成模块融合的思维方式，培养学生表达能力和用教材理论解释和解决实际问题的能力。

环节六：哲学视角，总结升华（10分钟）

教师活动：展示材料，内容涉及中国的发展成就、用马克思主义哲学思想看待中国特色社会主义等内容，要求学生阅读材料，用所学的哲学知识总结"为什么说中国特色社会主义好"这一论断。将答案写在纸上，交到讲台上来，利用投影设备进行现场展示和评价。

学生活动：阅读材料，用所学知识回答问题，并将答案写在纸上，交到讲台。（用时5分钟）

学生可能涉及的答案：实践和认识的辩证关系、社会存在和社会意识的辩证关系、生产力与生产关系、经济基础和上层建筑的辩证关系、人民群众是历史的创造者原理。

设计意图：转化视角，用哲学知识回答"中国特色社会主义为什么好"这一问题，既能够训练学生用马克思主义哲学解释和分析问题的能力，深化对哲学知识的理解和掌握，培养学生调用哲学知识的能力，还能用哲学的理论高度对"中国制度何以自信"这一主题进行总结和升华，加深制度自信。

（二）课堂小结

制度优势是一个国家的最大优势，制度竞争是国家间最根本的竞争，中美两国的激烈竞争，归根结底是制度的竞争。中国特色社会主义制度是以马克思主义为指导，植根中国大地、具有深厚中华文化根基的制度体系。

这一制度体系包含以公有制为主体，多种所有制经济共同发展，按劳分配为主体，多种分配方式并存，将社会主义制度和市场经济相结合的经济制度体系，包含党的集中统一领导、人民当家作主和依法治国相结合的政治制度体系，还包括独立自主和对外开放相统一的外交制度体系。本课将中美这些方面的制度进行比较，说明中国特色社会主义制度能够有效治理中国，体现了我国治理体系和治理能力的现代化。

中国特色社会主义制度坚持从中国国情出发，坚持人民立场，符合人类社会历史的发展规律。实践证明，中国的综合国力提升得益于中国特色社会主义制度的优越性。当今世界，要说哪个政党、哪个国家、哪个民族能够自信的话，那中国共产党、中华人民共和国、中华民族是最有理由自信的，作为社会主义建设者和接班人的我们的同学，是最有理由自信的。

（三）板书设计

中国制度对比美国制度所具有的优越性

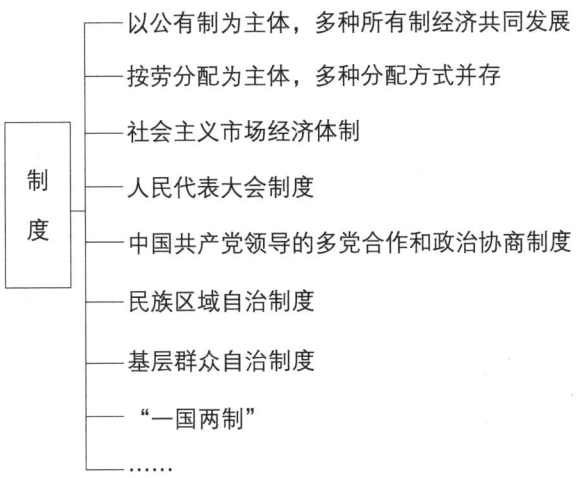

制度

── 以公有制为主体，多种所有制经济共同发展

── 按劳分配为主体，多种分配方式并存

── 社会主义市场经济体制

── 人民代表大会制度

── 中国共产党领导的多党合作和政治协商制度

── 民族区域自治制度

── 基层群众自治制度

── "一国两制"

── ……

（四）作业设计

材料：人民代表大会制度对全过程人民民主的保障作用，不仅体现在完整的制度设计上，也体现在制度的实际运行中，把群众路线嵌入人民代表大会的组织建设和议事规则中。

在立法工作中，全国人大及其常务委员会从立法项目立项到法律草案审议，从草案起草到评估论证，从广泛征求意见到备案审查，从立法公开到法治宣传教育，立法工作全部流程、每个环节都在具体践行全过程人民民主。在监督工作中，全国人大及其常务委员会从监督工作计划的制定，到监督工作的每一个步骤推进，都邀请人大代表参与其中听取人民群众的意见建议。在开展执法检查时，通过深入基层座谈、走访等形式，原汁原味听取群众意见。建立了一整套同人民群众保持密切联系的监督工作机制。人大工作按照实现人民民主"全过程"的原则要求，各环节涵盖"全过程"基本要素，全方位汇集"全过程"民心民意，全流程彰显人民底色。

问题：结合材料，运用《政治与法治》知识，说明我国是如何通过人民代表大会制度保障全过程人民民主的。（8分）

（五）参考资料

1.中共中央党史和文献研究院、中央学习贯彻习近平新时代中国特色社会主义思想主题教育领导小组办公室：《习近平新时代中国特色社会主义思想专题摘编》，党建读物出版社，2023年。

2.宁夏中国特色社会主义理论体系研究中心：《中国特色社会主义为什么好》，http://theory.people.com.cn/GB/n1/2019/0514/c40531-31084413.html.

3.央视网：《世界看两会｜中国式现代化取得的显著成果有目共睹》，https://news.cctv.com/2024/03/10/ARTInOABagNmZ2v7P0pTVfcN240310.shtml.

八、教学总结与反思

本科教学容量大，涉及教材内容跨度大，涵盖面广，学生需要在课堂上阅读的材料内容多，在学生基础知识不够扎实，反应不够迅速的情况下，在既定的时间内会出现拖延。为了在规定时间内完成教学任务，本节课在各个环节上的时间有些紧凑，留给学生思考、讨论和展示的时间不够长，学生有些意犹未尽，导致思考和讨论不够充分，也因此导致最后对哲学题目的投影展示和评价总结时间不够长。

对此，应该充分考虑到学生可能接受不够好的情况，以及在此情况下出现的时间延迟问题，可以对这一问题做好预案，两手准备。例如对前面可能出现拖延的环节做好预期准备，将最后一个环节所用的时间缩短。在时间不够的情况下，可以在训练哲学题目前先作小结，再训练哲学题目，如果时间不够，可以不在当堂作投影展示，而是对学生答案作课下批改，在第二节课的时候作投影展示和评价。以此，既保证了教学任务的完成，又让学生充分训练到位，达成核心素养目标。

中国共产党领导的
多党合作和政治协商制度

本溪市第二高级中学　陈　姝

一、课程基本信息

主讲课程：高中思想政治

使用教材版本：人民教育出版社2019年版

教材章节出处：高中思想政治必修三《政治与法治》第二单元第六课第一框《中国共产党领导的多党合作和政治协商制度》

二、教学设计概述

本框位于高中思想政治必修三《政治与法治》第六课，本课包括三框内容，第一框《中国共产党领导的多党合作和政治协商制度》讲述了中国特色社会主义政党制度和中国人民政治协商会议；第二框《民族区域自治制度》讲述了我国是统一的多民族国家和我国的宗教政策与法律；第三框《基层群众自治制度》讲述了我国基层群众自治的组织形式，以及人民直接行使民主权利的实践。我国的基本政治制度，是中国特色社会主义民主政治的重要组成部分，是中国特色社会主义政治制度优越性的重要体现。

本框包括两目内容，第一目《中国特色社会主义政党制度》阐释了中国共产党领导的多党合作和政治协商制度的产生、发展、各民主党派的性质、政党制度的内容、地位、新型政党制度的体现；第二目《中国人民政治协商会议》阐释了人民政协的性质、组成、主题、职能，以及人民政协与社会主义协商民主的关系。

《普通高中思想政治课程标准》和《课程大纲》对本框的要求是：阐明中国共产党领导的多党合作和政治协商制度是具有中国特色的基本政治制度。探究我国政党制度的特色以及协商民主的意义和价值；搜集八个民主党派的发展历程的相关资料，加深对民主党派与中国共产党关系的认识；查阅我国和西方政党制度的资料，以及关于我国的政党制度是"大合唱"等比喻，分析我国政党制度的内容和优势；走访本地政协委员，了解他们对本地社会热点问题的看法，对有争议的公共问题的立场以及应对措施，加以评析，理解"有事好商量，众人的事由众人商量，是人民民主的真谛"。

透过教材分析，以思政课《课标》和《大纲》为基本遵循，本框内容为介绍中国共产党领导的多党合作和政治协商制度。本课的教学设计思路，以中美两国政党的政党合作与对立为主题，探究中国特色的新型政党制度的特色与优势。主体内容两部分：一是通过两国政党制度来探讨中国特色社会主义政党制度"特"在哪里；二是探究中国特色社会主义政党制度"优"在何处；三是全面认识政党制度的实现机构——人民政协。

三、学情分析

本课授课对象为高一学生，他们在初中八年级下册的时候学过我国基本政治制度的相关内容，但是主要还是停留在感性认识阶段，缺乏系统的整合，对基本政治制度的理解不够深刻。本框知识内容有一定的理论性和拓展性，从能力方面看，高一学生独立思考能力不断增强，需要教师正确引导，学生会把我国的政党制度和西方的政党制度进行对比，因此可以依托课堂活动，充分调动、引导学生分析问题的主动性、积极性，逐渐培养他们解决实际问题的能力，并澄清学生的错误认识，来增强学生对我国多党合作和政治协商制度是具有中国特色的新型政党制度知识的理解，坚定制度自信。

四、教学目标

围绕课程标准和教学指导意见，本课主要达成以下四个核心素养目标：

（一）政治认同

认同我国的政党制度是植根于中国大地，具有中国特色的新型政党关系与政党制度形式，认同中国共产党领导的多党合作和政治协商制度是适合我国国情的新型政党制度，有其独特优势，增强制度自信，坚持中国特色社会主义的政党制度，认同民主党派和人民政协的作用。

（二）科学精神

明确我国民主党派的性质、我国政党制度的地位、我国政党关系，多党合作的基本方针、首要前提和根本保证、根本活动准则，理解我国政党制度的特色和优越性，理解我国的政党制度既不是一党制，也根本区别于西方多党制，理解我国新型政党制度新在哪里；明确人民政协的性质、组成、主题和职能。理解协商民主。

（三）法治意识

明确中国共产党和各民主党派都要遵守宪法和法律，以宪法为根本活动准则。

（四）公共参与

学习我国政党制度的知识，增强主人翁意识，提高政治参与的热情和能力，在日常生活中，配合民主党派和人民政协工作，树立国家意识，为国家贡献力量。

五、教学重点难点

（一）教学重点

中国共产党领导的多党合作和政治协商制度的创新性和优越性；人民政协的性质和职能。

（二）教学难点

中国共产党与各民主党派的关系；多党合作制度是一种新型的政党制度。

六、教学设计总体思路

本框内容为介绍中国共产党领导的多党合作和政治协商制度。本课的教学设计思路，以中美两国政党的政党合作与对立为主题，探究中国特色的新型政党制度的特色与优势。主体内容分三部分：一是通过两国政党制度来探讨中国特色社会主义政党制度"特"在哪里；二是探究中国特色社会主义政党制度"优"在何处；三是全面认识政党制度的实现机构——人民政协。

七、教学过程

（一）教学流程设计

环节一：导入新课

教师活动：开始新课之前，我们先来关注两幅图片，第一幅图片是美国政党的写照，"驴象竞争，针锋相对"，关键词是"竞争"；对比第二幅图片是我国政党制度的体现，"合作协商，共商国是"，关键词是"合作"。美国的政党制度是民主党和共和党两党轮流执政，那么我国实行的是什么样的政党制度呢？这就是我们这节课要学习的内容——中国特色社会主义政党制度。

过渡：我国政党制度是中国共产党领导的多党合作和政治协商制度，它是具有中国特色的政党制度，也是我国的一项基本政治制度。为了加深印象，请同学们齐读一遍我国的政党制度及其地位。

本节课我们主要学习三个内容（议题），一是了解中国共产党的"朋友圈"，明确民主党派的性质；二是分析多党合作的"交响乐"，探究我国政党制度的基本内容；三是感受我国新型政党制度，知道新型政党制度"新"在哪里。

学生活动：齐读我国的政党制度是中国共产党领导的多党合作和政治协商制度，是一项具有鲜明中国特色的政党制度。

设计意图：图片导入，激发学生学习兴趣，积极动脑思考，明确我国的政党制度及其地位，明确学习目标。

环节二：进入新课

议题一：了解中国共产党和民主党派

教师活动：在我国除了共产党之外，还有八大民主党派，早在新中国成立前夕，八大民主党派就先后宣布接受中国共产党的领导。民主党派的简称分别是民革、民盟、民建、民进、农工党、中国致公党、九三学社、台盟，成立的时间都是在新中国成立以前，重点来看一下民主党派的组成成员，他们都有什么特点呢？他们都以科教文卫界的中高级知识分子为主，可以说民主党派包含有各界的专家精英和学者，因此党和政府在制定事关国计民生的重大问题的决策的时候都会邀请民主党派进行协商，比如党在制定"十三五"规划、起草十九大报告、决定修改宪法以及政府每年向人大作政府工作报告之前，民主党派都会发挥自身的优势出谋划策。那么请同学结合民主党派所发挥的作用，完成一道组合式选择题。

课堂练习1：中国是一个多党派的国家。除了执政的中国共产党外，还有八个民主党派。这八个民主党派的性质是各自所联系的一部分（　　）的政治联盟。

①社会主义劳动者

②社会主义事业建设者

③拥护社会主义的爱国者

④拥护祖国统一和致力于中华民族伟大复兴的爱国者

A.②③④　　　B.①②③　　　C.①②④　　　D.①②③④

学生活动：积极思考并完成选择题。

教师活动：点评。正确选项是D。选错的同学，我们一起来回归教材，明确一下民主党派的性质是：各自所联系的一部分社会主义劳动者、社会主义事业建设者、拥护社会主义的爱国者、拥护祖国统一和致力于中华民族伟大复兴的爱国者的政治联盟，可以简单概括为"四个者"的政治联盟。

过渡：了解了民主党派的性质，那么民主党派与共产党是怎样合作的呢？我们通过两幅图片来感受一下，一是共产党和民主党派共同参加全国政协会议，二是交响乐团在演奏，二者在合作的形式上非常相似，我们不妨做一下类比，来帮助同学们更好地理解我国的政党制度，多党合作好比是交响乐团。

议题二：分析多党合作的"交响乐"

教师活动：多媒体展示探究活动的五个问题。给同学们3分钟时间，结合教材55—58页的内容，小组讨论完成大屏幕上的五个问题。

学生活动：积极讨论，思考交流，回答以下五个问题。

探究活动（一）：多党合作好比交响乐团，分析多党合作的交响乐，深入理解中国特色社会主义政党制度的基本内容。

1.在多党合作中，谁是指挥，谁是乐手，二者关系如何？

学生活动：回答：共产党是指挥，民主党派是乐手，二者是通力合作的友党关系。

教师活动：追问：二者虽然是友党关系，但是地位相同吗？谁执政，谁参政？可不可以把二者的关系说成是反对党，共同执政、联合执政、轮流执政呢？

学生活动：回答：共产党是执政党，民主党派是参政党，关于二者关系的其他说法都是错误的。

教师活动：总结：共产党执政，民主党派参政，一党执政，多党参政，执政参政特色鲜明，这是我国政党制度的特色所在。

2.怎样避免乐手各行其是从而做到有序合作，关键要发挥谁的作用？

学生活动：回答：关键要发挥指挥的作用，也就是发挥好共产党的领导作用。

教师活动：讲解：多党合作的首要前提和根本保证是坚持中国共产党的领导。党的领导方式有三种，而对民主党派的领导只有政治领导，即只要民主党派坚持的四项基本原则，坚持社会主义方向，坚持党的路线方针政策，就是坚持党的政治领导，而民主党派在思想上可以有自己的指导思想，在组织上民主党派和中国共产党都是各自独立，互不干涉的。

3.指挥和乐手作为朋友，他们该如何相处呢？

学生活动：回答：坚持多党合作的基本方针，长期共存，互相监督，肝胆相照，荣辱与共。

教师活动：强调共产党与民主党派是互相监督的关系，共产党可以监督民主党派，民主党派也可以监督共产党，尤其强调参政党监督执政党，而不能把二者的关系说成是监督与被监督的关系，这种说法，只承认一方对另一方的监督，把双向监督变成了单向监督，因此是错误的。

4.指挥和乐手都要按照乐谱来演奏而不能"离谱"，多党合作的"乐谱"是什么呢？

学生活动：回答：多党合作的"乐谱"是宪法和法律。

教师活动：多党合作的根本活动准则是遵守宪法和法律。请同学们阅读三则党章的摘录，你能找出其中的共同点吗？

学生活动：回答：都是以中华人民共和国宪法为根本准则。无论是执政党还是参政党都必须在宪法和法律允许的范围内开展各项活动，因此，二者的法律地位是平等的。

5.指挥和出色的乐手要想长期合作，演奏出更多精彩的作品，必须要有属于自己的相对稳定的乐团。多党合作的"乐团"是什么呢？

学生活动：多党合作的"乐团"是中国人民政治协商会议，简称人民政协。

教师活动：我们通过小视频来了解人民政协，请同学们关注视频中政协的性质、组成人员等相关知识。播放视频《三分钟读懂政协》。完成课堂练习题。

课堂练习2：选出关于人民政协的性质的官方五句概括，在□内画"√"。

□ 1.多党合作和政治协商的重要机构

□ 2.中国人民爱国统一战线的组织

□ 3.国家权力机关的执行机关

□ 4.社会主义民主的重要形式

□ 5.在国家机构体系中居于最高地位

□ 6.中国特色社会主义事业的领导核心

□ 7.国家治理体系的重要组成部分

□ 8.拥护社会主义和祖国统一的爱国者的政治联盟

□ 9.是具有中国特色的制度安排

学生活动：结合视频，做出选择。

教师活动：点评。明确政协的性质是1、2、4、7、9；3.国家权力机关的执行机关是政府；5.在国家机构中居于最高地位的是全国人大；6.中国特色社会主义事业的领导核心指的是中国共产党；8.拥护社会主义和祖国统一的爱国者的政治联盟是民主党派的性质。注意政协不是国家机关，不能履行国家职能。

除了政协的性质以外，我们还要了解政协的组成人员、主题和职能。政协的组成人员相当广泛，既有民主党派，也有共产党，还有无党派人士等。政协的主题是团结和民主，很有民族一家亲的感觉。政协的职能有三个，分别是政治协商、民主监督和参政议政。如何区分三个职能有方法技巧：民主监督的对象一般是共产党和国家机关；政治协商是政协被邀请给共产党提意见或建议；而参政议政是政协主动给党和国家机关提出意见和建议。请同学完成连线题。

课堂练习3：政协职能连连看。

参与我国大政方针的讨论 　　　　　　　　　　民主监督

就社会热点开会协商，提点"小建议"即提案 　　政治协商

监督国家机关的运转 　　　　　　　　　　　　参政议政

学生活动：辨别思考，进行连线。

教师活动：

1.点评。这里要注意区别"社会热点"，说明是新近发生的事情，政协是积极主动提建议，因此是参政议政；"参与"说明不是主动而是被动的，因此是政治协商。

2.总结：回顾我们刚才学过的我国政党制度的五个基本内容（特点）。请同学们完成判断题。

课堂练习题4：判断。

（1）多党合作就是多党联合执政。（　　）

（2）中国共产党对民主党派的领导是思想领导、政治领导、组织领导。（　　）

（3）中国共产党与民主党派是监督和被监督的关系。（　　）

（4）人民政协是协商民主的重要渠道。（　　）

（5）民主党派围绕民主和团结两大主题，履行政治协商、民主监督和参政议政的国家职能。（　　）

学生活动：思考并判断，把错误的改正过来。

教师活动：点评。只有（4）正确，注意（5）中主体应该是政协，履行的是三个政协职能而不是国家职能。

议题三：感受新型政党制度

教师活动：关于我国的政党制度，有两种说法，都是错误的，我国实行的既不是一党制，也不是多党制，而是中国共产党领导的多党合作和政治协商制度，是从中国土壤中生长出来的适合国情的新型政党制度。我们必须坚持制度自信。请同学们看个小视频来了解一下我国政党制度新在哪里。播放视频《新型政党制度》。同时完成填空题。

课堂练习5：新型政党制度新在：

①它是马克思主义政党 理论 同中国 实际 相结合的产物，能够真实、广泛、持久代表和实现 最广大人民 根本利益、全国各族各界根本利益。

②它把各个政党和 无党派人士 紧密团结起来，为着共同目标奋斗。

③它通过制度化、程序化、规范化的安排集中各种意见和建议，推动决策科学化民主化。

学生活动：认真观看视频，理解新型政党制度。

教师总结：本节课我们主要学习了我国现阶段的八大民主党派的基本情况及性质，要重点掌握我国政党制度的基本内容（特点），还要了解我国的新型政党制度，其中政党制度的基本内容（特点）是本节课的重点。

探究活动（二）：我为人民政协写微提案。

（提案选题：教育、医疗、养老、环保、交通、传统文化、食品安全等方面）

1.所要解决的问题（是什么）：＿＿＿＿＿＿＿＿＿＿＿＿＿＿＿

2.解决该问题的根据（为什么）：＿＿＿＿＿＿＿＿＿＿＿＿＿

3.解决该问题的建议方案（怎么做）：＿＿＿＿＿＿＿＿＿＿＿＿＿

教师活动：假如你是政协委员，现在需要你行使民主权利提出提案。给同学们3分钟时间思考交流，提出自己的微提案。注意微提案的格式要求。

学生活动：小组讨论，选题，提出政协委员的微提案。

设计意图：设计议题式教学活动，通过让学生参与讨论，有利于学生明确我国政党制度的内容，理解中国特色的政党制度的鲜明特色，新型政党制度新在哪里，我国的新型政党关系，突破本课的重难点，实现教学目标。通过探究活动二，让学生进入政协委员的角色之中提出自己的提案，理解民主党派和政协的作用。

（二）课堂小结

本节课我们主要学习了我国现阶段的八大民主党派的基本情况及性质，要重点掌握我国政党制度的基本内容（特点），还要了解我国的新型政党制度，其中政党制度的基本内容（特点）是本节课的重点。

（三）板书设计

中国共产党领导的多党合作和政治协商制度

——中国特色社会主义政党制度

1.民主党派及其性质

2.我国政党制度的内容

3.新型政党制度

（四）作业设计

完成练习册对应的课时训练。

（五）参考资料

人民教育出版社课程教材研究所、中学德育课程教材研究开发中心：《普通高中教科书　教师教学用书　思想政治　必修3　政治与法治》，人民教育出版社，2021年。

八、课堂总结与反思

（一）教学收获

本课的第一个亮点就是在教学设计中利用教材提供的材料，创设多个议题，将多党合作与交响乐团做类比，通过环环设问，层层深入，激发学生的学习兴趣，调动学生积极性主动性，进行思考讨论，更好地促进学生对我国政党制度知识的理解掌握。同时，在思考问题、探寻问题过程中培养学生的分析归纳能力和思维能力。比如对本课的重点内容——我国的政党制度的基本内容，设计了小组合作探究的方式来解决一系列问题，让学生自主思考通过相互交流得出结论，再经过教师适当点拨和引导，学生对这一重难点问题理解起来更加容易而且印象深刻；针对学生易错的知识点，教学的过程中都配以对应的课堂练习，以巩固和强化学生对这类知识的把握，增强了课堂教学的实效性。

课程最后设计的第二个合作探究《我为人民政协写微提案》，可以说是本课的第二个亮点，多位学生分享了自己的提案，他们涉及的选题有养老、医疗、传统文化、环保、交通等，有的学生在养老问题上提出设立时间银行的观点新颖，有理有据，说明合理的教学设计会激发学生的思考和创新，教师要不断完善自己的教学设计，激发学生有效的思考。

（二）存在的不足

课堂上语言表达不够简洁，一些细节还应该处理得更顺畅。

充分发挥市场在资源配置中的决定作用

铁岭市昌图县第一高级中学　王　洋

一、课程基本信息

主讲课程：高中思想政治

使用教材版本：人民教育出版社2021年版

教材章节出处：高中思想政治必修二《经济与社会》第一单元第二课第一框《使市场在资源配置中起决定性作用》

二、教学设计概述

1.从本框内容在教材中的地位和逻辑设计。高中思想政治必修二《经济与社会》主要分为两大部分内容：一是介绍我国的基本经济制度，即公有制为主体、多种所有制经济共同发展这一所有制制度；按劳分配为主体、多种分配方式并存这一分配制度；社会主义市场经济这一经济体制。二是介绍研究我国的经济发展，如发展思想、新发展理念、高质量发展、加快建设现代化经济体系等内容。本框《使市场在资源配置中起决定性作用》是第二课《我国的社会主义市场经济体制》的开篇，第二课的主要内容分为两部分：一是阐明市场这只"无形的手"的决定性作用，二是说明政府这只"有形的手"的调节控制作用，发展我国的社会主义市场经济，既要充分发挥市场在资源配置中的决定性作用，又要更好发挥政府作用，本框是学习了解市场经济机制必备基础知识的奠基课程，是对如何发挥社会主义市场经济体制优势第一方面的回答，也为发挥社会主义市场经济体制优势第二方面的回答即第二框《更好发挥政府作用》的学习做了铺垫。

2.从本框知识逻辑设计。本框内容包括三目，第一目《市场调节》阐述了资源配置的必要性，着重分析市场配置资源的机制及其优点。第二目《市场体系》阐述了市场体系的含义，建设高标准市场体系的必要性和主要措施。第三目《市场缺陷》阐述了市场调节的范围、局限性及仅靠市场调节可能产生的后果。

3.从本框在学考、高考中的性质设计。本框知识点是高频考点、常见考点，在选择题、主观题均有考查。

4.从本框在课标中的要求设计。《普通高中思想政治课程标准（2017年版2020年修订）》对本框学习内容提出了如下内容要求：1.1理解公有制为主体、多种所有制经济共同发展，按劳分配为主体、多种分配方式并存，社会主义市场经济体制，既体现了社会主义制度优越性，又同我国社会主义初级阶段社会生产力发展水平相适应，是党和人民的伟大创造。课程标准的基本理念是坚持正确的思想政治方向；构建以培育思想政治学科核心素养为主导的活动型学科课程；尊重学生身心发展规律，改进教学方式；建立促进学生思想政治学科核心素养发展的评价机制等。

综上所述，我将设计教学结合市场经济运行的具体情境，将授课逻辑定为：市场是如何实现资源配置—市场配置资源的缺陷—市场如何实现资源优化配置的逻辑线索层层递进依次展开，这样设计的目的一是可与第二框的内容即政府如何弥补市场调节的不足衔接，完整地认识我国的社会主义市场经济体制；二是可引导学生明确只有坚持和完善社会主义市场经济体制才能够成就中国的经济奇迹，从而增强对我国社会主义市场经济的政治认同感。学生能深入理解市场和政府在资源配置中所起的作用，从而切实领悟十九届四中全会将社会主义市场经济体制上升为基本经济制度的必要性，深刻理解我国社会主义市场经济体制作为中国的一项特色经济制度的巨大优势。

三、学情分析

本课的授课对象为高一学生，他们对生活中的市场已有一定的体验，但学生对本框中讲到的"市场调节""市场体系""市场缺陷"等内容并不十分理解，在过去的思想政治课程中也鲜少接触学习到的关于"市场"的经济学内容。一方面学生对于经济生活中的各种市场现象有较为浓厚的兴趣，另一方面对于经济现象背后的经济学道理又难以理解，例如：能够举出79元一支眉笔引发的消费热点现象，但不能分析出这一现象背后的经济学道理，对于高一学生来说本框知识好像"忽远又忽近"。为了便于学生理解本课内容，这节课采用议题式教学方法，采用一些学生已关注到的市场现象，激发学生兴趣，调动学生参与课堂积极性，拉近理论与实际的距离，提高学生的抽象思维和逻辑能力，通过深入浅出地对具体的经济现象的探究学习，加深理解，深刻体悟，形成对社会主义市场经济体制的制度自信。

四、教学目标

1.通过对"一只口罩到底卖多少花西子币"的探究活动（活动），理解市场调节的三大机制的运作以及市场调节的优点（必备知识），提高对把握市场机制有效发挥作用的具体条件的理解能力（关键能力）。

2.通过情境分析"可怜的老李"中反映的猪肉市场乱象（活动），归纳出市场调节的弱点和局限（必备知识），培养辨别能力和提出建议的能力和全面认识市场配置资源优缺点的辨析能力（关键能力），通过运用比较分析法，辩证看待市场配置资源的优点和弊端，会分析市场配置资源的优点是主要方面，弊端是次要方面（科学精神）。深刻认识到市场经济是法治经济，市场参与主体要遵守法律，树立诚信观念（法治精神）。

3.通过比较分析"部分平价彩妆VS国际大牌彩妆单位克重比价表"，以及角色代入寻找方案解决"直播平台经济乱象"（活动），理解建设高标准市场体系必要性及举措（必备知识），认识到公民作为市场经济活动的参与者，要学法守法用法，积极参与市场体系建设，维护市场秩序，诚信为本（公共参与），同时认同我国的社会主义市场经济体制，理解并体悟国家建设市场体系的措施的重要性和必要性。通过感悟我国发展市场经济取得的巨大成就和社会的重大变化，逐步增强经济制度自信、经济理论自信（政治认同）。

通过以上活动衔接高考评价体系中强调的"一核四层四翼"的考查要求，培养考纲中重点考查的基本能力，即获取和解读信息、调动和运用知识、描述和阐释事物、论证和探究问题的能力。达成必备知识储备，关键能力再生，综合学科素养，担当使命育人。

五、教学重点难点

本框是高考考查的重点章节，考查重点是市场调节的优点与缺陷、建设高标准市场体系。本框所属的第二课《我国的社会主义市场经济体制》在有些地区的高考中甚至达到了三年五考的考试频率，并且在选择与非选择题上均有体现。在内容上我们要把握重点知识。

非选择题往往以我国热点时政为例，如平台经济反垄断、建设全国统一大市场、电力市场化改革、"双减政策"等，考查市场调节与宏观调控知识。在时政上我们要注意衔接。

据此我将本框题教学重难点设计如下：

教学重点：市场配置资源的优点和局限性；建设现代市场体系的措施。

教学难点：市场配置资源的机制和发生作用的过程；市场调节的弊端。

六、教学设计总体思路

在知识内容上，我重塑了本框逻辑结构，即资源配置—市场机制—如何实现—如何评价—如何推进—两条路径：高标准市场体系和政府宏观调控，本框以建设高标准市场体系为落脚点，与下一框更好发挥政府作用结合，一来以此了解社会主义市场经济运行的经济学原理，二来以此理解如何完善社会主义市场经济体制，从而树立对我国社会主义市场经济体制的高度自信。

在导入新课时选择了短视频《昌图县大爷大妈排队抢购果真新鲜0.19元特价大葱》，在视频来源上选择了学生比较喜欢的短视频平台，在视频反映内容上选择了学生常去的本地水果店的片段，最大程度地接近了学生的生活，努力激发学习兴趣。

在处理"市场如何配置资源"这一知识点时，以"一只口罩到底卖多少花西子币"设置情境，通过选择采用情境分析法和小组合作探究法的学习方法，学生与前后桌同学结成讨论小组展开充分的讨论交流，完成学习任务。

在处理"市场配置资源有何缺陷"这一知识点时，以"可怜的老李"设置情境，采用情境分析法和启发式教学法，学生进行观点辨析，综合辩证分析，突破难点。

在处理"如何建设高标准市场体系"这一知识点时，采用小组合作探究法和情境法，学生代入政府、企业和消费者不同身份，充分发散思维，集中智慧，在提出解决平台乱象的措施的同时，获取重点知识。

七、教学过程

（一）教学流程设计

环节一：导入新课

教师活动：

1.播放视频：《昌图县大爷大妈排队抢购果真新鲜0.19元特价大葱》。

2.提出问题：同学们，今年你抢货了吗？

3.引入概念：借"抢货风波"引入概念（1）"货"即资源、（2）"抢货"即资源配置。

4.归纳总结：（1）资源配置的必要性；（2）资源配置的手段；（3）我国的经济体制。

学生活动：情境探究。

1.某品牌新款旗舰手机推出后，京东、抖音、天猫等平台纷纷一机难求，猜测品牌优先出货给哪个平台，说明理由。

2.当资源紧张时，应该如何对资源进行合理配置？配置资源有几种手段？我国目前采用的手段有哪些？

设计意图：激发学生学习兴趣，同时引出本框内容，引入本框奠基概念——何谓资源配置。

环节二：市场如何配置资源

教师活动：

1.播放视频：《大型纪录片——"花西子币"传奇》。

2.提供情境：疫情防控期间的天价口罩850元一盒，约等于11 "花西子币"，一只口罩售价高达42.5元，如此昂贵为什么依然供不应求？目前市场上20元就可以买到100只，一只口罩售价大约0.2元，只需0.002 "花西子币"，如此便宜，大家为什么不会哄抢？

3.归纳总结：当口罩供不应求—买家竞争—价格上涨；当口罩供过于求—卖家竞争—价格下降。这说明，价格供求竞争是市场配置资源的三个机制。

（1）市场调节机制。

（2）市场配置资源的优点。

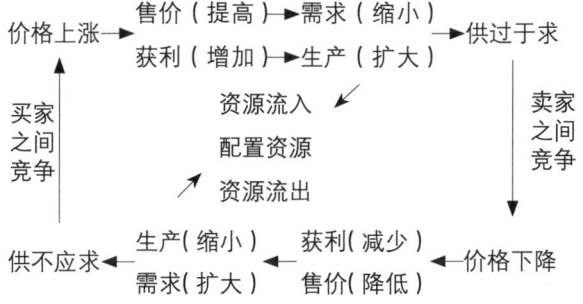

学生活动：

1.小组合作探究。

（1）口罩价格是如何跌下神坛的呢？

（2）供求、价格、竞争是如何实现资源配置的？

（3）这体现出市场调节是如何实现的？有何优点？

2.小组展示。结合导学案和教材内容，尝试写出市场机制的传导过程。

3.完成练习。写出下列行为所运用的市场资源配置机制。

（1）打响春节后降价第一枪，某品牌一款汽车降到8.98万元上下。

（　　）

（2）某品牌手机搭载卫星通话功能，遥遥领先于竞品。　（　　）

（3）某品牌旗舰手机、折叠屏手机等新品推出后供不应求。（　　）

设计意图：从真实的生活体验出发，学生感知市场调节的三大机制；在探究中理解三大机制的运作过程、优点。

环节三：市场配置资源有何缺陷

教师活动：

1.方向引导。以下产业都可以交给市场调节吗？

（1）由市场调节火灾救援活动。

（2）由市场自由调节生产海洛因等毒品。

（3）由市场完全调节教育、医疗等行业。

2.提供情境：《可怜的老李》。

（1）第一集：大家都养猪我也养猪会成功吗？

（2）第二集：黑心商家为什么要给猪肉注水？

（3）第三集：猪崽长大后为什么身价暴跌？

3.归纳总结。

（1）市场调节局限性。

（2）市场调节不是万能的。

学生活动：

1.观点辨析。

（1）所有的产业都可以交给市场调节吗？如果可以，思考会产生什么结果。

（2）市场能够调节的领域，市场调节好了吗？

2.完成练习。

下列做法反映了市场调节哪些局限性？

1.某地柑橘价格走势好，村民尝到了"甜果"，觉得种植柑橘有利可图，纷纷种植柑橘树。（　　　）

2.过了几年市场上的柑橘价格直线下跌，柑橘大量积压销售不出去，好多果农"挥泪"砍树。（　　　）

3.在柑橘滞销的情况下，李保田决定打蜡保鲜。可是食用蜡成本高，为了省钱，他用工业蜡代替食用蜡。而工业蜡含有致癌物，可以通过果皮渗透进果肉。（　　　）

设计意图：从生猪市场的乱象中，归纳出市场调节的不足和局限；明确要充分发挥社会主义市场经济体制的优势，必须不断努力，特别是要从市场自身角度，不断健全市场机制，建设高标准市场体系。

环节四：如何建设高标准市场体系

教师活动：

1.提供情景：某主播因一支眉笔79元"哪里贵了"失言，某国民品牌直播间连夜上架3款79元洗护套装，当晚万人涌进，两天涨粉100多万。

2.提供数据：《部分平价彩妆VS国际大牌彩妆单位克重比价表》。

3.提供情景：

材料一：某知名主播在微博发布销售假燕窝的赔付方案，称其对售假并不知情，"召回直播间销售的全部燕窝产品，承担退一赔三责任"。

材料二：北京协和医院研发的产品怎么就不能叫"协和"呢？由于协和商标已被苏州协和药业注册，到法院起诉也没有打赢官司，只好叫"精心"。

材料三：网友质疑某知名主播直播间涉嫌控价，有价格垄断嫌疑。有媒体爆出其直播间所属公司要求品牌方给予同等条件下最大促销力度，以确保其全网最低价。

材料四：2023年9月，四川凉山州警方捣毁一网红孵化机构。"网红"经MCN机构孵化，打着助农旗号，通过摆拍虚假视频，打造"大凉山原生态"人设，带货销售假冒大凉山特色农产品牟利，涉案金额超千万元。

4.归纳总结。

（1）建立高标准市场体系的必要性。

（2）建立高标准市场体系的措施。

学生活动：

1.情境探究。某国民品牌接住这"泼天的富贵"扩大生产，需要与哪些市场打交道？什么是市场体系，它有哪些基本的构成要素？

2.角色代入。学生分成三组，分别代表政府、企业和消费者对网络直播乱象提出尽可能多的解决方案，并发言分享。

设计意图：通过角色扮演的方式激发学生的公共参与意识，学生在情境中代入思考，理解构建高标准市场体系的必要性及其措施，深刻体会建立竞争有序统一开放的市场体系的重要性，深刻体会国家提出建设全国统一大市场的重要意义，提升政治认同、科学精神、法治意识、公共参与的素养。

环节五：对接高考

教师活动：高考考频指引。

对考查频率、考查方式、考查题型等做出指导。

学生活动：订正以下常见易错考点。

1.价格和供求是配置资源的两种基本手段。

2.在市场经济中，市场在资源配置中起决定性作用，不存在计划。

3.不断曝光的食品安全问题是市场调节滞后性的表现。

4.市场是实现资源合理配置的最佳手段。

5.开展反垄断调查旨在消除市场调节自发性的弊病。

6.市场调节必然会导致资源配置效率低下、资源浪费。

7.市场规则是针对企业而言的，消费者可以不用遵守。

8.建设高标准市场体系要完善完全由市场决定价格的机制。

9.企业要规范市场秩序，净化市场环境。

10.公平开放透明的市场规则，是充分发挥市场在资源配置中的决定性作用的基础。

设计意图：抓住重点，灵活应对。

（二）课堂小结

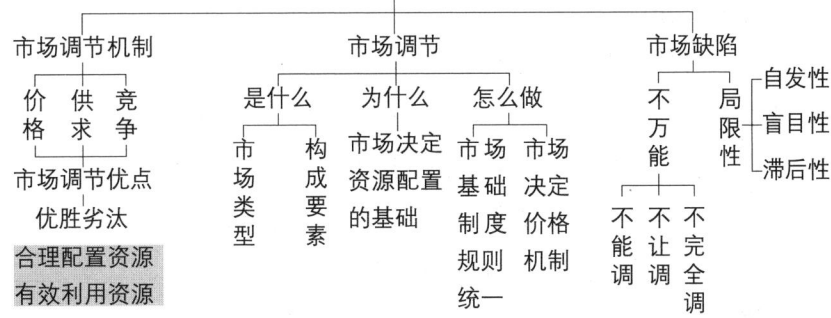

2.1 使市场在资源配置中起决定性作用

（三）板书设计

2.1 使市场在资源配置中起决定性作用

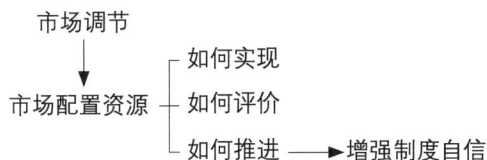

（四）作业设计

结合所学，围绕"平台经济之国货崛起"设计一份推进方案，字数不少于500字。

八、教学总结与反思

通过在几个班对教学设计落地实操后，我做出了如下反思：

（一）教学优势

1.重塑本框逻辑结构。资源配置—市场机制—如何实现—如何评价—如何推进—两条路径：高标准市场体系和政府宏观调控，能够形成一个整体的知识框架。

2.选择的案例和材料都尽量从生活当中来选取，这样才能贴近学生的生活，便于学生理解，激发学生的学习兴趣。

3.知识点讲解细致，连接理论到实践，及时归纳知识点，都尽量做到细化，适应本学龄段学生的理解能力，尽最大可能地在探索学习中坚定中国特色社会主义制度自信。

（二）存在的不足

沿着设计好的教学活动学生能有序充分地参与其中，但常常担心课程教学任务完成不了，希望可以在这两点之间寻找一个平衡点。克服了"满堂灌"但还要警惕"满堂问"，提问是教学的一个环节，并不是问得越多越能体现学生的主体地位，学生需要深入的思考和想法的交流互鉴。在接下来的教学中，我要常反思常学习，不断打磨对教学的设计，在反复实践中寻找体现学生主体地位的最优解。

我国的根本政治制度

盘锦市盘山县高级中学　宇　雪

一、课程基本信息

主讲课程：高中思想政治

使用教材版本：人民教育出版社2023年版

教材章节出处：高中思想政治必修三《政治与法治》第五课第二框《人民代表大会制度：我国的根本政治制度》

二、教学设计概述

党的十九届四中全会通过的《中共中央关于坚持和完善中国特色社会主义制度、推进国家治理体系和治理能力现代化若干重大问题的决定》指出："突出坚持和完善支撑中国特色社会主义制度的根本制度、基本制度、重要制度。"这进一步指明了完善国家制度和国家治理的切入点、聚焦点和着力点。所谓根本制度，就是在中国特色社会主义制度中起顶层决定性、全覆盖性、全局指导性作用的制度。人民代表大会制度是我国的根本政治制度。

本框内容主要依据习近平新时代中国特色社会主义民主政治思想，讲述我国的根本政治制度：人民代表大会制度。我国国家治理体系和治理能力是中国特色社会主义制度及其执行能力的集中体现。人民代表大会制度是支撑中国国家治理体系和治理能力现代化的根本政治制度，是中国特色社会主义制度体系的重要组成部分，是人民当家作主的重要途径和最高实现形式。

党的十九届四中全会通过的《中共中央关于坚持和完善中国特色社会主义制度、推进国家治理体系和治理能力现代化若干重大问题的决定》指出：

"中国特色社会主义制度和国家治理体系是以马克思主义为指导、植根中国大地、具有深厚中华文化根基、深得人民拥护的制度和治理体系。"这一重要论断充分彰显了我们党和国家对中国特色社会主义制度的高度自信。

中国特色社会主义制度和国家治理体系是我们党在领导中国人民进行伟大社会革命、进行新中国建设、进行改革开放的伟大实践中形成的，在新中国的伟大实践中展现出多方面的显著优势，已被实践证明是植根中国大地，具有深厚中华文化根基、深得人民拥护，能够推动国家进步发展的制度和治理体系。

本框对应的是《普通高中思想政治课程标准（2017年版2020年修订）》必修课程模块三"政治与法治"的内容。本课围绕课标、结合高考确定重难点问题，围绕重难点以"坚定中国特色社会主义制度自信"为总议题，设三个分议题，层层深入讲解人民代表大会是我们的必然选择，从而坚定制度自信。

三、学情分析

高中学生正处于世界观、人生观、价值观形成的关键时期，具备一定的理性思维能力、实践能力、自学能力，迫切想要认识周围世界，同时需要正确、系统的理论给予指导。高中生社会主义民主政治的认知存在零散、片面、不系统等问题，教师从理论性、科学性、系统性给学生指明方向。学生学习时由于理论水平限制，存在一定的难度，学习时要充分运用视频、图文、人物故事等素材，将理论与实践相结合。

四、教学目标

1.通过学习、整理人民代表大会制度的相关材料，使学生了解我国人民代表大会制度的基本内容，理解我国实行人民代表大会制度的原因，培养合作学习的团队精神，坚定对我国人民代表大会制度的政治认同。

2.通过探究学习，全面分析人民代表大会制度在实践中发挥的重要作用和优越性，理解人民代表大会制度是适合我国国情的好制度，坚定对我国的制度自信。

3.通过合作学习，深刻理解中国共产党对人民代表大会制度的探索，全面把握和认同中国共产党在制度探索中发挥的重要作用，增强对中国共产党是我国社会主义事业的领导核心的认同感。

4.通过观点辨析，比较中西方政治制度设计的差异以及制度运行过程中表现出的特点和发挥作用的区别，从而全面理解我国实行人民代表大会制度的原因，坚定实行这一制度的信心和定力。

五、教学重点难点

（一）教学重点

1.我国的政权组织形式。

突破策略：通过引导学生查阅资料，获取丰富详尽的信息，调动学生的主动探究意识，同时通过组内交流讨论来实现生生互动，激发课堂参与度。

2.民主集中制。

突破策略：分析情境中出现的实例体现了人民和人大代表、人大和其他国家机关以及中央和地方的哪些关系，又是如何发挥民主集中制的作用的。

（二）教学难点

选择人民代表大会制度的必然性。

突破策略：与西方议会制进行比较，总结分析我国政体选择的客观原因和实践证明。

六、教学设计总体思路

关注学生身边的时事素材，唤起学生经验与情感上的共鸣。所以，我从政治生活中选取一些生动、鲜活的典型事例讲授，使抽象的知识具体化、深奥的道理通俗化，这不仅能激发学生的兴趣，而且符合学生的认知规律，有助于引导学生从感性认识逐步上升到理性认识。2023年是将全面落实党的二十大精神引向深入的关键之年，此次全国两会也是党的二十大召开之后首次举行的全国两会。新征程上，如何开新局、起好步？本课以第十四届全国人民代表大会第一次会议为例，初步了解我国人民代表大会制度的具体表现，为人民代表大会的制度优势的讲解和坚定制度自信奠定基础。

议题式教学强调题目的可议性和讨论的过程，鼓励学生借助议题，呈现不同的观点，从而理解思想政治学科知识建构过程及蕴含的价值导向。本课以坚定中国特色社会主义制度自信为总议题，选择三个分议题，通过事实对比，引导学生层层深入思考我国人民代表大会制度的优势，从而树立对我国政治制度的坚定自信。

七、教学过程

（一）教学流程设计

环节一：导入新课，观看视频，明确人民代表大会制度的基本内容

教师活动：课前确定学习议题：坚定中国特色社会主义制度自信以"我国的根本政治制度"为例。学生搜集、选择阅读材料，进行课堂交流。教师以第十四届全国人民代表大会第一次会议议程为例。同学们从中可以看到全国人民代表大会要进行很多事关国家和百姓的重要议程，全国人大代表也要在这次会议上认真履行自己的职责，大家从这些议程的内容来看，思考：一是全国人大的性质、十四届全国人大代表的构成、全国人大代表如何选、我国实行的政权组织形式是怎样的，总结人民代表大会制度的内涵。

学生活动：观看视频，思考问题，回答问题。

设计意图：通过了解第十四届全国人民代表大会第一次会议的相关文字介绍和图片展示，使学生从制度层面回到现实的政治生活当中。本探究活动的目的是在对这次会议的介绍当中，让学生初步接触和感受人民代表大会制度，将较为抽象的制度层面的内容与现实中的实例相连接，拉近学生与人民代表大会制度的距离，激发学生主动参与探究的兴趣，为本框关于人民代表大会制度的学习创设情境，引导学生感悟、理解我国的政治制度。

环节二：议题式情境教学活动

总议题：坚定中国特色社会主义制度自信

议题一：我国人民代表大会制度的基本功能与权力运行

教师活动：议学情境：《中华人民共和国立法法》的修订过程。立法法修改过程中，全国人大常委会两次审议，两次向党中央请示报告，两次向社会公开征求意见，充分聆听人民声音，反映人民意愿，保障人民权益。引导学生思考：

（1）材料中《中华人民共和国立法法》的修订是如何体现民主集中制原则的？

（2）事关群众利益的《中华人民共和国立法法》，引起党和国家重视，转化为国家政策，突出了人民代表大会制度的什么基本功能？

（3）根据以上的回答，说明人民代表大会制度的地位及其表现。

学生活动：交流探究。

学生1：我国宪法第二条规定："中华人民共和国的一切权力属于人民。人民行使国家权力的机关是全国人民代表大会和地方各级人民代表大会。人民依照法律规定，通过各种途径和形式，管理国家事务，管理经济和文化事业，管理社会事务。"

学生2：在人民代表大会与人民的关系上，人大代表由人民民主选举产生，对人民负责受人民监督。全国人民代表大会及其常务委员会依法履行职权，采取多种方式，征求各方面意见，最后全国人大审议通过了修改立法法的决定。体现了民主集中制。

学生3：立法法的修改，贯彻落实党的二十大精神和党中央的决策部署，两次向党中央请示报告，由党中央批准。这说明我们党把体现广大人民群众根本利益的党的路线、方针、政策依照法定程序转化为国家意志。

学生4：立法法的修改过程坚持了党的领导、人民当家作主、依法治国有机统一。

学生5：立法法的修改过程践行了全过程人民民主。

教师活动：总结：民主是中国共产党和中国人民始终不渝坚持的重要理念。人民代表大会制度是实现全过程人民民主的制度载体。人民代表大会制度是我国的根本政治制度，在国家政治生活中体现人民当家作主，突出强调权为民所赋；在我国政治制度体系中居于核心地位，国家的其他制度都是由人民代表大会通过立法创制出来的，都要受其统领和制约。

议题二：中国共产党对政权组织形式的探索

教师活动：习近平总书记在庆祝全国人民代表大会成立六十周年大会上的讲话中指出：在中国实行人民代表大会制度，是中国人民在人类政治制度史上的伟大创造，是深刻总结近代以后中国政治生活惨痛教训得出的基本结论，是中国社会100多年激越变革、激荡发展的历史结果，是中国人民翻身作主、掌握自己命运的必然选择。

1954年，中华人民共和国的缔造者们，同经过普选产生的1200多名全国人大代表一道，召开了第一届全国人民代表大会第一次会议，通过了《中华人民共和国宪法》，从此建立起中华人民共和国的根本政治制度——人民代表大会制度。中国这样一个有5000多年文明史、几亿人口的国家建立起人民当家作主的新型政治制度，在中国政治发展史乃至世界政治发展史上都是具有划时代意义的。

学生活动：

学生1：1840年鸦片战争后，中国逐步成为半殖民地半封建社会，中国人民和无数仁人志士寻找着适合国情的政治制度模式。辛亥革命之后，中国尝试过君主立宪制、帝制复辟、议会制、多党制、总统制等各种形式，都以失败告终。

学生2：1921年，中国共产党诞生了。在1940年，毛泽东同志就指出："没有适当形式的政权机关，就不能代表国家。中国现在可以采取全国人民代表大会、省人民代表大会、县人民代表大会、区人民代表大会直到乡人民代表大会的系统，并由各级代表大会选举政府。"

学生3：中华人民共和国成立实现了中国从几千年封建专制政治向人民民主的伟大飞跃。国家应该怎样治理？经过实践探索和理论思考，中国共产党人找到了答案。1949年9月，具有临时宪法地位的《中国人民政治协商会议共同纲领》庄严宣告，新中国实行人民代表大会制度。1954年9月，一届全国人大一次会议通过的《中华人民共和国宪法》明确规定："中华人民共和国的一切权力属于人民。人民行使权力的机关是全国人民代表大会和地方各级人民代表大会。"

教师活动：这些同学的发言从历史的角度见证了中国共产党对我国政权组织形式的探索，体现了人民代表大会制度是由我国人民当家作主的社会主义国家性质决定的。那么这一制度在实践中是如何完善和发展的，有没有同学查阅相关资料呢？

学生活动：

学生4：直接选举人大代表的范围扩大到县。

学生5：全国人大代表具有广泛性，一线工人农民代表、妇女代表比例有所上升。

学生6：人民政协制度的完善，双周协商座谈会和网络议政、远程协商等运用现代科技成果。

教师活动：每一种制度都是产生于实践又要接受实践的检验，人民代表大会制度已经在实践中显现了它的优越性，但还要不断基于实践进行完善。

议题三：中西方政治制度比较，明确人民代表大会制度的优势

教师活动：

1.结合教材52页"探究与分享"，思考"西方国家权力运行方式和我国实行民主集中制的人民代表大会制度"的区别。

2.列举美国政府"停摆"的例子。

据美国媒体统计，自1976年以来，美国联邦政府曾先后21次"停摆"，此前最长纪录是克林顿执政时期创下的21天，从1995年底持续到1996年初。

美国前总统特朗普和民主党人在边境墙问题上一直分歧严重。建墙是特朗普竞选总统时的核心承诺之一，也被视为他谋求连任的重要政治筹码。他认为边境墙对遏制非法入境、打击人口贩卖和毒品走私等至关重要，但民主党指责边境墙低效、多余且昂贵，是特朗普的"政治噱头"，呼吁用无人机、传感器等科技手段加强边境安全。

学生活动：

学生1：美国众议院即将对四项拨款法案进行投票，以避免联邦政府大部分机构再次因运转资金耗尽而陷入"停摆"。与此同时，联邦政府各部

门和机构已开始采取措施，为可能的"停摆"提前准备。2024年才过去两个月，但这已是联邦政府第二次面临"停摆"风险，说明并不是偶发现象。

教师活动：联邦政府"停摆"，反映出美国政治和社会不断撕裂的趋势。有美国学者指出，近年来，共和、民主两党围绕医保、移民、控枪等议题针锋相对、共识难求，而政府"停摆"是美国党争恶化的极端表现，是美国政治制度失灵的结果，也是美国国家治理困境的缩影。

学生活动：

学生2：人民代表大会制度能够发挥出自身的优势，在于它贯彻了民主集中制的组织活动原则。民主集中制既能最大限度激发全党创造活力，又能统一全党思想和行动；既能保证国家机关协调高效运转，又能集中力量办大事；既能充分反映广大人民的意愿，又能形成全体人民的统一意志。

学生3：在第十四届全国人民代表大会第一次会议上，人大代表所应的是青年所呼。如关注新兴业态对青少年成长的影响；打开一线人才成长通道；关注青少年心理健康；优化中小学教师培训体系；关注农机手的职称评定、技能培训。人民代表大会制度是符合中国国情和实际、体现社会主义国家性质、保证人民当家作主。人大代表代表人民。

教师活动：人民代表大会制度保障了人民当家作主、动员了全体人民以国家主人翁的姿态投身于社会主义建设、保证了国家机关协调高效运转、维护了国家统一和民族团结，体现了中国特色社会主义的制度优势，必须长期坚持、不断完善。我们决不照搬西方政治制度的模式。

设计意图：本环节教师通过议题讨论的方式，创设情境，鼓励学生独立思考、合作探究，发表富有个性化的见解，在比较分析中坚定人民代表大会制度的优势。通过事实对比，引导学生深入思考我国人民代表大会制度的优势，从而树立对我国政治制度的坚定自信。

（二）课堂小结

本节课，我们学习了人民代表大会制度的基本内容、中国共产党在我国政权组织形式确立过程中的作用、人民代表大会制度实行的民主集中制原则及优势。

坚定制度自信不是要故步自封，而是要不断革除体制机制弊端，让我们的制度更加成熟。习近平总书记关于坚持和完善人民代表大会制度的重要思想明确了人大"四个机关"的定位：自觉坚持中国共产党领导的政治机关、保证人民当家作主的国家权力机关、全面担负宪法法律赋予的各项职责的工作机关、始终同人民群众密切联系的代表机关。在中国共产党领导下，人民代表大会制度不断巩固、完善和发展，展现出强大的生命力和巨大的优越性。

（三）板书设计

人民代表大会制度：我国的根本政治制度

一、是什么

1.权力来源

2.产生

3.活动原则

4.权力划分

二、为什么

1.基本功能

2.政治地位

3.优越性

三、怎么办

1.三个有机统一

2.坚持完善

（四）作业设计

制定表格，从国家性质、经济基础、所代表的阶级利益、权力实体、活动原则、办事效率等方面比较人民代表大会制度和西方议会制。

（五）参考资料

1.中华人民共和国教育部：《普通高中思想政治课程标准（2017年版2020年修订）》，人民教育出版社，2020年。

2.人民教育出版社课程教材研究所、中学德育课程教材研究开发中心：《普通高中教科书 教师教学用书 思想政治 必修3 政治与法治》，人民教育出版社，2021年。

八、教学总结与反思

本框的教学总体的意图是将学生关注的两会话题导入课堂，并整体感知人民代表大会制度。通过这样创造条件促进学生有所体验和感悟，使他们深切感受到人民代表大会制度是适应我国国情的好制度。教学过程中，为强化并检验教学效果，以后在教学中还要继续注意时间的把控，给更多的学生发言的机会。攻破教学重难点方面，教师设问后引导学生自主思考，然后交流讨论。以后教学中，一定更加体现学生自主学习的重要性，让学生在相互讨论、争论、辩论中突破难点、获取知识、提升能力。师生共同探究，以达到共同学习、共同提高的目的。

公有制为主体　多种所有制经济共同发展

沈阳市汽车工程学校　李东晓

一、课程基本信息

主讲课程：中职思想政治

使用教材版本：高等教育出版社2023年版

教材章节出处：中职思想政治基础模块《中国特色社会主义》第二单元第四课《社会主义基本经济制度》

二、教学设计概述

1.能够将正确价值观的树立与学科知识教学相结合。坚持马克思主义指导地位，充分体现社会主义核心价值观，课堂中始终引导学生牢固树立正确的世界观、人生观、价值观。同时与学科知识有机融合，充分体现思政的育人功能，在知识传授与培养学生学科能力的过程中，实现价值观的引导。

2.在课堂中结合职业教育的特点，融入职业道德和职业精神教育，结合当地发展总结辽宁的著名企业，让学生有初步了解，满足学生未来求职发展需要。

3.能加入游戏活动形式，提升学生的参与感和兴趣，更好提升学生的社会主义核心价值观。

4.以习近平新时代中国特色社会主义思想为指导，阐释中国特色社会主义的开创和发展，明确中国特色社会主义进入新时代的历史方位，引导学生树立对马克思主义的信仰、对中国特色社会主义的信念、对中华民族伟大复兴中国梦的信心，坚定中国特色社会主义道路自信、理论自信、制度自信、文化自信，把爱国情、强国志、报国行自觉融入中国特色社会主义事业中。

5.以"中国企业何以撑起杭州亚运会"为议题，探讨亚运会中的国有企业和民营企业担当，帮助学生更直观理解公有制经济和非公有制经济特点，采用案例讨论、议题式教学法、体验式教学等方式，了解我国社会主义基本经济制度，感受到社会主义制度的优越性，又同我国社会主义初级阶段社会生产力发展水平相适应。党的十八大以来，在习近平新时代中国特色社会主义思想的科学指引下，党始终坚持以经济建设为中心，坚持和完善社会主义基本经济制度，使市场在资源配置中起决定性作用，立足新发展阶段，贯彻新发展理念，构建新发展格局，推动高质量发展。

三、学情分析

学生在初中已经学过生产资料所有制的相关内容，不过初中对于本课的学习更多停留在浅层和表象，并未对本课的内在逻辑进行梳理。中职学生的生活经验和理论功底相对于初中而言有很大的进步，为学习本课奠定一定的理论基础。

本课的理论知识较强，学生需要记忆的知识较多，因此，可以结合具有的情境帮助学生理解并运用本课的知识，同时也可以采用联想法、口诀法等方式帮助学生熟记本课内容。在本课的教学中，结合当前的热点时政，通过"中国企业何以撑起杭州亚运会"这一核心议题，贯彻"杭州第19届亚运会"这一时政热点，设置贴近学生的议学情境，根据学生兴趣和专业引导学生理解本课内容。

四、教学目标

（一）政治认同

通过"中国企业何以撑起杭州亚运会"导入，引导学生感悟公有制经济和非公有制经济对我国经济社会发展的意义，引导学生全面把握和认同我国社会主义初级阶段的生产资料所有制，坚定中国特色社会主义道路自信、理论自信、制度自信。

（二）科学精神

通过观点辨析，澄清模糊认识，正确理解公有制经济与非公有制经济的关系，学会用辩证的观点看待我国社会主义初级阶段的生产资料所有制。

（三）法治意识

通过学习，引导学生理解社会主义初级阶段各种所有制经济主体都要遵法守法，依法纳税，合法竞争，以培养学生的法治建设意识。

（四）公共参与

通过议学活动，引导学生积极参与中华民族伟大复兴的建设之中，培养学生的责任感和创新精神。

五、教学重点难点

（一）教学重点

深刻理解公有制为主体；非公有制经济的地位和作用如何体现出来。公有制的主体地位主要体现在：1.公有资产在社会总资产中占优势；2.国有经济控制国民经济命脉，对经济发展起主导作用；3.公有资产占优势，要有量的优势，更要注重质的提高。通过列举杭州亚运会中的国企担当帮助学生理解公有制主体地位的体现。

（二）教学难点

区分公有制经济和非公有制经济，通过案例分析法帮助学生学会区别两种经济形式，并能够举一反三。

六、教学设计总体思路

（一）任务链

议学任务1：以小组为单位，收集材料，讲述国企在杭州亚运会上的精彩故事。展示国企承建的那些亚运工程，共同见证精彩纷呈的体育盛会。

议学任务2：以小组为单位，收集材料，讲述浙商在杭州亚运会上的精彩故事。展示浙商如何勇担社会责任，助力杭州亚运会成功举办。

（二）议题链

子议题1：聚焦杭州亚运会护航的国企担当。

子议题2：揭秘杭州亚运会背后的浙商力量。

（三）问题链

1.什么是物质资料生产？物质资料生产需要具备哪些要素？

2.结合国企在本次亚运会的担当，思考公有制经济在我国经济发展中的地位如何，如何体现，公有制的组成形式有哪些。

3.电力等重大基础设施为什么需要国企承担？国企有何作用？国有经济在我国经济发展中发挥什么样的作用？

4.这些浙商体现的是公有制经济还是非公有制经济？阐述你的理由。

5.非公有制经济包括哪些经济？

6.我国为什么如此重视民营企业的发展？

（四）知识链

1.公有制的地位。

2.公有制的组成。

3.以公有制为主体的原因。

4.公有制主体地位的主要体现。

5.国有经济的作用。

6.国有企业的作用。

7.非公有制的组成。

8.非公有制的地位、作用。

9.公有制经济和非公有制经济的关系。

10.多种所有制经济共同发展的意义。

七、教学过程

（一）教学流程设计

环节一：新课导入

教师活动：

1.议题导入：杭州第19届亚运会。

展示材料：2023年9月23日，备受瞩目的杭州第19届亚运会在杭州奥体中心体育场正式拉开帷幕。作为本次大赛的开篇序幕，杭州亚运会开幕式贯彻落实"简约、安全、精彩"的办赛要求，把杭州以至浙江厚重的历史文化底蕴和亚运元素融入各个环节。

2.点拨：据杭州亚运会官方消息，杭州亚运会共有118个类别、176家赞助企业，杭州亚残运会共有102个类别、154家赞助企业。亚运会、亚残运会市场开发工作取得历史性突破，赞助企业规模、赞助招商收入成为亚运历史之最。

3.播放视频：《杭州第19届亚运会宣传片》。提问学生：开幕式上让你印象深刻的精彩瞬间有哪些？引出总议题：中国企业何以撑起杭州亚运会？

学生活动：观看亚运会宣传片视频，准备课前收集的资料，回答亚运会让自己印象深刻的精彩瞬间。

设计意图：引出本节课总案例，杭州亚运会，激发学生兴趣。

环节二：新课讲授

教师活动：

1.展示材料：这场以"智能"为底色的体育盛事，让世界的目光再次聚焦大美中国，聚焦中国智造。对于赛事背后的中国企业来说，亚运会也是让"中国智造"走向全球的重要机遇。

提出子议题———聚焦杭州亚运会护航的国企担当。

2.展示图片：主火炬塔"钱江潮涌"，双3D威亚定制且首创全中国制造系统。

提问：这些产品是如何产生的？什么是物质资料生产？物质资料生产需要具备哪些要素？

学生活动：小组讨论并派代表发言。自由回答后，根据教材总结出：

（1）物质资料生产：

① 物质资料生产是人类社会存在和发展的基础。

② 物质资料生产的构成要素：劳动和生产资料。

（2）劳动：是物质财富的源泉，也是价值的唯一源泉。

（3）生产资料：是创造物质财富和价值的条件。

（4）生产资料所有制的地位：生产资料所有制在生产关系中起着决定性作用，是生产关系的核心，是经济制度的基础。

（5）我国的生产资料所有制：我国在社会主义初级阶段坚持公有制为主体、多种所有制经济共同发展，这是中国特色社会主义制度的重要支柱，体现了中国特色社会主义制度的优越性。

设计意图：让学生初步了解国有企业的含义，引出生产资料公有制的概念、我国的生产资料所有制是什么，解释公有制经济的概念。

教师活动：

1.展示材料：为了助力办好这场体育盛会，浙江国企建设者贯彻落实"绿色、智能、节俭、文明"的办会理念，匠心独运、精工细作打造了一批兼具实力与颜值的亚运工程，为"亚运之城"美丽杭州增光添彩。

2.议学任务一：以小组为单位，收集材料，讲述国企在本次杭州亚运会上的精彩故事。展示国企承建的亚运工程，共同见证精彩纷呈的体育盛会。

学生活动：小组讨论，自由回答，并派三组小组代表发言。

教师活动：

1.展示材料：国家电网积极布局供电结构，由光伏和风力发出的绿电，正在点亮亚运场馆；国家电投新疆公司外送亚运会绿电交易电量0.76亿千瓦时，为新疆外送亚运会绿电电量最大的发电企业；中国中铁所属中铁建工承建的杭州西站，是本届亚运会的重点交通配套设施，承载着迎送"四海来客"的重要使命。

2.提问：结合国企在本次亚运会的担当，思考公有制经济在我国经济发展中的地位如何，是如何体现的，公有制的组成形式有哪些。

学生活动：根据教材总结：公有制占据国民经济命脉。

教师活动：

1.展示材料：国家电投是我国的国有企业，承担"大型先进压水堆核电站""重型燃气轮机"两个国家科技重大专项，是全球最大的光伏发电企业、新能源发电企业、清洁能源发电企业。

2.议一议：电力等重大基础设施为什么需要国企承担？国企有何作用？国有经济在我国经济发展中发挥什么样的作用？

学生活动：小组讨论，并派小组代表发言。

教师活动：课件展示能源、通信、交通、金融、基建、汽车等领域的企业，让学生总结结合国企在国民经济中的地位，思考公有制经济在我国经济发展中的地位如何，是如何体现的。

学生活动：总结：在关系到国民经济命脉的行业和关键领域中公有制占主体并起支配作用。

设计意图：让学生理解本节的重点——公有制的主体地位主要体现在：1.公有资产在社会总资产中占优势；2.国有经济控制国民经济命脉，对经济发展起主导作用。以公有制为主体的原因：以公有制为主体是社会主义初级阶段经济制度的根本特征，是社会主义经济制度的基础。以公有制为主体是促进生产力发展的根本要求。生产资料公有制适应社会化大生产要求，是社会主义国家对社会生产和经济发展进行宏观调控的制度基础，有利于推动经济持续健康发展。以公有制为主体是实现共同富裕的基本前提。生产决定分配，不同的生产资料所有制决定不同的分配制度。生产资料公有制决定了社会主义国家必须采取按劳分配制度，能防止两极分化，有利于人民共享发展成果，实现共同富裕。

教师活动：介绍集体经济和混合所有制经济，并让学生举例，学会辨别，进而更全面了解公有制的含义。

学生活动：阅读教材，总结集体经济和混合所有制经济的概念，能够举例说明。

教师活动：

1.展示材料：自2015年申办成功以来，从亚运场馆、城市基础设施和环境的建设改造，到公共服务提升付出的努力，背后都不乏浙商企业的身影。他们勇担社会责任，为助力实现"办好一个会、提升一座城"持续注入强劲活力，与杭州共谱"中国新时代，杭州新亚运"。

2.展示子议题二：以小组为单位，收集材料，讲述浙商在本次杭州亚运会上的精彩故事。展示浙商如何勇担社会责任，助力杭州亚运会成功举办。

学生活动：小组讨论，并派小组代表发言。

教师活动：

1.展示材料：吉利控股：甲醇点火；阿里巴巴：科技助力亚运；方太集团：火炬。

2.提问：这些浙商代表的是公有制经济还是非公有制经济？请阐述你的理由。

学生活动：回答，通读教材掌握概念。

教师活动：提问：非公有制经济包括哪些经济？

学生活动：回答：个体、私营、外资和混合所有制经济中的非国有成分和集体成分。

教师活动：

1.展示材料：近日，中央编办正式批复在国家发展改革委内部设立民营经济发展局，作为促进民营经济发展壮大的专门工作机构，加强相关领域政策统筹协调，推动各项重大举措早落地、见实效。

2.提问：我国为什么如此重视民营企业的发展？民营企业在我国经济发展中发挥着什么样的重要作用？

学生活动：小组讨论，自由回答。

教师活动：

1.展示材料：党的二十大报告指出，坚持和完善社会主义基本经济制度，毫不动摇巩固和发展公有制经济，毫不动摇鼓励、支持、引导非公有制经济发展，充分发挥市场在资源配置中的决定性作用，更好发挥政府作用。

2.提问：公有制经济和非公有制经济有何关系？为什么要毫不动摇鼓励、支持、引导非公有制经济发展？

环节三：小试牛刀（做游戏）

教师活动：把学生分为四组，以抢答形式分组作答，分数高的一组获胜。测试题：列举出一些企业，让学生辨别属于什么企业类型。

1.淘宝。

2.中石化。

3.中国航空。

4.中国平安保险。

5.中国人寿保险。

6.爸爸开的一家面馆。

7.中外合资汽车企业。

8.家庭联产承包责任制。

9.星巴克。

学生活动：分组作答，以PK形式让所有人参与其中。

（二）课堂小结

引导学生进行课堂小结，派课代表进行总结，并说出本节课的收获是什么，对未来的学习和生活有哪些启示。

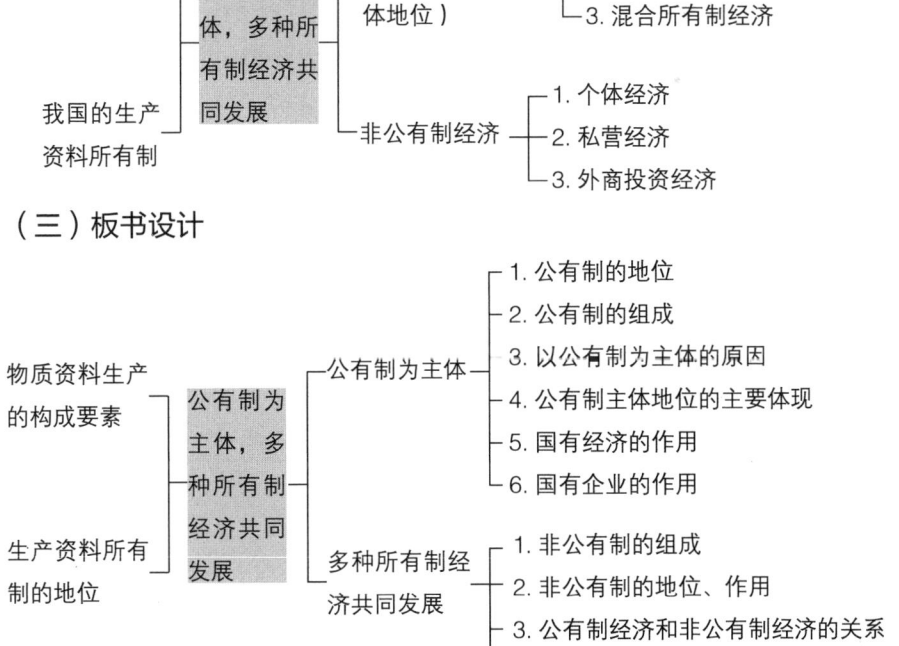

（三）板书设计

（四）作业设计

作业要求：至少写出三种自己心仪的工作岗位，并分别写出其类型。

例1.我以后想_____ ，这属于 _____ 经济类型。

例2._____

例3._____

八、教学总结与反思

1.在课堂上，应该给予学生更多的机会发言和表达自己的想法，可以通过小组讨论、学生演讲等方式来鼓励他们参与，这样一来，学生更积极主动地参与课堂活动，提高他们的思维能力和表达能力，分享自己的见解和思考，相互交流讨论，提高彼此的理解和学习。

2.为了确保课堂高效进行，我需要在备课过程中更详细地规划每个环节，确保每个教学环节都能有足够的时间进行，在备课时，我可以根据每个环节的重要性和难度来确定所需要的时间，并合理安排课程进度。避免课堂时间不足或过长的情况发生，确保每个知识点都能得到充分的讲解和学习。

3.在解释概念时，应该使用具体生动贴近学生生活的例子和实际案例来帮助学生更好地理解和记忆，让学生更加直观理解抽象的概念和知识点。

4.分组讨论时，要多给予时间指导，确保每位学生都能参与其中有所收获，在指导过程中，要耐心倾听学生们的问题和困惑，针对性地给予帮助和解答。

5.为了及时了解学生的掌握情况，要定期组织课堂小测验，并及时反馈他们的学习成果和问题，找出他们的薄弱环节，并针对性地给予帮助和指导，激发他们积极向上的学习动力。通过及时的反馈，我能够调整教学策略，更好地满足学生的学习需求。

扎实推进全体人民共同富裕

辽宁中医药大学　赵　畅

一、课程基本信息

主讲课程：形势与政策

使用教材版本：《时事报告（大学生版）》

教材章节出处：经济社会发展篇

二、教学设计概述

本专题教学主要运用问题探究式教学方法，教师根据教学内容，结合学生课前测试中反映的学生思想实际，设定具体问题，层层递进，启发学生思考，实现学生由被动灌输向主动建构的转变，增强课堂的吸引力和说服力，同时综合运用视频案例、网络资源、案例辨析等多种手段，实现预期教学目标。

三、学情分析

（一）思想特点

目前的大学生都是"〇〇后"青年，他们在强国的背景下长大，对于党的领导和社会主义的认同较高，自信乐观、蓬勃向上。但是，由于世界观、人生观还处于成长阶段，特别是在互联网普及的时代，对于一些社会问题和热点容易受到网络舆论的影响，需要进行积极引导。

（二）知识储备

学生前期学习中已经对以人民为中心的发展思想有了深入认知，加之共同富裕与学生个人的成长、前途命运息息相关，因此学生对于本专题的教学内容有天然的亲近感。但是就整体而言，学生对共同富裕的科学内涵及实现途径的总体把握还稍有欠缺，对于如何实现共同富裕存在一些误区，认识不够清晰，理论水平还有待提升。

（三）能力水平

当代大学生思维活跃，善于接受新事物，已初步具备辩证分析问题的能力，有一定的理性思考能力和分析问题能力。但是运用马克思主义理论对社会现象进行剖析的能力和自主分析、解决问题的能力需要进一步提高。

四、教学目标

（一）知识目标

1.深刻理解共同富裕的科学内涵，澄清模糊认识。

2.准确把握共同富裕的实现路径。

3.科学认识实现共同富裕目标的长期性与光明前景。

（二）能力目标

1.学会运用马克思主义的立场、观点分析现实问题。

2.增强将所学知识转化为传承发扬中医药事业的务实行动。

3.增强理论创新思维、历史逻辑思维及知识拓展能力。

（三）素养目标

1.主动澄清模糊认识，树立正确的世界观、人生观、价值观。

2.认清实现共同富裕目标的长期性，树立"幸福都是奋斗出来的"的人生追求。

3.强化作为时代新人的使命担当，坚定信心，投身于实现共同富裕的历史征程。

五、教学重点难点

（一）教学重点

1.深刻理解共同富裕的科学内涵。

2.准确把握共同富裕的实现路径。

（二）教学难点

1.澄清关于共同富裕的模糊认识。

2.准确理解实现共同富裕目标的长期性与光明前景。

六、教学设计总体思路

（一）课前准备

通过学习通平台发布关于"共同富裕"的测试题，了解学生对"共同富裕"的了解和把握程度，为有的放矢开展教学做好准备。

（二）第一课时

理论讲授与问题讨论相结合，讲授共同富裕的科学内涵。

问题1：没有国家富强会有全体人民的共同富裕吗？

问题2：共同富裕是哪些人的富裕？

问题3：共同富裕是平均主义吗？

问题4：共同富裕只是物质生活富裕吗？

（三）第二课时

1.理论讲授与问题讨论相结合，讲授共同富裕的实现途径。

问题（1）：有些人认为，"分好'蛋糕'比做大'蛋糕'更重要"，主张分配优先于发展，这种看法对吗？

问题（2）：实现共同富裕要靠什么？"躺平"可以吗？吃大户行吗？

问题（3）：推进基本公共服务均等化能不能超越发展阶段搞"福利主义"？

问题（4）：如何看待"网络逼捐"现象？

2.实现共同富裕目标的历史进程。

视频案例：《共同富裕"浙"样干》。

现在———"十四五"末———2035———21世纪中叶

（全面小康）　（扎实步伐）　（实质性）　（基本实现）

（四）课堂总结及课后追踪

通过在学习通发放话题讨论等方式，检验教学成果。

七、教学过程

（一）课前热身

教师活动：

1.发布课前小测试。

2.安排学生准备一周时政热点述评。

学生活动：

1.在学习通平台完成课前小测试。

2.准备在课前进行一周时政热点述评。

设计意图：

1.通过测试，了解学生对知识点的了解程度。

2.通过热点话题准备，培养学生关注时政热点的习惯，并学会用马克思主义的立场和方法进行分析、评价。

（二）课堂教学

课程导入：

环节一：课前时政热点述评

教师活动：点评课前测试基本情况，开启课堂教学。

学生活动：

1.通过学习通抢答的方式挑选5名同学进行。

2.其余同学将准备的热点话题发到学习通平台进行交流。

设计意图：通过抢答能够充分调动学生的积极性，青年视角解读时政热点问题。

环节二：话题互动

教师活动：在学习通平台发放"我眼中的共同富裕"话题互动。

学生活动：通过手机回复讨论，畅谈对共同富裕的期待与向往。

设计意图：学习通投屏可直接显示学生讨论情况，调动学生积极性，为后面的重点教学内容做好铺垫。

第一部分：理解共同富裕的科学内涵

环节一：开篇视频

教师活动：

1.播放视频：《习近平庄严宣告：中华大地上全面建成了小康社会》。

2.问题探讨：全面建成小康社会和共同富裕的关系。

学生活动：观看视频，积极参与话题讨论。

设计意图：通过视频，学生直观感受我国全面建成小康社会的伟大成就。

环节二：理论阐释（突破教学重点难点）

教师活动：理论讲授：

一、共同富裕的科学内涵

1.共同富裕的经济基础是社会生产力高度发达。

问题探讨：没有国家富强会有全体人民的共同富裕吗？

2.共同富裕是全体人民共同富裕。

问题探讨：发达资本主义国家早就创造出了巨量物质财富，但为什么没有实现共同富裕？

3.共同富裕是仍然存在一定差距的共同富裕，不是平均主义的同等富裕、同步富裕。

问题探讨：共同富裕是平均主义吗？

4.共同富裕是人民群众物质生活和精神生活双富裕。

问题探讨：共同富裕只是物质生活富裕吗？

学生活动：

1.积极参与问题探讨，澄清对共同富裕的模糊认识。

2.通过教师讲解，准确把握共同富裕的科学内涵。

设计意图：坚持政治性和学理性的统一，通过教师讲解和问题探讨，使学生明白只有建立了社会主义制度才能奠定实现共同富裕的制度基础，只有国家富强才有可能实现全体人民的共同富裕，从而坚定"四个自信"，投身中国特色社会主义伟大实践。

环节三：听故事，明道理

教师活动：给学生讲授习近平在全国脱贫攻坚总结表彰大会上提到的"身残志坚的云南省昆明市东川区乌龙镇坪子村芭蕉箐小组村民张顺东与命运抗争的故事"。

学生活动：通过聆听张顺东与命运抗争的故事，深刻领会习近平总书记所说的"广大脱贫群众激发了奋发向上的精气神，社会主义核心价值观得到广泛传播，文明新风得到广泛弘扬，艰苦奋斗、苦干实干、用自己的双手创造幸福生活的精神在广大贫困地区蔚然成风"。

设计意图：坚持知识性和价值性的统一，使学生在学习中不但能够深刻理解共同富裕是人民群众物质生活和精神生活双富裕，同时还能树立正确的人生观和价值观，激发精神动力。

第二部分：把握共同富裕的实践途径

环节一：热剧分享

教师活动：

1.播放热播剧《人世间》片段，引出"奋斗"这一话题。

2.问题探讨：《人世间》的奋斗故事给我们哪些启示？

学生活动：观看视频，参与话题讨论。

设计意图：《人世间》是2022年的热播剧，通过教师介绍和观看视频，学生能通过普通人的生活看到改革开放的时代变迁，感受"幸福都是奋斗出来的"。同时，通过短视频开启第二课时的学习，能够激发学习兴趣。

环节二：问题探究（突破教学重点难点）

教师活动：理论讲授：

二、把握共同富裕的实践途径

1.通过高质量发展实现共同富裕。

2.通过勤劳创业创新实现共同富裕。

3.通过促进人的全面发展实现共同富裕。

4.通过基本公共服务均等化推动实现共同富裕。

5.通过优化分配制度和政策推动实现共同富裕。

问题探究：

1.有些人认为，我国已是世界第二大经济体，主张分配优先于发展，这种看法对吗？

2."躺平"能实现共同富裕吗？吃大户行吗？

3.推进基本公共服务均等化能不能超越发展阶段搞"福利主义"？

4.如何看待网络"逼捐"现象？

学生活动：

1.认真听讲，记录要点，深刻把握共同富裕的实践途径。

2.积极参与互动，表明自己对错误观点的态度。

设计意图：坚持建设性和批判性相统一，主动辨析错误观点，关注热点话题。特别是针对青年学生中有一定影响的"躺平""吃大户"等不劳而获的观点进行批判，引导学生树立正确的价值观，用奋斗创造幸福生活，投身实现共同富裕的伟大征程。

第三部分：实现共同富裕目标的历史进程

环节一：以史说理

教师活动：理论讲授：

1.充分认识实现共同富裕的长期性、艰巨性、复杂性。

2.中央分阶段促进共同富裕的目标安排。

党史学习：

1.改革开放以来"三步走"的战略安排。

2.21世纪初两个百年的奋斗目标。

3.中国共产党百年奋斗的初心和使命。

学生活动：通过教师讲解和党史学习，充分认识实现共同富裕的长期性、艰巨性、复杂性，掌握中央分阶段促进共同富裕的目标安排。

设计意图：教学中注重以党史为重点的"四史"教育，使学生充分了解正是一代代中国共产党人的艰苦奋斗，才有了今天扎实推进共同富裕的新阶段。

环节二：畅想未来

教师活动：

1.教师讲解：介绍《中共中央国务院关于支持浙江高质量发展建设共同富裕示范区的意见》。充分认识实现共同富裕的优势条件和光明前景。

2.播放视频：《共同富裕"浙"样干》。

3.畅想未来：实现共同富裕的生活什么样？

学生活动：

1.观看视频。

2.畅想未来。

设计意图：通过观看视频，鼓励学生积极畅想实现共同富裕目标后的生活状态，营造轻松的学习氛围，坚定学生实现共同富裕目标的信心。

（二）课堂小结

1.通过教师总结，引导学生全面理解本专题内容，通过丰富的教学形式，准确把握本专题教学的知识目标、能力目标、情感目标。

2.通过布置课后作业，引导学生将理论应用于指导实践，提升理论思维能力。

（三）板书设计

扎实推进全体人民共同富裕

1.共同富裕的科学内涵

2.共同富裕的实现途径

3.实现共同富裕目标的历史进程

现在————"十四五"末————2035年————21世纪中叶

（全面小康）　　（扎实步伐）　　（实质性）　　（基本实现）

（四）作业设计

1.思考问题：

（1）共同富裕是所有人同时、同等富裕吗？

（2）我们怎么样实现共同富裕？

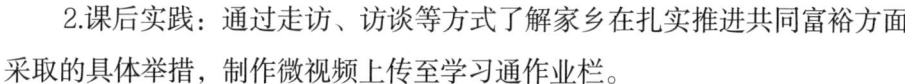

2.课后实践：通过走访、访谈等方式了解家乡在扎实推进共同富裕方面采取的具体举措，制作微视频上传至学习通作业栏。

（五）参考资料

1.习近平：《扎实推动共同富裕》，《求是》2021年第20期。

2.何立峰：《支持浙江高质量发展建设共同富裕示范区　为全国扎实推动共同富裕提供省域范例》，《人民日报》2021年6月11日。

八、教学总结与反思

（一）教学成效与特色

1.推动教材体系向教学体系转化，强化学生理论认知

坚持统一性和多样性的统一。在遵循《高校"形势与政策"课教学要点》统一要求的基础上，根据教学班级学生的思想特点和理论基础，积极对教学体系进行重构，使教材体系向兼具理论性与生动性的教学体系转化，强化学生理论认知。

2.创新教学方法，提升学生综合能力

坚持主体性和主导性的统一。在坚持教师主导性的前提下，注重发挥学生的主体性作用。根据课程特点，精心设计"一句话说时政：我看中国与世界"课前互动环节，极大增强了学生参与课堂教学的积极性和主动性，并使学生逐步养成了关注国际国内时政热点的习惯，提升了分析问题的能力和水平。同时通过课堂抢答、问题讨论等多种方法，充分调动学生的积极性和主动性，强化师生互动，提升学生综合能力。

3.注重知行合一，引导学生专业报国

坚持理论性和实践性相统一。实现共同富裕离不开全体人民的共同奋斗，对于医学生来讲，在实现共同富裕的过程中大有可为。通过形式多样的理论和实践教学，使学生摒弃"躺平"心态，树立崇高理想，矢志艰苦奋斗，增强社会责任感和使命感，发挥专业优势，立志为实现共同富裕的奋斗目标贡献青春力量。

（二）教学反思

1.形势与政策课开课方式特殊，每学期学时极为有限，且授课学生基数极大，因此加强与学生的交流与沟通，及时把握学生思想动态、精神状况和学习情况，对于教学目标的实现极为重要。

2.注重考核模式的创新，在有限的学时内，充分调动学生的积极性，科学合理客观评价学生的学习成效极为重要。

3.结合专业特色，针对当代青年学生特点，开发更多的满足学生需求和兴趣的线上线下教学资源，能够为课程教学提供有力支撑。

增强对中国特色社会主义的信念

营口职业技术学院　宋海兰

一、课程基本信息

主讲课程：思想道德与法治

使用教材版本：高等教育出版社2023年版

教材章节出处：《思想道德与法治》第二章第二节第二课《增强对中国特色社会主义的信念》

二、教学设计概述

（一）教学设计思路

本课内容《教学大纲》要求：树立在党的领导下走中国特色社会主义道路、为实现中华民族伟大复兴而奋斗的共同理想和坚定信念。根据教学内容，本课主要围绕《大纲》要求的党的领导、中国特色社会主义道路、中国梦、共同理想四个方面而展开教学设计。

1.导入：以习近平总书记在莫斯科演讲中的一句话"鞋子合不合脚，自己穿了才知道"提问中国是如何找到适合自己的中国特色社会主义道路这双"合脚的鞋的"引出学习内容：增强对中国特色社会主义的信念——中国特色社会主义为什么好？

2.内容设计：（1）"好"是因为科学：中国特色社会主义是科学社会主义。讲清楚中国特色社会主义的五个特点和优势。（2）"好"是因为适合：中国特色社会主义是中国共产党带领中国人民历经千辛万苦找到的实现中国梦的正确道路。讲清楚中国共产党是如何领导中国人民找到这双

"合脚的鞋"的。（3）"好"是因为优势：中国共产党的领导是中国特色社会主义的最大优势。讲清楚中国共产党领导中国人民在探索、建设中国特色社会主义取得的巨大成就。

3.情感、态度与价值观升华凝练：青年大学生要在中国共产党的领导下坚定对中国特色社会主义的信念，坚定实现中国梦的伟大理想信念。

4.课堂讨论式小结：为什么说社会主义不会辜负中国、社会主义没有辜负中国？

5.课后作业：用学习通平台布置线上作业。

（二）理论依据

党的二十大报告深刻阐述了前进道路上必须牢牢把握的五条重大原则，其中第二条原则就是"坚持中国特色社会主义道路"。新的伟大征程上，无论遇到什么风浪，在坚持中国特色社会主义道路这个根本问题上都要一以贯之。

（三）设计特色

本课程教学对象为高等学校大一学生，这一学段的学生对于我国的社会制度已经有了一定的了解，对社会主义、中国特色社会主义也有了基本认识，但是对于中国为什么选择社会主义道路、为什么要走中国特色社会主义道路还不能深入地理解，缺乏理论认同和政治认同，特别是社会主义与资本主义制度相比较它的优势何在。所以在本课的教学设计中要坚持"三个讲清楚"，为学生讲清楚中国特色社会主义的优势所在、讲清楚中国为什么选择中国特色社会主义道路、讲清楚为什么说中国共产党的领导是中国特色社会主义制度的最大优势，进而增强对中国共产党的信心，坚定不移地跟党走。本课在以理服人的基础上要用中国特色社会主义道路取得的巨大成就来解决学生的理论困惑和信念问题，使理论更有信服力。

三、学情分析

本课教学对象为高等职业院校一年级学生，教学班专业为小学教育、学前教育专业，共80人。高职学段的学生理论基础和哲学社会科学基础与本科学生相比存在着一定的差距，但是他们思想较为活跃，动手能力较强，但纯理论式的填鸭式讲解不能很好地引起学生学习兴趣，因此不能取得良好的教学效果。从生源成分上看，70%的学生来源于中职，30%的学生来源于高中，学生的理论基础较差，对中国特色社会主义认识不够全面，还有一部分学生在高中阶段没有选择思想政治学科，所以对本课所讲授的问题缺少原有的认识基础，在问题理解上存在误区和模糊空间，缺乏政治认同。根据以上学情分析，在教学中要引用案例、视频、多媒体等教学方式引起学生共鸣，利用"线上+线下混合式"教学方法丰富课堂教学形式，以取得更好的教学效果。

四、教学目标

（一）知识目标

1.通过对中国特色社会主义理论的学习了解中国特色社会主义是科学的理论，进一步理解中国特色社会主义制度的优越性。

2.通过课堂案例"近代旧民主主义革命的失败"的讲解分析，明白中国特色社会主义不是天上掉下来的，而是党带领人民经过千辛万苦探索和比较而选择的唯一适合中国的正确道路。

3.列举新民主主义革命以来中国共产党领导人民取得的翻天覆地的变革和伟大成就，深刻掌握中国共产党的领导是中国特色社会主义的最大优势。

（二）能力目标

1.通过对比社会主义与资本主义制度分析其优越性所在，提升对比、分析问题的能力。

2.明确中国选择社会主义道路的必然性，提升辩证分析问题的能力。

3.通过我国社会主义事业取得的巨大成就分析其原因，提升透过现象看本质的能力。

（三）情感目标

1.增强对中国共产党的信任，树立在党的领导下坚定走中国特色社会主义道路的信念。

2.将个人理想融入国家理想中，努力学习，为实现中华民族伟大复兴而不懈奋斗。

五、教学重点难点

（一）教学重点

1.认识中国特色社会主义为什么好。

2.中国特色社会主义是历史的选择，是人民的选择。

（二）教学难点

1.分析总结出中国为何选择社会主义。

2.为什么说中国共产党的领导是中国特色社会主义制度的最大优势。

六、教学设计总体思路

教学围绕本课三大知识点：社会主义始终是人类进步的"明灯"、中国特色社会主义是实现中华民族伟大复兴的必由之路、中国共产党的领导是中国特色社会主义的最大优势展开教学，使教学富有层次，又能够与教材内容很好地结合。经过对教材的研究和处理，将教学内容归纳总结为：

1.中国特色社会主义为什么好？采用多媒体混合式教学手段开展教学，运用学习通互动功能进行讨论、总结。

2.中国为何选择社会主义道路？采用课堂分组教学、合作探究、案例教学等教学手段。

3.中国特色社会主义为什么能够取得成功？采用视频教学、图表说明、举例列举等教学手段进行教学。

通过对教学内容的整合，使教学和学习主线、思路更为清晰，同时对应三个教学内容进行了有针对性的教学设计，采用了多种教学手段，以取得良好的教学效果。

七、教学过程

（一）教学流程设计

环节一：中国特色社会主义为什么好？——社会主义始终是人类进步的"明灯"

教师活动：

1.在学习通发布课堂讨论：通过小学、初中、高中和中职阶段的学习，说一说你对社会主义优越性的认识有哪些。

2.关键字提炼。将学生回答的内容进行总结，运用大数据"词云"的功能，总结出"关键词"为"人人平等""共同富裕""社会公平""人民当家作主""消除剥削""集中力量办大事""以人民为中心"等。

3.总结：社会主义为什么好？

（1）第一次否定了弱肉强食、尔虞我诈、剥削压迫、贫富分化的资本主义制度，建立起以实现社会公正、人人平等、共同富裕为目标的社会主义制度。

（2）第一次把身份、血缘特权、财产等因素排除在政治参与权利之外，让广大劳动人民成为国家政治生活的主体，真正当家作主。

（3）第一次使社会生产和社会财富增加的目的，不是为了资本家的利润、不是为了少数食利者，而是为了满足人民群众不断增长的物质文化需要，并由全体人民共享发展成果。

（4）第一次使更多普通劳动者获得接受教育的机会和权利，享受到更多更好的医疗保障，实现了较高程度的男女平等，享有越来越广泛、越来越丰富的社会福利。

学生活动：

1.在手机端学习通参与讨论，每名同学在线上讨论题中写出自己对"社会主义优越性的认识"。

2.跟随教师一起总结关键词，加深对中国特色社会主义优越性的全面认识。

3.在理论层面认识中国特色社会主义为什么好。完成第一个知识目标：认识社会主义制度的优越性。

设计意图：学生在小学、初中、高中（中职）阶段都已经对中国特色社会主义有了一定的认识，但大多是具体化、形象化、碎片化的，没有形成系统性的、总结性的认识，没有上升到理论层面。为了提高本节课的针对性和吸引力，在学生现有的知识储备基础上，运用混合式教学模式增加学生的课堂参与感和体验感，提升学生主动学习的积极性。

1.通过学习通"讨论"的形式让学生全部参与学习，提升学生学习的主动性和积极性。

2.通过教师运用大数据总结的功能带领学生一起进行关键词的提炼，将新知识变成学生集体智慧的结晶，把学生的被动学习变为主动学习。

3.通过"关键词"的串联引导出所学的理论，使学生能够连续地、全面地、整体地对中国特色社会主义的优越性的认识形成理论飞跃。

环节二：中国为何选择社会主义道路？——中国特色社会主义是实现中华民族伟大复兴的必由之路

第一部分：中国为什么选择社会主义？

教师活动：

1.引用"习语"。引用习近平总书记2013年3月在莫斯科国际关系学院的演讲中的一句话"鞋子合不合脚，自己穿了才知道"引出问题：我们是如何找到中国特色社会主义这双"合脚的鞋子"的？

2.分组学习大比拼。将学生分为四组，各组同学讲述在小、初、高阶段的历史课和思政课中了解的在马克思主义传入中国前，中国的仁人志士们为了挽救严重的民族危机，都做过哪些努力和尝试。每个小组分配一个任务，分别是：第一小组：太平天国运动；第二小组：洋务运动；第三小组：戊戌变法；第四小组：辛亥革命。

3.对各组学生的讲述进行引导、纠错、鼓励和点评。由同学们进行投票，讲述最精彩的小组获得每名同学加4分课堂表现分的奖励，其他小组依次递减加分。

4.提问：这些旧民主主义革命时期的尝试虽然发起的阶级不同，有革命、有改革、也有改良，但是它们的相同之处是什么？

5.总结：是的，无一例外地都失败了，无论哪一种方案和哪一种主义都拯救不了当时中国严重的民族危机，就在这时，"十月革命一声炮响，为中国送来了马克思列宁主义"，先进的中国人经过反复的比较推求，他们选中了马克思主义，选中了社会主义道路。

6.概括：是谁选择了马克思主义？

7.总结：社会主义不是从天上掉下来的，而是中国共产党带领中国人民历经千辛万苦找到的实现中国梦的正确道路。

（1）从历史上看：万般路皆走不通的情况下，是社会主义救了中国。

举例：中国特色社会主义承载着几代中国共产党人的理想和探索，寄托着无数仁人志士的夙愿和期盼，凝聚着亿万人民的奋斗和牺牲，是近代中国发展必然选择。习近平总书记在建党一百周年的讲话中说："只有社会主义才能救中国，只有中国特色社会主义才能发展中国。"

（2）从现实上看：是中国特色社会主义发展了中国。

举例：一个辛丑，两个甲子，120年间，中国的国际地位发生了深刻变化。1949年新中国成立时，中国一穷二白、一片废墟，仅仅70年，我们摇身一变成为世界上第一大工业制造国、第二大经济体。

第二部分：中国特色社会主义是实现中华民族伟大复兴的必由之路

教师活动：

1.引用"习语"：中国特色社会主义是社会主义而不是其他什么主义，科学社会主义基本原则不能丢，丢了就不是社会主义。一个国家实行什么样的主义，关键要看这个主义能否解决这个国家面临的历史性课题。

2.总结：

（1）中国特色社会主义，是科学社会主义理论逻辑和中国社会发展历史逻辑的辩证统一，是根植于中国大地、反映中国人民意愿、适应中国和时代发展进步要求的科学社会主义。

（2）中国特色社会主义，既坚持了科学社会主义基本原则，又根据时代条件赋予其鲜明的中国特色。

（3）中国共产党的领导是中国特色社会主义最本质的特征，是中国特色社会主义制度的最大优势，是党和国家的根本所在、命脉所在，是全国各族人民的利益所系、命运所系。

学生活动：

1.分组进行合作学习，按照教师分配的任务完成讲述旧民主主义革命时期的努力尝试相关史实和故事，由小组代表进行讲述。

2.讲述、改正、调整。全体学生进行投票，选出表现最佳的团队。

3.理解中国选择社会主义的必然性。

4.在教师的引导下分析习近平总书记重要讲话中包含了哪几层意思。

设计意图：

1.以课堂讲故事的形式，通过学生参与式的案例教学梳理"中国为何选择社会主义"这一理论难题。分组完成教师布置的任务，利用小、初、高所学习的历史、政治知识来探寻旧民主主义革命的失败，突出以学生为主体的教学理念，使课堂参与度更高，学生的学习兴趣更为浓厚。

2.从理论上以"历史"和"现实"强有力地证明中国选择社会主义的必然性，坚定学生对社会主义是完成中华民族伟大复兴中国梦的必由之路的信念和信心。

3.引用习近平总书记的系列讲话，言简意赅地让学生明白一个国家要选择适合自己的发展道路，而且这条发展道路是否行得通、走得远，这个国家的人民最有发言权，体现了人民至上的理念。

环节三：中国特色社会主义为什么能够取得成功？——中国共产党的领导是中国特色社会主义的最大优势

教师活动：

1.引导学生思考：为什么说当今世界，要说哪个政党、哪个国家、哪个民族能够自信的话，那中国共产党、中华人民共和国、中华民族是最有理由自信的。

2.播放历年世界各国GDP增长变化情况与中国GDP数据对比视频。

3.总结：中国经济实力大幅提升。

4.展示图表：从新中国成立到1980年，再到2020年，我国人民生活水平的变化图。

指标／年度	新中国成立初期	1980 年	2020 年
贫困发生率	人民生活处于赤贫	96.2%	现行标准下农村贫困人口全部脱贫
人均可支配收入	98 元（1956 年）	171 元（1978 年）	32189 元
预期寿命	35 岁	67.8 岁	77.3 岁（2019 年）
婴儿死亡率	200%	48%	5.4%
学龄儿童入学率	20%	95.5%（1978 年）	99.96%
15 岁及以上人口平均受教育年限	80% 以上人口是文盲	5.3 年	9.91 年
高等教育毛入学率	0.22%	2.22%	54.40%

5.举例：新中国成立以来，在世界外交上的贡献和影响力。

6.总结：中国特色社会主义取得的伟大成就，是党领导中国人民取得的伟大胜利，当今中国只有中国共产党，才能领导中国人民坚持和发展中国特色社会主义，才能担当起带领中国人民创造幸福生活、实现中华民族伟大复兴的历史使命。中国共产党的领导是中国特色社会主义最本质的特征，是中国特色社会主义制度的最大优势，是党和国家的根本所在、命运所在。

学生活动：

1.根据所学和教材内容思考问题。

2.观看视频并回答视频所反映的内容。"小红线向上攀"，直观展现社会主义中国经济发展速度与成就。

3.总结：人民生活水平大幅提升。

4.总结：国际地位和国际影响力显著提升。

设计意图：本部分教学内容理论性较强，教师使用案例教学、视频教学、图表展示等手段，不但能够有效地吸引学生的注意力，还能够起到层层递进，使理论教学难度呈螺旋式上升。通过教师与学生的互动，让学生更好地认识理论、学习理论、相信理论的力量，在了解中国特色社会主义事业取得的一系列成就的同时，在心里认同党的领导，树立坚定不移地听党话、跟党走的信心和决心。

（二）课堂小结

课堂讨论式小结：为什么说社会主义不会辜负中国、社会主义没有辜负中国？

1.中国特色社会主义的繁荣和发展打破了对资本主义制度的迷信，给世界上那些既希望加快发展又希望保持自身独立性的国家和民族提供了全新选择，展示了科学社会主义的强大生命力。

2.中国特色社会主义承载着几代中国共产党人的理想和探索，寄托着无数仁人志士的夙愿和期盼，凝聚着亿万人民的奋斗和牺牲，是近代以来中国社会发展的必然选择。

3.要把共产主义远大理想同中国特色社会主义共同理想统一起来，不断增强对中国特色社会主义的坚定信念。

（三）板书设计

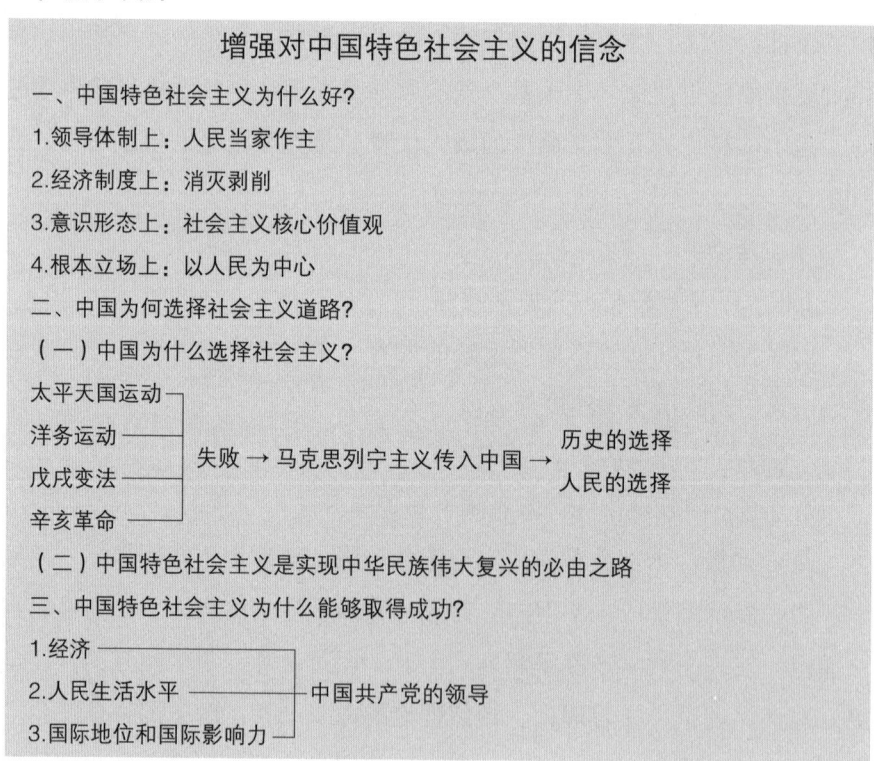

增强对中国特色社会主义的信念

一、中国特色社会主义为什么好？

1.领导体制上：人民当家作主

2.经济制度上：消灭剥削

3.意识形态上：社会主义核心价值观

4.根本立场上：以人民为中心

二、中国为何选择社会主义道路？

（一）中国为什么选择社会主义？

太平天国运动
洋务运动
戊戌变法
辛亥革命　　失败 → 马克思列宁主义传入中国 → 历史的选择　人民的选择

（二）中国特色社会主义是实现中华民族伟大复兴的必由之路

三、中国特色社会主义为什么能够取得成功？

1.经济
2.人民生活水平
3.国际地位和国际影响力　——中国共产党的领导

（四）作业设计

用学习通平台布置线上作业，完成本课阅读任务点和章节测试题。

（五）参考资料

1.中华人民共和国教育部：《义务教育道德与法治课程标准（2022年版）》，北京师范大学出版社，2022年。

2.中共中央宣传部：《习近平新时代中国特色社会主义思想三十讲》，学习出版社，2018年。

3.张维为：《中国特色社会主义》，上海人民出版社，2020年。

方向决定道路，道路决定命运

铁岭师范高等专科学校　战　英

一、课程基本信息

主讲课程：习近平新时代中国特色社会主义思想概论

使用教材版本：高等教育出版社2023年版

教材章节出处：《习近平新时代中国特色社会主义思想概论》第一章第一节《方向决定道路，道路决定命运》

二、教学设计概述

（一）教学设计思路

1.本教学内容主要以围绕中国特色社会主义的问题为主线，坚持问题链式教学法引导学生逐步认识到为什么只有社会主义才能救中国、才能发展中国，坚持中国特色社会主义才能实现中华民族伟大复兴。运用历史影像和历史图片，通过历史讲授法，追溯历史，从历史渊源和现实基础方面回答中国的社会主义是历史和人民的选择，从而搞清楚为什么我们要坚持走这条道路。

2.第二部分的学习采用一道判断题进行导入，即"国内外舆论对中国特色社会主义的制度说成是资本社会主义、国家资本主义"。启发学生对中国特色社会主义的性质进行深入思考。引用习近平总书记对中国特色社会主义的阐述，即"中国特色社会主义，既坚持了科学社会主义原则，又根据时代条件赋予中国特色"。通过理论讲授法讲授中国特色社会主义为什么坚持了科学社会主义基本原则。采用引用法引用恩格斯说过的"马克思的整个世界观不是教义，而是方法"，讲授中国特色社会主义为什么写出了科学社会主义新版本。

3.通过理论讲授法总结改革开放取得的成绩源于开辟了中国特色社会主义道路，形成了中国特色社会主义理论体系，建立了中国特色社会主义制度，发展了社会主义文化。通过问题导向法导入问题——"道路、理论、制度、文化有什么关系？"通过对四者关系的分析，引导学生理解新时代坚持和发展中国特色社会主义，就必须要坚定道路自信、理论自信、制度自信、文化自信。通过理论讲授法、视频播放《这就是中国》，分别展示为什么要坚定"道路自信""制度自信""理论自信""文化自信"，最后总体把握"四个自信"的来源，通过引用习近平总书记的讲话总结走中国特色社会主义道路，必将实现中华民族伟大复兴。

（二）设计特色

1.运用多媒体教学，以问题导向法为主线，辅以案例分析法、理论讲授法、名言引用法、视频图像展示等多种教学手段，将知识点融会贯通，引导学生深入思考和学习。

2.利用数字资源如学习通平台进行班级讨论、抢答问题等活动。

三、学情分析

（一）思想特点

教学对象为大一理工科类的高职类学生，这类学生思想活跃，性格积极开朗，男生居多，但好动、爱玩，对理论讲授缺乏耐心和兴趣。

（二）知识储备

理工科背景的学生文史哲的知识基础薄弱，对中国的"四史"理论知识掌握模糊，因此对中国的道路和制度等辨别力不足。

（三）能力水平

授课对象为大一理工科类学生，他们已经具备良好的自主学习能力、逻辑思维能力、语言理解能力，但对于抽象的理论理解有些许难度，更喜欢形象生动、直观贴近现实的教学手段加以辅助。

（四）本课所学内容的情况

对中国走社会主义道路有比较清晰的认识，但不全面，对新时代中国特色社会主义的自信心方面大多停留在情感层面，难以从政治理论和历史维度、现实基础的高度加以审视。

四、教学目标

（一）情感目标

1.培养学生热爱中国共产党、热爱国家、热爱社会主义的深厚情感，增强对中国社会主义在改革前和改革后的情感认同和理论认同，增强民族自豪感。

2.培养学生的社会责任感和使命感，引导学生加深对中国特色社会主义道路的认同感，增强学生"四个自信"，提高对国外舆论的错误解读、故意抹黑的辨别力，坚定社会主义理想信念，为实现中华民族伟大复兴贡献力量。

（二）知识目标

1.了解中国近代的屈辱历史以及社会主义道路之前中国仁人志士进行的各种道路上的失败探索。

2.辨别党领导人民进行社会主义建设的两个历史时期的既联系又区别的关系。

3.掌握中国特色社会主义发展的深厚历史渊源和现实基础。

4.理解把握中国特色社会主义中的"特色"的内涵，既坚持了科学社会主义基本原则，同时写出了科学社会主义的"新版本"。

5.把握"四个自信"中的"道路、理论、制度、文化"各自发挥作用，统一于中国特色社会主义伟大实践中。了解坚定"四个自信"的深层原因——植根于百年来的实践探索、人民参与认同、马克思主义理论的指导。

（三）能力目标

1.培养学生分析问题和解决问题的能力，提高辨别是非的能力，能够运用马克思主义立场、观点和方法分析中国特色社会主义面临的新形势和新挑战。

2.培养学生的创新思维和创业能力，提高学生的沟通和团队协作能力。

五、教学重点难点

（一）教学重点

1.从历史渊源和现实基础讲清楚中国特色社会主义是历史和人民的选择。

2.中国特色社会主义的性质是社会主义而不是其他什么主义。

3.中国特色社会主义是科学社会主义的原因是体现了科学社会主义的基本原则，科学社会主义的原则丢了，就不能成为社会主义。

4."四个自信"中的"道路、理论、制度、文化"各自发挥作用，统一于中国特色社会主义伟大实践中。

5."四个自信"的实践基础和人民参与认同铸就了扎实根基。

（二）教学难点

1.正确评价我国进行社会主义建设的两段历史，改革开放前和改革开放后，这两个历史时期之间的联系和区别。

2.中国特色社会主义是科学社会主义，是因为坚持了科学社会主义的原则。

3.中国特色社会主义写出了科学社会主义"新版本"，重点讲解为什么是"新版本"。

六、教学设计总休思路

本教学内容的体系完整、逻辑脉络清晰，针对教学对象为高职大一学生，主要运用问题链式教学法引导学生循序渐进进行自我探索和深度思考，体现以学生为中心的教学理念，围绕中国特色社会主义来源、性质以及根基为中心，以"为什么只有社会主义才能救中国""中国特色社会主义是不是社会主义""改革开放以来我们取得的成绩的根本原因是什么""新时代坚持和发展中国特色社会主义为什么坚定'四个自信'"等若干个导向问题将教学中的基本内容串联起来，辅以案例分析法、情境教学法、理论讲授法、任务驱动法等多种教学方法。通过"课前预习、导入新课、引入任务；探究展示，思辨体验；讲授内容，知识拓展；归纳总结，深化认识；作业布置，训练能力"的教学思路与环节组织教学，实现教学目标。

教学中利用学习通教学平台组织学生进行课前预习、讨论问题、作业布置等教学环节。

七、教学过程

（一）教学流程设计

环节一：课前准备

教师活动：在教学平台上传《辉煌中国》的纪录片，向学生展示党的十八大以来，我国在经济、文化等方面取得的巨大成就。

学生活动：在学习通平台观看视频，完成教师留下的课前任务。

设计意图：通过纪录片的直观感受，了解我国十几年来取得的重大成就，增强学生对中国特色社会主义的信心和认同。

环节二：课堂实施

教学内容：一、中国特色社会主义是历史和人民的选择

教师活动：播放《建党大业》的电影片段。提出问题：如何理解习近平总书记所提到的"一个国家实行什么样的主义，关键要看这个主义能否解决这个国家面临的历史性课题。历史和现实都告诉我们，只有社会主义才能救中国，只有中国特色社会主义才能发展中国，这是历史的结论、人民的选择"？

学生活动：观看电影片段后，进行小组讨论，以小组的方式在学习通教学平台讨论2分钟。小组发言人将讨论结果公布。

设计意图：在观看《建党大业》的电影片段后，引导学生回忆百年前的中国近代以来成为半殖民地半封建社会以后的乱世局面，中国共产党成立的历史背景，让学生探究中国共产党成立、社会主义道路是具有历史必

然性的，绝非偶然。

教师活动：

1.案例讲解：总结学生的讨论答案后，讲解中国的社会主义道路是历史和人民的选择，具有深厚的历史渊源和现实基础。首先是历史渊源，举例中国古代的辉煌鼎盛以及清朝闭关锁国，到1840年鸦片战争中国沦为半殖民地半封建国家，无数仁人志士苦苦寻找中国的出路，太平天国运动、义和团运动、戊戌变法、辛亥革命等，都以失败告终。十月革命的胜利，为中国带来了马克思主义，科学社会主义的主张受到中国人民的热烈欢迎，它回答了近代以来中华民族面临的历史课题，中国人民和中华民族实现了伟大觉醒，中国共产党应运而生，担负起民族复兴的历史大任。其次是现实基础。理论讲授社会主义的发展历程，新民主主义革命胜利后，建立了中华人民共和国，确立了社会主义制度，对适合中国国情的社会主义道路进行了初步探索，实现了中华民族有史以来最为广泛而深刻的社会变革，确立了中国特色社会主义制度，开创了中国特色社会主义新时代。

2.播放视频：从1978年到2017年，改革开放40年间，全球GDP的排名变化，证明中国特色社会主义道路让中国实现了从富起来到强起来的伟大飞跃。

3.案例讲解：通过列举奥运会、抗疫等案例，证明中国特色社会主义制度集中力量办大事的优势。

4.难点突破：理论讲授我国的社会主义建设，分为改革开放前和改革开放后的两个历史时期，这是两个相互联系又有重大区别的时期，本质上都是对社会主义建设的实践探索。

5.小结：中国特色社会主义是在改革开放40多年的伟大实践中得来的，是在新中国成立70多年的持续探索中得来的……是历史的结论、人民的选择。

学生活动：聆听教师的讲授。观看中国在世界中的GDP排名变化，感受改革开放以来中国的发展速度。

设计意图：

1.通过历史案例进一步深入解读，学生体会到历史人民选择了社会主义，增强学生对社会主义的认同。

2.通过视频，为学生呈现出中国特色社会主义道路取得的显著成绩，通过教师对奥运会、抗疫等案例的讲解，让学生体会到中国特色社会主义制度的优越性，提升对于中国特色社会主义道路的自豪感和自信心。

教学内容：二、中国特色社会主义是社会主义而不是其他什么主义

教师活动：

1.提出问题：近些年，国内外有些舆论提出中国特色社会主义是国家资本主义，已经不是社会主义，如何看待这些声音？请你们谈谈中国特色社会主义还是不是社会主义。

2.总结问题：在学习通平台公布学生的答案，对学生的积极回答给予积极的点评。

3.问题讲解：

（1）引用习近平总书记的讲话："中国特色社会主义，既坚持了科学社会主义基本原则，又根据时代条件赋予其鲜明的中国特色。"

（2）中国特色社会主义坚持了科学社会主义基本原则。中国特色社会主义之所以是社会主义，而不是其他什么主义，就是因为我们始终坚持科学社会主义基本原则，包括中国根本政治制度、基本政治制度、社会主义法律体系，坚持公有制为主体、按劳分配为主体，等等，如果这些丢掉了，就不是社会主义。

（3）中国特色社会主义写出了科学社会主义"新版本"。当代中国的伟大社会变革，不是简单延续我国历史文化的母版，不是简单套用马克思主义经典作家设想的模板，不是其他国家社会主义实践的再版，只有把科学社会主义基本原则同我国具体实际、历史文化传统、时代要求紧密结合起来，才能更好地坚持和发展中国特色社会主义。

学生活动：思考讨论。

1.利用学习通平台发布抢答，让同学回答"是"还是"不是"。

2.在课堂中鼓励学生举手表达各自观点。

3.聆听授课内容。

设计意图：通过在学习通平台发布的活动，教师对学生认识中国特色社会主义的程度有了大概的了解把握，以便随时调整课堂节奏。由于大学生是互联网的重度用户，容易接触网络上各种不实的言论，通过这部分学习，可以帮助学生廓清对中国特色社会主义思想认识的迷雾，坚定理想信念，成为中国特色社会主义事业可靠的接班人和建设者。

教学内容：三、坚定道路自信、理论自信、制度自信、文化自信

教师活动：

1.提出问题：在学习通教学平台发放一道填空题："改革开放以来，我们取得的成绩和发展，根本原因是开辟了（　　　）道路，形成了（　　　）理论体系，确立了（　　　）制度，发展了（　　　）文化。"

2.理论讲解：道路、理论、制度、文化如同一辆飞驰的汽车，缺一不可，四者统一于中国特色社会主义伟大实践。

3.再次提出问题：学习通发放抢答题："新时代坚持和发展中国特色社会主义，必须坚持（　　　）自信、（　　　）自信、（　　　）自信、（　　　）自信。"

4.理论讲授：

（1）讲授道路自信是因为中国特色社会主义道路让我国实现了社会主义现代化，让人民的生活越来越幸福，是实现中华民族伟大复兴的必由之路。

（2）讲授理论自信是因为马克思主义中国化时代化理论成果成功解决了中国的出路问题和发展问题，是科学的真理。

（3）播放视频访谈节目《这就是中国》的部分片段，对比西方和中国制度、文化上的差异，凸显中国的制度、文化优势，向学生展示一个更加真实立体的中国。讲授制度自信是因为中国共产党的坚强领导，这是中国特色社会主义最本质的特征。中国特色社会主义制度符合我国国情，体现了中国特色社会主义的特点和优势，具有显著优越性和强大生命力。

（4）文化自信，列举影片《长安三万里》以及2024年央视春晚《山

河诗长安》等传统文化元素，说明中华民族5000多年文明历史孕育的中华传统文化，是中国特色社会主义的文化根脉和突出优势。

（5）"四个自信"来源于实践，即党和人民100多年的奋斗、创造、积累的根本成就；来源于人民，即依靠人民的实践探索和智慧结晶；来源于真理，即马克思主义三大科学理论。

学生活动：

1.依据教材内容，在学习通平台作答，答对者加分计入课程积分，提高参与积极性。

2.观看视频。

3.聆听教师的理论讲解和案例解读。

设计意图：运用视频里的权威访谈节目对中国制度优势的解读，让学生听到了除了教师以外更为权威的讲解，这对中国制度的优越性的认识有了全面而深入的提高，结合教师通过历史案例分析，让学生对中华文化产生自豪感和自信心，从而学生心中油然而生对中国的道路、理论、制度和文化产生坚定的自信心。

环节三：课堂总结

教师活动：

1.中国特色社会主义是历史和人民的选择，历史和实践充分证明，只有社会主义才能救中国，只有社会主义才能发展，只有坚持和发展中国特色社会主义才能实现中华民族伟大复兴。

2.中国特色社会主义是科学社会主义理论逻辑和中国社会发展历史逻辑的辩证统一。

3.新时代坚持和发展中国特色社会主义，必须坚持道路自信、理论自信、制度自信、文化自信。

学生活动：与教师一同总结学习内容重点。

（二）课堂小结

中国特色社会主义是历史和人民的选择，历史和实践充分证明，只有社会主义才能救中国，只有社会主义才能发展中国，只有坚持和发展中国特色社会主义才能实现中华民族伟大复兴。中国特色社会主义既坚持了科学社会主义基本原则，又根据时代条件赋予了其鲜明的中国特色，是科学社会主义理论逻辑和中国社会发展历史逻辑的辩证统一。新时代坚持和发展中国特色社会主义，必须坚定道路自信、理论自信、制度自信、文化自信。

（三）板书设计

> **第一节 方向决定道路，道路决定命运**
>
> 一、中国特色社会主义是历史和人民的选择
> （一）历史渊源
> （二）实践基础
> 二、中国特色社会主义是社会主义而不是其他什么主义
> （一）坚持了科学社会主义基本原则
> （二）写出了科学社会主义新版本
> 三、坚定道路自信、理论自信、制度自信、文化自信
> （一）四个方面的相互联系，统一于中国特色社会主义的伟大实践
> （二）增强为什么要"四个自信"？

（四）作业设计

1.作业内容：在学习通平台完成辨析"中国特色社会主义不是科学社会主义"，判断对错，并运用所学的理论进行分析。

设计意图：考查学生能否运用所学的理论辨别分析对中国特色社会主义的种种错误解读和歪曲事实。

2.作业内容：在学习通平台通过主题讨论列举出你心目中最能体现中华优秀传统文化元素、展示中华文化魅力的文艺作品，并陈述其理由。

设计意图：通过查找搜寻文艺作品，促进对中华优秀传统文化的吸收、鉴赏，从而增强学生的文化自信。

（五）参考资料

1.中共中央文献研究室：《习近平关于实现中华民族伟大复兴的中国梦论述摘编》，中央文献出版社，2013年。

2.《习近平著作选读》第一卷，人民出版社，2023年。

3.习近平：《论党的宣传思想工作》，中央文献出版社，2020年。

4.习近平：《习近平谈治国理政》第二卷，外文出版社，2017年。

八、教学总结与反思

（一）教学总结

本节知识内容理论性强、内容较抽象，因此我运用问题导向法循循善诱，引导学生进入知识点的深入学习探索，结合案例教学法辅以珍贵的历史视频和照片的播放展示，将晦涩的理论知识具有逻辑性地串联起来，不仅体现以学生为中心的教学理念，也增强了学生的积极参与性，提高了学生的探索思考能力。在教学环节中，我能够利用线上教学资源，实现线上与线下混合式教学模式，增强了课堂教学信息化程度，也极大提高了学生的学习热情。

（二）教学反思

在教学中，由于本人知识水平有限，对课堂氛围的把握和教学节奏的掌控还需要不断提高和完善。教学中的难点突破所进行的思路设计和理论讲授方面深度和广度方面明显不足，一些重要观点和理论没能深入讲解。为了解决以上的问题，可以增加安排学生进行课前预习、查阅资料，便于学生在预习的基础上更准确地把握吸收教学内容。

"中国之治"的制度优势

—— 传时代之风　筑强国之梦

辽宁建筑职业学院　张静竹

一、课程基本信息

主讲课程：习近平新时代中国特色社会主义思想概论

使用教材版本：高等教育出版社2023年版

教材章节出处：《习近平新时代中国特色社会主义思想概论》第一章《新时代坚持和发展中国特色社会主义》

二、教学设计概述

（一）教学设计思路

本章的内容主要围绕"'中国之治'的制度优势"这一主线，重点突出中国特色社会主义制度的特色和优势。结构上，总述中国要走向中华民族伟大复兴，要全面建成社会主义现代化强国，我们需要中国特色社会主义制度。强调中国共产党是领导主体，人民当家作主的社会主义体制，让制度主体充分发挥，让制度增长，是符合制度建设规律的。重点分述中国特色社会主义制度的特色（历史特色、实践特色、文化特色）以及制度具有的13个显著优势。

（二）理论依据

在中国共产党领导中国特色社会主义事业不断发展的进程中，中国特色社会主义制度作为一整套制度体系，由根本层面的制度、基本层面的制度、具体层面的制度以及中国特色社会主义法律体系组成。不同层面的制度具有不同的地位和作用，共同构成一整套相互衔接、相互联系的制度体系。中国特色社会主义制度，是当代中国发展进步的根本制度保障，是具有鲜明中国特色、明显制度优势、强大自我完善能力的先进制度。

习近平总书记在中国共产党第二十次全国代表大会上讲话强调，"我们创立了新时代中国特色社会主义思想，明确坚持和发展中国特色社会主义的基本方略，提出一系列治国理政新理念新思想新战略，实现了马克思主义中国化时代化新的飞跃"。

（三）设计特色

1.教材：《习近平新时代中国特色社会主义思想概论（2023年版）》。

2.信息化资源：学习通、腾讯会议、学习强国等。

（1）教学平台选用学校已签约的超星学习通平台，其"智慧马院"资料较完备，签到、作业、测验、讨论、词云等功能模块适用本课程。

（2）利用学校已建成的辽宁省高校"三全育人"开放基地——"VR+思想政治理论课虚拟仿真实训基地"，通过"腾讯会议"定期开展移动课堂，依托仿真红色资源进行实践直播课。

（3）推荐学生主动利用发达的网络资源，如"学习强国"APP、相关微信公众平台等。

（4）从肃穆教室走入田间地头，带领学生们到柳壕镇往户林村，与我校驻村书记联合为学生们共上一堂别开生面的思想政治课，引导学生走入乡村，通过实践参观，了解乡村振兴的巨大变化，体验乡土民情，深入感受我国的制度优势。

（5）通过大国工匠方文墨老师的授课视频，使学生们直观清晰地了解专业领域的卓越人物及其工匠精神，结合本专业思考，在中国制度的视阈下，未来应如何践行，为实现中华民族伟大复兴而不懈奋斗。

三、学情分析

（一）思想特点

坚定对马克思主义、共产主义的信仰，增强对中国特色社会主义的信念和实现中华民族伟大复兴的信心。

（二）知识储备

学生已基本具备适应性学习的能力，掌握了一定的学习规划、时间管理和独立生活的技能。高职录取最低分数线多年来一直在200—300分，高职学生基础差是很普遍的，对于政治历史的基础性掌握不足，学习意识不强。

（三）能力水平

掌握"学"理论到"做"实践的课堂实践，乐于在分组讨论环节中进行交流，但知识体系未建立。

共性——大学入学适应阶段；理论思维薄弱，沉浸于碎片化学习；学习动机不强，主动性不高；厌烦理论灌输和"一言堂"；网络原住民，信息素养高。

个性——学生专业背景多样；前阶段教育经历不同，基础有差异（普高生源：52.3%；中职生源：47.6%）；个性特征和行为倾向不同。

（四）对本课所学内容了解情况

对习近平新时代中国特色社会主义思想有了初步的认知，但对于中国特色社会主义制度体系，其根本层面的制度、基本层面的制度、具体层面的制度的掌握还比较欠缺，有待完善提高。

四、教学目标

本课程基本内容是系统论述习近平新时代中国特色社会主义思想的科学理论体系，通过对坚持和发展中国特色社会主义的总任务的系统学习、全面掌握和有效运用这一马克思主义中国化最新理论成果，确立新时代中国特色社会主义的共同理想和信念。具体目标可分为三类：知识目标、能力目标、情感目标。

（一）知识目标

系统学习习近平新时代中国特色社会主义思想概论，全面领会马克思主义中国化新飞跃的科学含义、形成发展过程、科学体系、历史地位、指导意义、基本观点及新时代中国特色社会主义现代化建设的路线、方针、政策，准确把握马克思主义中国化的最新理论成果。

（二）能力目标

贯彻落实和领会运用习近平新时代中国特色社会主义思想的科学性、准确性和系统性，提高运用辩证唯物主义和历史唯物主义的观点和方法认识问题、分析问题、解决问题的能力，培养战略思维、创新思维、辩证思维、法治思维、底线思维、历史思维等能力，以更好地把握新时代中国特色社会主义建设所面临的世情、国情、党情的新形势，更加全面地认识新时代中国特色社会主义建设所面临的中国社会状况和自己所肩负的历史重任。

（三）情感目标

通过习近平新时代中国特色社会主义思想概论的学习，树立正确的世界观、人生观和价值观，不断蓄积人文底蕴、科学精神、职业素养、社会责任感和积极的人生态度，积极践行社会主义核心价值观，培育成长为实现中华民族伟大复兴的合格建设者和新时代中国特色社会主义伟大事业合格的接班人。

五、教学重点难点

（一）教学重点

1.为什么说实现中华民族伟大复兴进入了不可逆转的历史进程——中华民族迎来了从站起来、富起来到强起来的伟大飞跃。中华民族近代以来最伟大的梦想；实现中华民族伟大复兴是党百年奋斗的主题；中华民族伟大复兴展现出前所未有的光明前景；实现中华民族伟大复兴的艰巨性、复杂性和长期性。

2.如何理解中国特色社会主义是实现中华民族伟大复兴的必由之路——中国特色社会主义道路走得对、走得通、走得稳、走得好。党和人民长期奋斗取得的根本成就；中国特色社会主义是社会主义而不是其他什么主义；新时代坚持和发展中国特色社会主义要一以贯之；坚定中国特色社会主义"四个自信"。

（二）教学难点

如何建设社会主义现代化强国——以中国式现代化全面推进中华民族伟大复兴。全面建成小康社会；全面建设社会主义现代化国家；推进和拓展中国式现代化。

六、教学设计总体思路

掌握为什么说实现中华民族伟大复兴进入了不可逆转的历史进程、如何理解中国特色社会主义是实现中华民族伟大复兴的必由之路、如何建设社会主义现代化强国。通过中国之治的历史特色、实践特色、文化特色以及13个显著优势，深入理解中国特色社会主义制度。

观看大国工匠方文墨的教学实例以及实地参观柳壕镇往户林村，通过实践教学，进一步使学生理解我国的制度优势，以及思考自己未来的发展走向，能够结合国家发展，更加明确自己的奋斗目标。

围绕教学目标搭建课前（导——做什么）、课中（学——怎么学）、课后（做——学效果），以模块为框架建立教学资料线上平台，以教学目标设计实施进程，明确每次课的教学目标和重难点和学习方法，方便学生对宏观知识体系的构建。

七、教学过程

（一）教学流程设计

环节一：导课

教师活动：回顾课前资料《时政微纪录：习近平的二十大时间》：历经百年奋斗的中国共产党，矢志复兴伟业的中华民族，再次迎来举世瞩目的历史性时刻，"这是一次高举旗帜、凝聚力量、团结奋进的大会"，"我们完全有信心有能力在新时代新征程创造令世人刮目相看的新的更大奇迹"。

学生活动：思考是否认真学习了党的第二十次代表大会的会议精神，是否了解坚持走中国特色社会主义制度的特色和优势。带上这些问题，一同走进本课教学重点："中国之治"的制度优势。

设计意图：以党的第二十次全国代表大会创设情境，以问题链导入教学内容，引导学生思考突出教学要点，符合学生兴趣点。

环节二：中国特色社会主义制度的特色

教师活动：治大国若烹小鲜，老子的这句话大家耳熟能详。根据场景描绘，思考以下两个问题：

1.治理国家和烹饪美味有什么相似共通的地方吗？

2.我们为什么能在过去40多年来创造出经济发展一枝独秀的中国奇迹呢？我们为什么能创造这么好的中国之治？

学生活动：通过对问题的思考，进一步了解新时代中国特色社会主义思想，弘扬伟大建党精神，自信自强、守正创新，踔厉奋发、勇毅前行，为全面建设社会主义现代化国家、全面推进中华民族伟大复兴而团结奋斗。

教师活动：总结：

1.历史特色：一个国家的制度，它必须在这个国家历史文化的土壤中，在历史实践发展的过程中生长起来。中国制度以马克思主义为指导，用中国化的马克思主义来指导中国社会的发展。

2.实践特色：我们对社会主义基本经济制度进行了扩容，坚持公有制为主体，多种经济成分并存。坚持按劳分配为主体，多种要素参与分配，坚持社会主义市场经济体制。

3.文化特色：爱国主义的情怀，中华民族共同体的意识，它是根深蒂固的，我们有着悠久的以和为贵、兼济天下、天下一家的情怀，所以今天的中国共产党人提出了人类命运共同体。

学生活动：

1.小组讨论，根据不同历史阶段，讲述历史大事件，回顾我国发展历程。

2.对社会主义基本经济制度展开探讨。情景演绎"南方谈话"。

3.讨论对"人类命运共同体"的认识。

设计意图：引导学生理解，只有中国共产党才能救中国，只有中国特色社会主义才能发展中国，只有中国共产党带领广大人民才能实现中华民族伟大复兴的中国梦。我们高举中国特色社会主义伟大旗帜，坚定中国特色社会主义道路自信、理论自信、制度自信、文化自信。

环节三：中国特色社会主义制度的优势

教师活动：播放视频《13项显著优势》，引导学生思考问题：13项显著优势都有哪些？在实际生活当中是如何体现的？

学生活动：分组探讨，列举具体事例。在实践生活中感受显著优势的具体体现。

设计意图：通过对各个制度结合实际的思考，引导学生理解不同内容的制度构成了我们今天中国的国家治理的治理体系和国家制度体系。

环节四：集中力量办大事

教师活动：带领学生们进入思政课VR虚拟仿真实训基地，通过VR科技赋能，使学生可以体验历史，身历其境地体验革命之不易，更好地感受今日中国制度所带来的深刻变革。请同学们思考：制度是干什么用的？若是干事的，那么怎么干事情？

学生活动：请利用学校已建成的辽宁省高校"三全育人"开放基地——"VR+思想政治理论课虚拟仿真实训基地"，依托仿真红色资源进行VR实践体验，使学生"穿越"回到历史之中，感受革命先辈的艰难困苦，进而加深对"中国之治"制度优势的深刻理解与感悟。

设计意图：将中国制度与爱国主义教育结合起来，能够让学生在理解爱国主义、制度自信的同时，提升民族自豪感和自信心，增强爱国情。

环节五：大国工匠方文墨实例教学

教师活动：通过播放大国工匠方文墨实例教学视频，引导学生结合自身专业，体会工匠精神，以中国之治的制度优势为基础，深刻思考如何定位自己的目标，为中华民族伟大复兴而努力奋斗。

学生活动：观看大国工匠方文墨实例教学视频。

设计意图：以大国工匠为榜样，了解方文墨创造的"0.003毫米加工公差"被称为"文墨精度"。引导学生明白实现梦想是一个大目标，它不仅需要长时间的努力和拼搏，还需要每时每刻抱定这个目标，不放过每个看似平常的机遇，让创新成为攻坚的引擎，让创造助推克难的行动。

环节六：参观柳壕镇往户林村

教师活动：带领学生参观走访驻村书记所在的柳壕镇往户林村，通过书记对自己相关经历的讲解，如修路、防疫以及亮化工程等工作，引导学生深刻感受乡村的变化，引导学生思考未来可以通过自己的努力，为家乡作出哪些贡献。参观走访柳壕镇往户林村，与村书记交流探讨。

设计意图：通过理论与实践的结合，可以引导学生在理解中国特色社会主义制度的基础之上，感受身边生活的改变，更进一步思考未来的奋斗目标和能够贡献的力量。

（二）课堂小结

通过对坚持和发展中国特色社会主义的总任务的学习，能够较好地把习近平新时代中国特色社会主义思想运用到实际；善于运用辩证唯物主义和历史唯物主义的观点和方法认识问题、分析问题、解决问题；具备战略思维、创新思维、辩证思维、法治思维、底线思维、历史思维；能够很好把握新时代中国特色社会主义建设面临世情、国情、党情新形势和自己所肩负的历史重任。

（三）板书设计

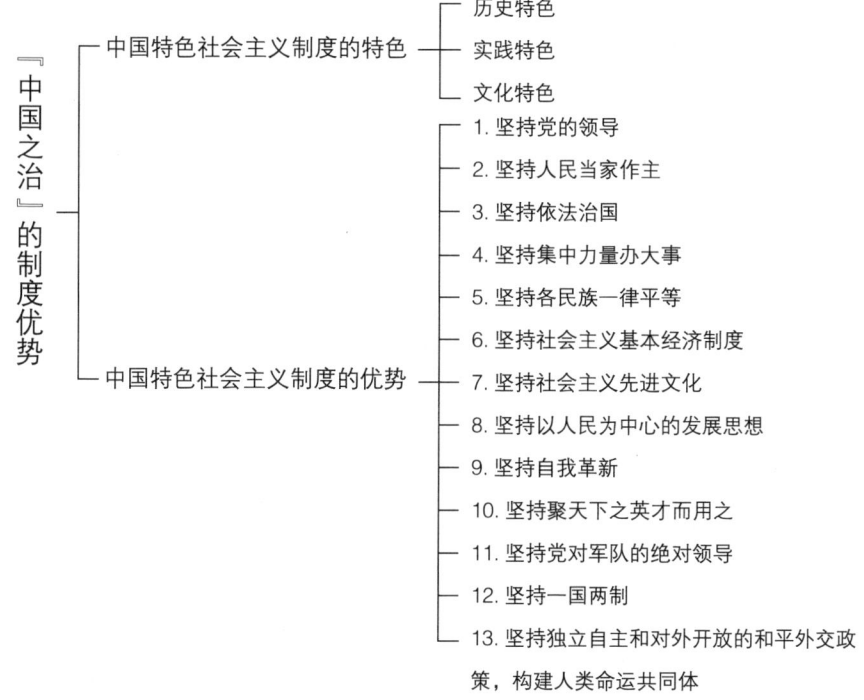

『中国之治』的制度优势

中国特色社会主义制度的特色
- 历史特色
- 实践特色
- 文化特色

中国特色社会主义制度的优势
- 1. 坚持党的领导
- 2. 坚持人民当家作主
- 3. 坚持依法治国
- 4. 坚持集中力量办大事
- 5. 坚持各民族一律平等
- 6. 坚持社会主义基本经济制度
- 7. 坚持社会主义先进文化
- 8. 坚持以人民为中心的发展思想
- 9. 坚持自我革新
- 10. 坚持聚天下之英才而用之
- 11. 坚持党对军队的绝对领导
- 12. 坚持一国两制
- 13. 坚持独立自主和对外开放的和平外交政策，构建人类命运共同体

（四）作业设计

鼓励学生从自身实际出发，身体力行落到实处，布置"作业设计"：你所理解中国特色社会主义是怎么样的？

（五）参考资料

1.习近平：《习近平谈治国理政》第一卷，外文出版社，2018年。

2.习近平：《习近平谈治国理政》第二卷，外文出版社，2017年。

3.习近平：《习近平谈治国理政》第三卷，外文出版社，2020年。

4.习近平：《习近平谈治国理政》第四卷，外文出版社，2022年。

5.习近平：《论中国共产党历史》，中央文献出版社，2021年。

6.习近平：《论坚持推动构建人类命运共同体》，中央文献出版社，2018年。

7.习近平：《在庆祝中国共产党成立100周年大会上的讲话》，人民出版社，2021年。

8.中共中央宣传部、中央全面依法治国委员会办公室：《习近平法治思想学习纲要》，人民出版社，2021年。

9.中共中央文献研究室：《习近平关于实现中华民族伟大复兴的中国梦论述摘编》，中央文献出版社，2013年。

10.中共中央宣传部：《习近平新时代中国特色社会主义思想学习纲要》，人民出版社，2019年。

11.中共中央宣传部：《习近平新时代中国特色社会主义思想学习问答》，人民出版社，2021年。

12.《中共中央关于党的百年奋斗重大成就和历史经验的决议》，人民出版社，2021年。

13.习近平：《关于坚持和发展中国特色社会主义的几个问题》，《求是》2019年第7期。

14.习近平：《正确认识和把握我国发展重大理论和实践问题》，《求是》2022年第10期。

八、教学总结与反思

（一）认真钻研教材，科学设计教学流程

首先要用先进的理论来武装自己的头脑，提高教学方式方法的能力；其次是确定每课的教学目标，设计教学方法，有针对性地调动学生的学习积极性；再次是应当广泛查阅有关资料，把课备细、备透、备实；最后是应当综合运用多种形式适时导入新课，贴近生活实际，使学生能够全身心投入学习之中。

（二）合理利用教学手段，注重选例问题

充分利用多媒体、慕课、翻转课堂等教学手段，让学生充分参与课堂教学，增强体验感。深入学生的生活，多了解学生的兴趣、行为和困惑；留意社会现象引入课堂，引导形成正确的品德行为与习惯。

（三）注重合作探究，拓展升华

所谓"合作学习"是相对"个体学习"而言的，把学习过程之中的发

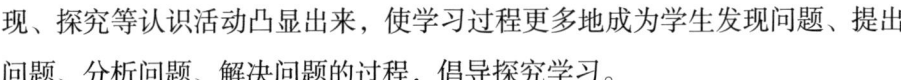
现、探究等认识活动凸显出来，使学习过程更多地成为学生发现问题、提出问题、分析问题、解决问题的过程，倡导探究学习。

（四）因材施教，避免千课一律

在今后注意教学不能搞"一刀切"，千课一律；要因材施教，因人而教；充分利用现有的教学条件和手段，因地制宜，选择合适的教学资源进行教学，实现良好的教学效果。

中国特色社会主义制度是当代中国发展进步的根本制度保障

大连海洋大学 宋 辉

一、课程基本信息

主讲课程：习近平新时代中国特色社会主义思想概论

使用教材版本：高等教育出版社2023年版

教材章节出处：《习近平新时代中国特色社会主义思想概论》第一章第一节第三课《坚定道路自信、理论自信、制度自信、文化自信》

二、教学设计概述

本教案以《新时代学校思想政治理论课改革创新实施方案》中关于构建大中小学一体化思政课课程体系，重点推进习近平新时代中国特色社会主义思想融入思政课的课程体系建设要求，以及引导学生"坚定'四个自信'，做德智体美劳全面发展的社会主义建设者和接班人"的课程目标体系要求为基本遵循展开教学设计。

（一）教学设计思路

以《习近平新时代中国特色社会主义思想概论》第一章第一节中"坚定道路自信、理论自信、制度自信、文化自信"为基本教学内容，结合《课程大纲》在知识层面系统掌握习近平新时代中国特色社会主义思想的主要内容和科学体系、在能力层面能够密切联系思想实际和学习实际，以及在价值观层面坚定中国特色社会主义"四个自信"的教学目标要求，以"中国特色社会主义制度为何科学合理、具有什么样的逻辑必然性、具有哪些制度优势和如何坚定中国特色社会主义制度自信"的内容逻辑为主线，以掌握基本理论认知、增进制度认同、坚定制度自信的目标逻辑为遵循，以符合学情特点、突出以学生中心为设计原则，实现教学内容、方法、目标的精准匹配和有机结合，着力增强思政课教学的说服力、亲和力和实效性。

（二）理论依据

1.在教学内容层面，充分体现中国特色社会主义制度是以马克思主义为指导、植根中国大地、具有深厚中华文化根基、深得人民拥护的制度体系，凝结着党和人民的智慧，具有深刻的历史逻辑、理论逻辑、实践逻辑，具有多方面显著优势，具有坚实的理论基础。

2.在教学方法层面，按照辩证的思维方式，注重按照遵循灌输性和启发性相统一、价值性和知识性相统一的方法论原则，将价值观引导蕴含于知识传授之中，增强课程教学的精准性和亲和力。

（三）设计特色

1.教学案例选用有特色。紧密结合教学内容将具有现实针对性和理论说服力的经典案例融入课程教学之中，同时注重案例的覆盖面和合理性。如针对"西方制度模式为什么不适合中国"的教学内容，引入肯尼亚照搬西方民主模式导致制度之殇等案例，增强了教学内容的说服力，强化了教学目标的达成效果。

2.教学方法设计有特色。注重突出以学生为中心的教学理念，结合大学生的学情特点，灵活选用教学方法，在课前安排预习任务，在课堂检验预习成果，在教学中综合运用案例、视频等教学素材和小组研讨、互动提问等教学方法，实现知识传授、思维能力拓展和价值观培养塑造在教学过程中的有机统一。

三、学情分析

目前，高校的本科生基本都是"〇〇后"，在思想心理方面，有正确的理想信念、价值观和高度的文化认同感，思想活跃，接受新鲜事物能力强，普遍认同改革开放四十多年来，特别是新时代十多年来中国特色社会主义制度展现出的强大优越性。但在思想的理论性、系统性和辨识力等方面仍有待成熟，课堂讲授中运用情景教学和案例教学相结合的方法可以增强亲和力。在知识储备方面，已经完成马克思主义基本原理和毛泽东思想和中国特色社会主义理论体系概论课程的学习，掌握了马克思主义基本原理和马克思主义中国化理论成果的主要内容，对中国特色社会主义制度的优越性有基本的认知，但缺乏系统化的理论学习，理论讲授中可以运用问题逻辑的教学方法提升实效性。在学习能力水平方面，具备基本的自主学习探究能力，合作意识薄弱，通过启发式教学法和小组讨论的方式激发求知欲，对深化和内化中国特色社会主义制度自信具有良好效果。

四、教学目标

1.通过案例教学和观看视频，了解评判一个国家社会制度是否科学合理的主要标准，反思西方制度模式为什么不适合中国，进而增强对中国特色社会主义制度科学性合理性的理解和认同。

2.通过结合案例讲授，把握中国特色社会主义制度的逻辑必然性，增强对中国特色社会主义制度逻辑的分析能力，坚定认同中国特色社会主义制度是符合中国国情、历史规律和实践需要的科学社会制度的信心。

3.通过展示中国特色社会主义制度内涵逻辑，知道中国特色社会主义制度是由根本制度、基本制度、重要制度构成的严密完整的科学制度体系，对中国特色社会主义制度有完整准确的认识，深化对中国特色社会主义制度科学内涵的把握。

4.通过内容讲授和互动提问，把握中国特色社会主义制度的最大优势和显著优势，增强政治敏锐性、政治鉴别力和透过现象看本质的洞察能力，增进对中国共产党是中国特色社会主义制度的开创者，中国共产党领导是中国特色社会主义制度最大优势的理论认知和情感强化，坚定矢志不渝听党话跟党走，争做社会主义合格建设者和可靠接班人的信心与决心。

5.通过中西方社会制度在抗击新冠疫情中呈现出不同表现的案例情景对比，认识中国特色社会主义制度集中力量办大事的制度优势，学好用好守好社会主义核心价值观等制度规范，增强投身中国特色社会主义现代化强国建设的自觉性、主动性和创造性。

五、教学重点难点

（一）教学重点

要讲明讲透中国特色社会主义制度具有深刻的历史逻辑、理论逻辑、实践逻辑，是我国经济社会长期发展、内生演进的结果，是坚持马克思主义理论指导的结果，根植于中国特色社会主义伟大实践。实现在知识层面深化对确立社会制度依据的认知，在能力层面增强抵御反动政治思潮的辨识力；在价值情感层面增强对中国共产党的领导和中国特色社会主义制度的认同，夯实社会主义核心价值观。

（二）教学难点

要注重通过案例讲好中国故事、通过制度比较，讲清西方政治制度模式的顽疾和弊端、结合评判国家制度是否合理的主要标准，讲清楚我国为什么绝不照搬西方政治制度模式。在知识层面深化对西方政治制度模式弊端的认识，在能力层面自觉抵御不良政治思潮侵蚀，在价值情感层面增进对中国特色社会主义制度的政治认同和制度自信。

六、教学设计总体思路

大学阶段思政课重在增强学生的使命担当，切实推动习近平新时代中国特色社会主义思想入脑入心入行。本课程设计以坚定中国特色社会主义制度自信为教学内容，按照探究"中国为什么不能照搬照抄西方政治制度模式""中国特色社会主义制度为什么具有深刻的历史逻辑、理论逻辑和实践逻辑""中国特色社会主义制度有哪些优越性""如何坚定中国特色社会主义制度自信"的问题和内容逻辑而展开，注重合理将案例、视频等教学素材贯穿其中，灵活运用线上线下相结合、情景教学、互动教学、小组研讨等教学方法，突出逻辑思维和问题导向，做到"破"与"立"相贯通，说"理"与谈"情"相结合，引导学生深化对中国特色社会主义制度及其优越性的认识和认同，增强坚持中国特色社会主义制度的信心和决心。研究思路如图：

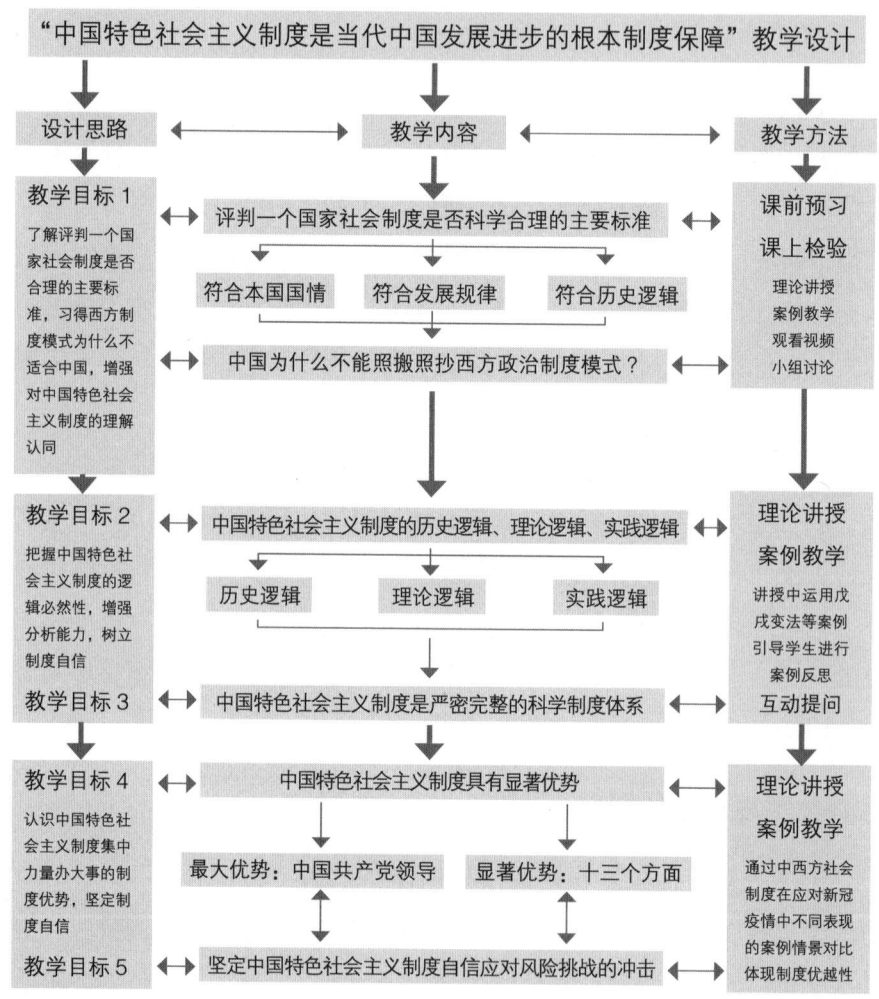

七、教学过程

（一）教学流程设计

环节一：课前线上安排预习任务

教师活动：

1.通过学习通线上安排预习内容。

（1）评判一个国家社会制度是否科学合理的主要标准是什么？

（2）为什么说中国特色社会主义制度和国家治理体系不是从天上掉下来的？

（3）中国特色社会主义制度有哪些方面的制度优势？

2.通过学习通线上安排提问研讨内容。

（1）中国为什么不能照搬照抄西方政治制度模式？

（2）中国特色社会主义制度为什么好？

学生活动：

1.查阅相关文献资料。

2.按照问题准备预习学习材料（发言材料）。

3.预习学习通上相关学习视频、资料等内容。

设计意图：引导学生对教学内容进行课前预习，提前明晰课程学习的重点和难点。

环节二：学生代表对预习内容进行交流发言（10分钟）

教师活动：

1.随机选择2—3名学生对预习问题进行3分钟左右发言。

2.对每名同学的发言观点进行总结陈述。

学生活动：

1.按照预先准备的材料发言。

2.对发言同学的观点对照自己的材料进行思考。

设计意图：通过对预习问题进行发言，可以对预习效果进行检查，还可以使学生对自己观点与发言同学观点进行对照检验。教师对每名同学的发言观点进行总结陈述，为通过课程讲授中评判学生观点埋下伏笔。

环节三：课程导入（2分钟）

教师活动：

1.结合安排的预习内容导入新课。

2.注意课程导入的逻辑性和承接性。

学生活动：

1.听讲。

2.记录笔记。

设计意图：使学生明确课程的学习目标、主要内容。

环节四：讲授课程内容一——评判一个国家社会制度是否科学合理的主要标准（20分钟）

教师活动：

1.讲授课程内容一——评判一个国家的社会制度是否科学合理的主要标准。

2.结合授课内容讲述案例：肯尼亚选举的民主制度之殇。

3.结合授课内容播放视频：《自信中国说：政治制度为什么不能"飞来峰"》。

学生活动：

1.案例反思：肯尼亚作为"西方制度样板"的悲剧。

2.观看视频，深刻认识政治制度为什么不能"飞来峰"。

设计意图：完成教学目标1的任务要求，通过案例教学和观看视频，了解评判一个国家社会制度是否科学合理的主要标准，习得西方制度模式为什么不适合中国，进而增强对中国特色社会主义制度科学性合理性的理解和认同。

环节五：组织学生进行小组研讨——中国为什么不能照搬西方政治制度模式？（10分钟）

教师活动：

1.组织小组讨论：中国为什么不能照搬照抄西方政治制度模式？

2.点评：鞋子合不合脚，自己穿了才知道。

学生活动：

1.按照预先准备的材料发言。

2.对小组其他同学的观点进行思考讨论。

设计意图：强化教学目标1的任务要求。通过组织小组研讨，深化对"适合自己国情的制度才是最可靠最管用的"论断的认知，强化中国不能照搬照抄西方社会制度的理论思考，进而增强对中国特色社会主义制度科学性合理性的理解和认同。

环节六：讲授课程内容二——中国特色社会主义制度的历史逻辑、理论逻辑、实践逻辑（13分钟）

教师活动：

1.讲授课程内容二——中国特色社会主义制度的历史逻辑、理论逻辑、实践逻辑。

2.结合授课内容讲述案例：近代中国的社会制度探索（太平天国运动、洋务运动、戊戌变法、辛亥革命、新文化运动的局限性）。

学生活动：

1.案例反思。

2.思考为什么中国特色社会主义制度是历史的选择和人民的选择。

设计意图：完成教学目标2的任务要求。通过结合案例讲授，把握中国特色社会主义制度的逻辑必然性，增强对中国特色社会主义制度逻辑的分析能力，树立认同中国特色社会主义制度是符合中国国情、历史规律和实践需要的科学社会制度的坚定信心。

环节七：讲授课程内容三——中国特色社会主义制度是一个严密完整的科学制度体系（10分钟）

教师活动：

1.讲授课程内容三——中国特色社会主义制度是一个严密完整的科学制度体系。

2.互动提问：结合自身的理解和实际谈一谈中国特色社会主义制度为什么好。

3.点评：中国特色社会主义制度代表了当今世界先进社会生产力的发展方向。

学生活动：

1.按照预先准备的材料发言。

2.对发言同学的观点对照自己的材料进行思考。

设计意图：完成教学目标3的任务要求。通过展示中国特色社会主义制度内涵逻辑图，知道中国特色社会主义制度是由根本制度、基本制度、重要制度构成的严密完整的科学制度体系，对中国特色社会主义制度有完整准确的认识，深化对中国特色社会主义制度内涵的把握。

环节八：结合案例讲授课程内容四——中国特色社会主义制度具有显著优势（10分钟）

教师活动：

1.讲授课程内容四——中国特色社会主义制度具有显著优势，重点讲授中国特色社会主义制度的最大优势是中国共产党领导。

2.结合授课内容讲述案例：以美国为例看西方民主制度模式（"国会山暴力事件""占领华尔街""棱镜门"等）。

3.结合授课内容讲述案例："中国之治"与"西方之乱"的制度对比（应对新冠疫情时泾渭分明的两种态势、两种结果）。

学生活动：

1.案例反思。

2.掌握中国特色社会主义制度所具有的显著优势。

设计意图：完成教学目标4的任务要求。通过内容讲授和互动提问，把握中国特色社会主义制度的最大优势和显著优势，增强政治敏锐性、政治鉴别力和透过现象看本质的洞察能力，增进对中国共产党是中国特色社会主义制度的开创者，中国共产党领导是中国特色社会主义制度最大优势的理论认知和情感强化，矢志不渝听党话跟党走，争做社会主义合格建设者和可靠接班人。

环节九：讲授课程内容五——坚定中国特色社会主义制度自信应对风险挑战的冲击（15分钟）

教师活动：

1.讲授课程内容五——坚定中国特色社会主义制度自信应对风险挑战

的冲击，重点讲授充分发挥集中力量办大事的制度优势。

2.结合授课内容讲述案例："嫦娥"落月、"天问"探火、神舟飞天、高铁奔驰、C919首飞、南水北调、"西电东送"。

学生活动：

1.案例反思。

2.听讲。

3.记录笔记。

设计意图：完成教学目标5的任务要求。通过中西方社会制度在抗击新冠疫情中呈现出不同表现的案例情景对比，认识中国特色社会主义制度集中力量办大事的制度优势，学好用好守好社会主义核心价值观等制度规范，增强投身中国特色社会主义现代化建设的自觉性、主动性和创造性。

（二）课堂小结

中国特色社会主义制度和国家治理体系不是从天上掉下来的，而是在中国社会的土壤中生长起来的，是经过革命、建设、改革长期实践形成的。中国近代以来社会制度探索的历史表明，中国不能照搬照抄西方政治制度模式。中国特色社会主义制度是由根本制度、基本制度、重要制度组成的科学严整的制度体系，是理论创新、实践创新、制度创新相统一的成果，凝结着党和人民的智慧，具有深刻的历史逻辑、理论逻辑、实践逻辑，具有深厚的历史底蕴和现实基础。中国特色社会主义制度具有多方面的显著优势，其中最大优势就是中国共产党的领导。新时代新征程中，我们要不断坚定中国特色社会主义制度自信，坚持和完善中国特色社会主义制度、推进国家治理体系和治理能力现代化，运用制度威力应对风险挑战的冲击。

（三）板书设计

中国特色社会主义制度是当代中国发展进步的根本制度保障

1.中国为什么不能照搬照抄西方政治制度模式？（重点内容）

国家制度是否合理的评判标准：

（1）是否符合本国国情实际

（2）是否符合社会发展规律

（3）是否符合本国历史逻辑

2.中国特色社会主义制度的逻辑必然性

（1）历史逻辑

（2）理论逻辑

（3）实践逻辑

3.中国特色社会主义制度是严密完整的科学制度体系

（1）根本制度

（2）基本制度

（3）重要制度

4.中国特色社会主义制度具有显著优势

（1）最大优势是中国共产党领导

（2）十三个方面显著优势

5.坚定中国特色社会主义制度自信应对风险挑战的冲击（难点内容）

（1）充分发挥集中力量办大事的制度优势

（2）运用制度体系的合力应对风险挑战

（3）与时俱进完善和发展中国特色社会主义制度

（四）作业设计

1.识记为什么要坚定中国特色社会主义制度自信。

2.理解中国特色社会主义制度的历史逻辑、理论逻辑和实践逻辑。

3.思考青年大学生如何坚定中国特色社会主义制度自信。

（五）参考资料

1.宋鲁郑：《中国能赢——中国的制度模式何以优于西方》，红旗出版社，2012年。

2.中共中央宣传部理论局：《中国制度面对面》，学习出版社、人民出版社，2020年。

3.张博颖：《中国特色社会主义制度为什么好？》，天津人民出版社，2021年。

4.吕宁、由馨媛：《00后大学生的思想特点和行为规律调研及其应对》，《大学教育》2019年第9期。

5.王一鸣：《中国特色社会主义制度是当代中国发展进步的根本保证》，《光明日报》2019年11月18日。

八、教学总结与反思

（一）教学总结

教学设计较好地坚持了问题意识和时代意识，不回避重大问题和疑难问题，围绕学生关心和困惑的问题进行了具有针对性的释疑解惑，将抽象的理论与鲜活的实际相结合；教学设计理论性强、内容充实、资料丰富，层次分明、逻辑清楚，很好地体现了教学目标要求，有效支撑了预期教学成果的实现。

（二）教学反思

在经验总结方面，教学设计很好地实现了教学内容、教学方法和教学目的有机结合，尤其是根据学情特点科学合理地选择教学案例和教学方法，增强了实现不同层面教学目标的针对性和实效性。在尚待完善之处，对基础知识薄弱学生的精准化教学仍需加强，对现代化教学手段的运用仍有待拓展。

以青春之名　赴时代之约

丹东开放大学　杨伊香

一、课程基本信息

主讲课程： 中国近现代史纲要

使用教材版本： 高等教育出版社2021年版

教材章节出处：《中国近现代史纲要》第十章《中国特色社会主义进入新时代》

二、教学设计概述

（一）教学设计思路

习近平总书记指出："经过长期努力，中国特色社会主义进入了新时代，这是我国发展新的历史方位。"新时代的中国青年是中国特色社会主义事业的建设者和接班人，是祖国未来各条战线的生力军，肩负着重要责任，必须了解中国的国情，学习中国近现代历史。

本专题教学内容为《中国近现代史纲要》第十章内容，教学设计针对开放教育学生思想活动和行为方式的多样性和可塑性特点，挖掘鲜活的新时代故事，拓展教育资源和教育空间，增强学生的体验感和参与感，拟定议题，设置教学活动，情境讲解分析知识贯穿整个教学环节。整合学生视角的情景素材，激发学生的学习探究兴趣，通过议题的引领明晰正确价值与观点，在以学生为主体、有梯度和挑战性的活动任务的驱动下，小组合作探究，师生互动、生生互动，引导学生进行深度学习，准确把握中国特色社会主义新时代的科学内涵，了解中国特色社会主义进入新时代的重要意义。

（二）理论依据

在以习近平同志为核心的党中央坚强领导下，在习近平新时代中国特色社会主义思想科学指导下，中国共产党以巨大的政治勇气和强烈的责任担当，自信自强、守正创新，解决了许多长期想解决而没有解决的难题，办成了许多过去想办而没有办成的大事，推动党和国家事业取得历史性成就、发生历史性变革。经过长期努力，中国特色社会主义进入了新时代，这是我国发展新的历史方位。

（三）设计特色

1.依据本专科教学阶段重在开展理论性学习指导，以"学术引领，问题导向，自主学习、多项互动"为教学理念，及时吸纳党和国家最新的思想、路线、方针、政策，补充于教学内容中，用新思维、新成果、新方法来提升思政教学的高阶性。

2.采用课前、课中、课下"三段一体"的混合式教学，优化教学模式，激发学生思考，深度融合知识，提高课堂教学效率与质量。

3.制定小组学习、师生互动、生生互动的学习机制，训练学生的历史逻辑分析能力，树立科学的历史观。

三、学情分析

（一）学生思想特点

开放教育成人学生总体上思维活跃，具有较强的爱国主义精神、民族精神和时代精神。同时也存在着信仰迷茫、理想信念模糊、理论基础薄弱等问题。

（二）学生知识、能力水平现状

在中学阶段已经学习了中国近现代的相关历史知识，故会误认为是重复学习。缺少对近现代史发展基本规律及对未来历史走向的影响因素的理性认识。

（三）课程学情分析

本课程首先基于大中小学思政课一体化建设的视角，分析初中、高中、大学每个阶段历史学习的目的不同，引导学生明确大学阶段学习中国近现代史纲要课程的目的，深刻理解历史和人民所作的"四个选择"的必然性，坚定"四个自信"，重点对中国近现代史的主线、专题教学内容逻辑关系进行梳理分析，使学生对中国近现代历史的整体脉络有清晰的认识，结合课程特点提出学习方法和学习资源，为学生学习指明方向。

四、教学目标

（一）知识目标

通过学习中国特色社会主义进入新时代的相关内容，认同我国发展新的历史方位，坚定"四个自信"和"两个维护"。

（二）能力目标

通过查阅党的十八大以来我国取得的辉煌成就的资料，理解经过长期努力，中国特色社会主义进入了新时代。明确我国社会主要矛盾已经转化为人民日益增长的美好生活需要和不平衡不充分的发展之间的矛盾，从而理解当代中国发展主要问题的根本着力点。

（三）情感目标

激发民族自尊心和自信心，形成科学的世界观、人生观和价值观，坚定走中国特色社会主义道路的信念，明确自己肩负的历史使命；提高运用科学的历史观和方法论分析和评价历史问题、辨别历史是非和社会发展方向的能力。

五、教学重点难点

（一）教学重点

中国特色社会主义进入新时代的科学内涵；中国特色社会主义进入新时代的意义；新时代我国社会的主要矛盾，如何解决新时代主要矛盾；新时代新青年应该如何规划自己的人生，以青春之名，赴时代之约。

（二）教学难点

理解经过长期努力，中国特色社会主义进入了新时代。如何解决新时代主要矛盾；明确我国社会主要矛盾已经转化为人民日益增长的美好生活需要和不平衡不充分的发展之间的矛盾，从而理解当代中国发展主要问题的根本着力点。

六、教学设计总体思路

本专题教学围绕三个核心问题展开：

1.中国特色社会主义进入新时代的科学内涵是什么？——课前看祖国沧桑巨变，感知新时代。

课前观看纪录片《厉害了，我的国》，感受党的十八大以来中国社会发生的翻天覆地的变化，感受中国特色社会主义进入新时代。中华民族日益走近世界舞台中央，迎来了实现伟大复兴的光明前景，比历史上任何时期都更接近伟大复兴的目标，比历史上任何时期都更有信心、更有能力实现这个目标。看完纪录片后在课程群进行分组讨论，近十年来我们的生活发生了哪些变化？住房、就业、医疗、教育、脱贫攻坚等方面都有哪些变化？

2.为什么中国特色社会主义进入新时代能取得新成就？探索成就密码——新任务，解读新时代，重点讲解"四个自信"。

3.进入新时代，我们青年大学生应该如何规划人生？——新征程做新时代的奋斗者，一以贯之地坚持和发展中国特色社会主义。

七、教学过程

（一）教学流程设计

环节一：导入新课（5分钟左右）

教师活动：

1.播放歌曲《时空》："我仰望你看过的星空，脚下大地已换了时空，你留在风中摇曳的那抹红，在心中……"

2.PPT展示材料：习近平总书记在纪念孙中山先生诞辰150周年大会

上的讲话中，说起了孙中山撰写《建国方略》的故事。百年前，孙中山在《建国方略》中描绘了他对中国未来的畅想，提出未来建成16万公里铁路和160万公里公路的建设计划，其中包括扩建西北、高原铁路等，分别在渤海湾、杭州湾/上海、广州三个地方建设华北、华东、华南三个港口，覆盖环渤海、长江三角洲地区和珠江三角洲地区。

孙中山未能实现他的《建国方略》，那在百年后的新中国实现了吗？

学生活动：讨论回答。

百年后的今天，截至2023年底，我国铁路运营里程达到15.9万公里，其中高铁超过4.5万公里，占世界高铁总里程的2/3以上，是名副其实的全球第一。

百年后的今天，"世界十大最繁忙的港口"中，中国占了七个（上海、舟山、深圳、青岛、广州、天津、香港）。

设计意图：在中国共产党领导下，在全国各族人民顽强奋斗下，孙中山先生当年描绘的这个蓝图早已实现，中国人民创造的许多成就远远超出孙中山先生的设想。

经过长期努力，中国特色社会主义进入了新时代，这是我国发展新的历史方位。中华民族日益走近世界舞台中央，迎来了实现伟大复兴的光明前景，比历史上任何时期都更接近伟大复兴的目标，比历史上任何时期都更有信心、有能力实现这个目标。

环节二：新课学习（30分钟左右）

◎探究活动一：新时代的科学内涵

教师活动：

1.PPT展示材料：

党的十九大报告指出：这个新时代，是承前启后、继往开来、在新的历史条件下继续夺取中国特色社会主义伟大胜利的时代，是决胜全面建成小康社会、进而全面建设社会主义现代化强国的时代，是全国各族人民团结奋斗、不断创造美好生活、逐步实现全体人民共同富裕的时代，是全体中华儿女勠力同心、奋力实现中华民族伟大复兴中国梦的时代，是我国日益走近世界舞台中央、不断为人类作出更大贡献的时代。

2.议题思考：

（1）从历史、现在、未来的联系上看，新时代的含义是什么？

（2）从我们承担的历史使命看，新时代的含义是什么？

（3）放到中国人民对美好生活的追求上看，新时代的含义是什么？

（4）从民族复兴的角度看，新时代的含义是什么？

（5）放在世界大局中看，新时代的含义是什么？

学生活动：思考并回答。

答案提示：

（1）从历史、现在、未来的联系上看，这是承前启后、继往开来、在新的历史条件下继续夺取中国特色社会主义伟大胜利的时代。

（2）从我们承担的历史使命看，这是决胜全面建成小康社会、进而全面建设社会主义现代化强国的时代。

（3）放到中国人民对美好生活的追求上看，这是全国各族人民团结奋斗、不断创造美好生活、逐步实现全体人民共同富裕的时代。

（4）从民族复兴的角度看，这是全体中华儿女勠力同心、奋力实现中华民族伟大复兴中国梦的时代。

（5）放在世界大局中看，这是我国日益走近世界舞台中央、不断为人类作出更大贡献的时代。

教师活动：PPT展示议题：有人说中国现在的发展实在是太快了，认为我国已经是发达国家的水平了。小组讨论，议一议。

党的十九大报告指出：中国特色社会主义进入新时代，我国社会主要矛盾已经转变，对比社会主义主要矛盾的变化，把握"变与不变"。

时间	人民需要	社会生产
党的十九大前		
党的十九大后		

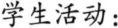

学生活动：

1.分组讨论回答议题。

2.完成表格，对比社会主义主要矛盾的变化。

时间	人民需要	社会生产
党的十九大前	人民日益增长的物质文化需要	落后的社会生产
党的十九大后	人民日益增长的美好生活需要	不平衡不充分的发展

不变：我国仍处于并将长期处于社会主义初级阶段，我国的国际地位没有变，依然是最大的发展中国家。

◎探究活动二：观看纪录片《厉害了，我的国》片段

教师活动：讲解中国特色社会主义新时代成就的密码。

习近平总书记说："当今世界，要说哪个政党、哪个国家、哪个民族能够自信的话，那中国共产党、中华人民共和国、中华民族是最有理由自信的。"

改革开放以来，中国为什么可以取得成绩和进步？这成就的密码就是，中国共产党带领全国人民开辟了中国特色社会主义道路，形成了中国特色社会主义理论体系，确立了中国特色社会主义制度，发展了中国特色社会主义文化。（重点讲解制度自信）

我们的制度是党的坚强领导的好制度，党的领导不仅确保了国家发展的正确方向，而且能够保证我们的路线方针政策一以贯之，"一张蓝图绘到底"。而西方国家的政党"你方唱罢我登场"，大多只能考虑任期内的事，没法从长远来谋划，即使制定了长期政策，也会被后任像"翻烧饼"似的推倒重来。

我们的制度是以人民为中心的好制度。在我国制度体系中，人民代表大会制度、民族区域自治制度、基层群众自治制度、基本经济制度、文化权益保障制度、民生保障制度和社会治理制度等，无不鲜明地体现了人民至上的崇高理念。这同资本主义国家名义上"民有民治民享"、实质上"以金钱资本为中心"有根本不同。

学生活动：

1.讨论中国成就的密码（四个自信）。

（1）道路自信：中国特色社会主义道路。

（2）理论自信：中国特色社会主义理论体系。

（3）制度自信：中国特色社会主义制度。

中国特色社会主义制度是党和人民在长期实践探索中形成的科学制度体系，我国国家治理一切工作和活动都依照中国特色社会主义制度展开，我国国家治理体系和治理能力是中国特色社会主义制度及其执行能力的集中体现。

作用：是当代中国发展进步的根本制度保障，是具有明显制度优势、强大自我完善能力的先进制度。

（4）文化自信：中国特色社会主义文化。

2.举例说明：无论我国什么地方发生火灾，消防员都会第一时间赶到现场，不惜一切代价扑灭火情。而资本主义国家就不同，2019年美国加州发生了一场山火，消防员"谁交费先救谁"，优先保护富人的豪宅，没交消防费的住户只能望"火"兴叹，眼睁睁地看着自己的房产化为灰烬。肆虐的大火，犹如人间炼狱，烧出了资本主义的残酷真相。

◎探究活动三："学习强国"微视频《习近平的青春纪念册》

教师活动：习近平总书记说："少年强则国强。当代中国少年儿童既是实现第一个百年奋斗目标的经历者、见证者，更是实现第二个百年奋斗目标、建设社会主义现代化强国的生力军。"

习近平的青春成长故事常被提起。有青年感慨道："总书记是我们的学习榜样和人生导师，他的个人成长经历为我们的学习成长带来无尽动力。"

思考作为新时代的新青年，我们该怎么办？如何规划人生？

学生活动：新时代属于每一个人，勇于做新时代的见证者、开创者、建设者。在实践中不断丰富中国特色社会主义的实践特色、理论特色、民族特色、时代特色。

设计意图：

探究活动一设置议题知识点，结合教学实践和理论思考为基础，课堂知识结构化，精心选择相关教学案例拓展，启发学生认真思考、主动探索，从知识拓展教学方法中培养和提高学生发现问题、分析问题和解决问题的能力，增强学生学习的主动性和创新性，提高教学质量。

探究活动二的设计是增强学生的民族自信心和自豪感，激发青年学生的爱国热情，逻辑性强，引领思维进阶，坚定"四个自信"、树立"四个意识"。

探究活动三的设计以习近平总书记的学习成长为榜样，鼓励青年志存高远，激发青年奋进潜力。青年的人生目标有不同，职业选择也有差异，但只有把自己的小我融入祖国的大我、人民的大我之中，与时代同步伐、与人民共命运，才能更好实现人生价值、升华人生境界。

环节三：课堂重难点知识巩固练习（5分钟）

1.中国特色社会主义进入了新时代，是我国发展新的历史方位。这一重大政治判断，不是凭空作出的，而是有着充分的历史、时代、理论和实践的依据。作出进入新时代的判断是基于（　　　）

①社会主要矛盾发生新变化，是生产力调整以适应生产关系发展的要求

②我国发展进入新阶段、中国共产党领导人民长期奋斗取得的伟大成就

③在进入新阶段党的奋斗目标有了新要求，我国面临新的国内国际环境

④中国特色社会主义制度在二十一世纪的世界焕发出新的生命力和活力

A.①③　　　　B.①④　　　　C.②③　　　　D.②④

2.时代不同，社会的主要矛盾也不同。在新民主主义革命时期、社会主义改造时期、社会主义改造完成后的国内社会主要矛盾分别是（　　　）

①无产阶级同资产阶级之间的矛盾

②人民日益增长的美好生活需要和不平衡不充分的发展之间的矛盾

③人民对于建立先进的工业国的要求同落后的农业国的现实之间的矛盾，人民对于经济文化迅速发展的需要同当前经济文化不能满足人民需要的状况之间的矛盾

④帝国主义与中华民族的矛盾、封建主义与人民大众的矛盾

A.④—①—③　　　　　　B.①—④—②

C.①—②—③　　　　　　D.④—③—①

1.C。解析：应该是生产关系调整以适应生产力发展的要求，①错误。中国特色社会主义在二十一世纪的中国焕发出了生机，而不是世界范围，④错误。故选C。

2.A。解析：根据时代顺序不同，分析不同时期主义矛盾。新民主主义革命时期：帝国主义与中华民族的矛盾、封建主义与人民大众的矛盾；社会主义改造时期：无产阶级同资产阶级之间的矛盾；社会主义改造完成后的国内社会主要矛盾：人民对于建立先进的工业国的要求同落后的农业国的现实之间的矛盾，人民对于经济文化迅速发展的需要同当前经济文化不能满足人民需要的状况之间的矛盾。

设计意图：在完成课堂教学后基于教学重难点内容设计课堂练习，用于巩固所学知识，检验教学效果。

第一道选择题是基于本专题教学重点设计，中国特色社会主义进入了新时代，是我国发展新的历史方位。这一重大政治判断，不是凭空作出的，而是有着充分的历史、时代、理论和实践的依据。此题考核新时代的科学内涵。第二道题作为教学知识点延伸拓展，帮助学生进一步学习，时代不同，社会的主要矛盾也不同。对学习任务进行步骤分解和练习，具体到重难知识点设计练习题，从而更好地完成教学目标。

（二）课堂小结

本节课学习新时代的科学内涵，新时代社会主要矛盾，新时代的新青年要自觉坚持党的领导和中国特色社会主义道路。

习近平总书记说："实践充分说明，只要道路正确、理论正确、制度正确、文化正确，只要坚定不移、坚韧不拔、坚持不懈、艰苦奋斗，朝着伟大目标持之以恒前进，风雨如磐不动摇，我们的目标就能够达到，我们的目标也一定能够达到！"

（三）板书设计

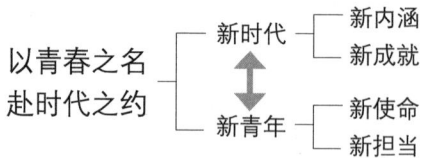

（四）作业设计

任务：给百年之前的孙中山，写一封简短的信。

敬爱的孙中山先生：

您好，我是来自2024年的新时代中国青年XXX，我想对您说，您百年之后的新中国她有多美……

（五）参考资料

1.蒋廷黻：《中国近代史》，江苏人民出版社，2014年。

2.李维波：《高校思想政治理论课实践实训教程》，北京大学出版社，2014年。

3.邵雍：《中国近现代史专题》，合肥工业大学出版社，2009年。

八、教学总结与反思

（一）基于问题的学习

本门课程采用课前教师在班级课程群发布学习知识点，课中让学生明确课程学习任务，教师对学生的材料进行补充，再配合课件图文视频，将前后知识连接做整体讲解。课后学生利用课余时间去查找资料，在微信群发相关图片或者资料共享，学生遇到困惑及时与教师交流，形成自己观点。

（二）教学效果最终呈现

1.本课程重在引导学生通过了解国史、国情，从而理解今天中国、中国与世界的互动与博弈，进而提升学生领会马克思主义、中国共产党、社会主义道路、改革开放的历史意义。

2."纲要"课教学应与世界发展同步，注重整体性，继而培育学生的全球视野。学习中国"近现代"不是一个简单的时间概念，而是有特定历史意涵。

3.“中国近现代史纲要”对学生历史逻辑、历史观和历史分析方法的训练和培养，注重帮助当代大学生打好“中国底色”，用中国梦激扬青春梦，让正确的世界观、人生观、价值观成为他们人生路上的指明灯，勇做走在时代前列的奋进者、开拓者。

新时代中国特色社会主义
对人类文明新贡献

沈阳科技学院　　吴宇飞

一、课程基本信息

主讲课程：习近平新时代中国特色社会主义思想概论

使用教材版本：高等教育出版社2023年版

教材章节出处：《习近平新时代中国特色社会主义思想概论》第一章第三节《新时代坚持和发展中国特色社会主义要一以贯之》

二、教学设计概述

本节课是习近平新时代中国特色社会主义思想概论课程的重要统领，既概括了新时代中国特色社会主义的历史方位和主要矛盾，也以"新时代中国特色社会主义对人类文明新贡献"为主线，教学内容选自《习近平新时代中国特色社会主义思想概论》第一章第三节《新时代坚持和发展中国特色社会主义要一以贯之》。本章节内容丰富，理论性强，结合大学学段学生的学情特点，采用议题式教学方法，把该部分内容整合为三个议题：议题一，即"新时代中国特色社会主义为什么是人类文明新形态"；议题二，即"新时代中国特色社会主义对人类文明有哪些新贡献"；议题三，即"怎样为人类文明作出更多贡献"。坚持以学生为中心，深刻分析学生经历各学段的前期政治理论基础，实现大中小学思政一体化的有效建设，达成教育教学目标。

习近平新时代中国特色社会主义思想有着深厚的理论基础，坚持了马克思主义的观点、立场和基本理论，丰富和发展了毛泽东思想和中国特色社会主义理论体系，是马克思主义中国化时代化的新的飞跃。同时，"新时代中国特色社会主义是人类文明新形态"基于马克思主义原理中关于人类社会发展的基本规律的理论，既结合了中国具体实际，也结合了中华优秀传统文化，符合我国的基本国情，更给人类社会作出巨大贡献。

设计创新方面实现了教学方式和教学手段的多样化、信息化。为了突出重点，突破难点，本节课在设计中综合运用了多种教学手段。包括：1.启发式教学，引导学生联系生活实际与社会现象，代入本课的议题中。利用议题式教学方法，对本课教材内容进行整合；2.案例教学中，摆数据，讲史实，使学生真实而深刻感受中国式现代化的中国特色，激发学生的自豪感与爱国热情；3.对于理论深厚的知识内容，利用讲授法，借助于教材进行系统详尽的讲解；4.选取影音视频，帮助学生解读历史性重大意义的会议、政策文件、时事热点，更加形象生动地展现原理与理论内容；5.运用习近平总书记在各项事业建设中发表的重要论断，引导学生阅读并感悟国家治理理念的智慧和重大意义，结合本课内容进行深刻讲解；6.课后作业任务的布置意图是引导学生根据对本科内容的理解程度及学业需要，自选作业内容，在掌握基础知识的前提下，对本节课内容进行升华和应用，并对有考研目标的学生进行学业指导。

三、学情分析

经过小学段、初中段以及高中段的学习，新时代大学生对中国特色社会主义事业有了清晰的认知，具有深厚的知识基础，对习近平新时代中国特色社会主义思想也有一定的了解。但是，由于各学段的知识结构和学科选择的区别，大学生整体上仍缺乏对习近平新时代中国特色社会主义思想的系统化认识，需要继续深入地学习。当代大学生获取国际信息的途径多，但是社会生活阅历少，心智尚未完全成熟，加之思维活跃，处于智力发展高峰期，容易受到各种信息的影响，因此需要在开阔大学生国际视野的同时，使其保持坚定的理想信念。在教学中，应从国际国内两个角度向大学生展示中国特色社会主义所取得的伟大成就，引导他们懂得未来的前进方向，激励他们为中国和世界作出更多的贡献。

四、教学目标

1.通过与高中阶段的知识内容相衔接，以实现"两个一百年"奋斗目标为时间轴，了解中国特色社会主义的"两大奇迹"硕果，增强感知历史、了解历史的能力，提高国家认同感和自豪感，坚定"四个自信"。

2.通过文献和教学案例的阅读与分析，深刻了解中国特色社会主义创造的中国式现代化道路和人类文明新形态，增强明理善辨的能力，明白中国共产党为什么能，中国特色社会主义为什么好，归根到底是因为马克思主义行。

3.通过对课上思考题的自主探究和议题的课堂讨论，认识统筹推进"五位一体"总体布局，深刻把握人类命运共同体的丰富内涵、价值理念和实践成果，开阔国际视野，了解中国始终是世界和平的建设者、全球发展的贡献者、国际秩序的维护者，深刻理解只有不断推动构建人类命运共同体，才能为人类文明作出更多的贡献。

五、教学重点难点

（一）教学重点

按照《教学大纲》的要求，结合本课的教学目标和学生所处大学学段的学情特点，以及本课教学内容的历史逻辑和实践逻辑，制定教学重点：

1.新时代中国特色社会主义的伟大成就。

2.中国特色社会主义创造的人类文明新形态。

（二）教学难点

结合本节课知识内容的理论性和历史脉络的逻辑性，从学生在大学学段的思维特点出发，使学生增强思辨能力，树立正确的历史观，要把关键放在国内和国际两个维度上制定，以突破教学难点：

1."两大奇迹"的成因。

2.坚持和发展中国特色社会主义的原因。

3.统筹推进"五位一体"总体布局。

4.推动构建人类命运共同体。

六、教学设计总体思路

本节课教学遵循大学生思想政治教育规律，贯彻"以学生为中心"的理念，以"新时代中国特色社会主义对人类文明新贡献"为主线，在学生感受"强起来"的中国、认识统筹推进"五位一体"总体布局、体悟实现中华民族伟大复兴的中国梦的基础上，引导学生运用马克思主义基本立场、观点和方法来理解新时代中国特色社会主义对人类文明的新贡献，进而从中国共产党的百年奋斗中看清楚过去我们为什么能够成功、弄明白未来我们怎样才能取得更大的成就。同时，充分发挥学生的主体作用，在教学中运用文献法、案例分析法、议题教学法，通过课堂讨论、影音播放、教学软件的资源推动等方式，融知识教育、能力教育和价值观教育为一体，围绕"新时代中国特色社会主义为什么是人类文明新形态""中国特色社会主义对人类文明有哪些新贡献""怎样为人类文明作出更多贡献"三个议题进行整体教学设计。

七、教学过程

（一）教学流程设计

环节一：议题一——新时代中国特色社会主义为什么是人类文明新形态？

教师活动：

1.分享案例："西方之乱与中国之治"。

2.总结：相对于西方，中国特色社会主义制度具有多方面的优势。中国特色社会主义是党和人民历尽千辛万苦、付出巨大代价取得的根本成就，是实现中华民族伟大复兴的正确道路。只有坚持和发展中国特色社会主义，才能够持续推动国家发展进步、保持社会长期稳定和造福全国各族人民。中国特色社会主义创造了人类文明新形态。党领导人民创造了"两大奇迹"，即经济快速发展奇迹和社会长期稳定奇迹，是我国制度实践结出的硕果，是坚定中国特色社会主义制度自信的最大底气。

学生活动：

1.讨论：与西方相比，中国特色社会主义制度在政治、经济、社会等制度安排上具有哪些显著优势？为什么要坚持中国特色社会主义道路？

2.形式：利用智慧教室系统实现分组，讨论后每组派出代表进行观点阐述。

3.反馈：给予点评和指导，包括教师评价和小组互评。

设计意图：以"新时代中国特色社会主义为什么是人类文明新形态"为议题，通过对中西方治理国家的鲜明对比，向学生阐述新中国成立以来，我们党领导人民创造了世所罕见的经济快速发展奇迹和社会长期稳定奇迹，中华民族迎来了从站起来、富起来到强起来的伟大飞跃，启发学生关于新时代中国特色社会主义的思考。

环节二：议题二——新时代中国特色社会主义对人类文明有哪些新贡献？

第一部分：创造物质文明新形态：现代化经济体系

教师活动：

1.分享案例："粤港澳大湾区建设。"

2.总结：发展有中国特色的经济文明，构建人类物质文明新形态，必须把握新发展阶段，始终坚持贯彻新发展理念，最终推动高质量发展。其关键是按照新发展理念的要求，以供给侧结构性改革为主线，推动经济发展质量变革、效率变革、动力变革，建设好现代化经济体系。这是一项系统工程，在百年未有之大变局的背景下，我国建设高质量发展的现代化经济体系，必然给世界经济发展带来红利，为世界经济发展提供中国方案、作出中国贡献，为发展中国家发展提供借鉴与经验，为构建人类命运共同体奠定坚实基础。

第二部分：创造政治文明新形态：中国特色社会主义政治发展道路

教师活动：

1.反馈预习作业，并设置思考题，为什么"历史终结论"会破产？人民当家作主的制度体系具有什么样的独特优势？如何构建人类政治文明新形态？

2.总结：中国特色社会主义政治发展道路的发展和完善，有效保证了人民享有更加广泛、更加充实的权利和自由，保证人民广泛参加国家治理和社会治理；有效调节了国家政治关系，增强了民族凝聚力，形成安定团结的政治局面；有效促进了社会生产力解放和发展，促进现代化建设各项事业，促进人民生活质量和水平不断提高；有效维护了国家独立自主，维护了国家主权、安全、发展利益，维护了中国人民和中华民族的福祉，充分展现了社会主义优越性。

学生活动：

1.预习展示：分小组自主学习习近平总书记在庆祝全国人民代表大会成立60周年大会上的讲话，感悟近代以后中国人民探索在中国建立什么样的政治制度的艰辛历程，分专题对这一艰辛历程进行课堂展示，并讨论中国共产党在各个阶段对中国民主制度的探索与实践，深刻理解中国特色社会主义民主发展道路的历史逻辑、理论逻辑和实践逻辑。

2.结论阐述：如果不顾我们自己的"土壤情况"，盲目学习外国的制度和模式，学到的也只会是皮毛，更有可能带来灾难性后果。从政治制度来说，各国有各国的体制、各国的国情、各国的历史。"鞋子合不合脚，自己穿了才知道"，每个国家都应该根据国情选择合适的道路。正是多元多样的文化，才让我们的世界更精彩；正是各有特点的制度，才让我们的选择更丰富。从政治到文化，从制度到历史，只有认识到差别才能真正尊重别人、坚持自己。

第三部分：创造精神文明新形态：社会主义核心价值体系

教师活动：

1.设置思考题：什么是文化自信？为什么要坚定文化自信？

2.设置讨论题：社会主义核心价值观具有什么样的重要作用？如何构建人类精神文明新形态？

3.总结：发展中国特色的精神文明，构建人类精神文明新形态，要坚持马克思主义的指导地位，坚定文化自信，推动中华优秀传统文化创造性转化和创新性发展，加强社会主义核心价值体系建设，步入中国特色社会主义新时代，我们应锲而不舍，一以贯之地坚持社会主义核心价值体系。

学生活动：

1.自主探究并列举事例：主动阐述对文化自信的理解，并通过所见所闻所感表达对中国特色社会主义文化的自信。

2.讨论：社会主义核心价值观具有什么样的重要作用？如何构建人类精神文明新形态？

3.形式：利用智慧教室系统实现分组，小组讨论后每组派一名代表进行观点阐述。

4.反馈：给予点评和指导，包括教师评价和小组互评。

第四部分：创造社会文明新形态：中国特色社会主义社会治理体系

教师活动：

1.分享案例：案例一："脱贫攻坚的伟大成就"；案例二："枫桥经验"。（参见"学习强国"）

2.布置社会实践作业：社区考察和调研。

3.总结：新时代，完善中国特色社会主义治理体系具体来说就是完善党委领导、政府负责、民主协商、社会协同、公众参与、法治保障、科技支撑的社会治理体系，通过创新社会治理理念、改进社会治理方式、创新社会治理体制、加强预防和化解社会矛盾机制建设、加强社会心理服务体系建设以及加强城乡社区治理体系建设来打造共建共治共享的社会治理格局，让社会充满活力又和谐有趣。

学生活动：社会实践。参加思政社团活动，深入社区开展关于基层治理的考察、调研，感受城乡社区治理体系建设，并结合自己所学知识，尝试为新时代加强和创新社会治理、完善中国特色社会主义社会治理体系建言献策。

第五部分：创造生态文明新形态：人与自然和谐共生

教师活动：

1.播放视频并解析"塞罕坝精神"。

2.总结：生态文明建设事关中华民族永续发展、人民美好生活的需要、经济高质量发展以及中国的大国担当，需要我们坚持人与自然和谐共生，用绿水青山就是金山银山的发展理念指导经济发展和环境保护，让良好的生态环境成为人民幸福生活的增长点，在统筹山水林田湖草系统治理的同时，用最严密的法治保护生态环境，共谋全球生态文明建设。

学生活动：

1.观看视频并自主探究：塞罕坝精神是什么？如何坚持人与自然和谐共生？怎样构建人类生态新形态？

2.课后阅读并收集数据：十八大以来，我国的生态文明建设取得的历史性成就。

设计意图：以"新时代中国特色社会主义对人类文明有哪些新贡献"为议题，从五个方面对"构建人类文明新形态"进行重点讲解，利用多种教学方法，设置各种符合学生特点和思维规律的活动，包括课前预习、案例阅读、视频播放、课堂讨论、自主探究、社会实践等，以学生为中心，使学生深切体会国家的发展，理解党的大政方针及其历史性成就，树立制度自信。

环节三：议题三——怎样为人类文明作出更多贡献？

教师活动：

1.分享案例：视频一：《从新冠疫情看人类命运共同体》；视频二：《"一带一路"光明未来》。

2.总结：人类命运共同体，指国家在追求本国利益时要兼顾到他国的合理利益关切，在谋求自身发展的同时促进各国的共同发展，形成相互依存、休戚与共的全球范围内各个国家的有机关联。中国人民的梦想同世界各国人民的梦想是息息相通的。中国始终是世界和平的建设者、全球发展的贡献者和国家秩序的维护者。

学生活动：

1.观看视频并讨论：什么是人类命运共同体？

2.总结阐述本组对于"人类命运共同体"内涵的理解，列举事例并结合时代特征概述我们应如何推动构建人类命运共同体，为人类文明作出更多贡献。

设计意图：这一部分内容主要是对新时代中国特色社会主义为人类文明形态作出贡献的延伸，既培养学生能够站在宏观角度思考中国特色社会主义制度的深刻内涵，又统筹了本课程的章节内容，为本课程第十六章做了铺垫。

（二）课堂小结

方向决定道路，道路决定命运。中国特色社会主义是近代以来中国社会发展的必然选择，是历史和人民的选择。中国特色社会主义是社会主义而不是其他什么主义，既坚持了科学社会主义基本原则，又根据时代条件赋予了其鲜明的中国特色。中国共产党领导人民创造的人类文明新形态是社会主义的文明形态，是基于中国特色社会主义的人类文明新形态。新时代坚持和发展中国特色社会主义，就要更加自觉地坚定道路自信、理论自信、制度自信、文化自信，统筹推进"五位一体"总体布局，推动构建人类命运共同体。

（三）板书设计

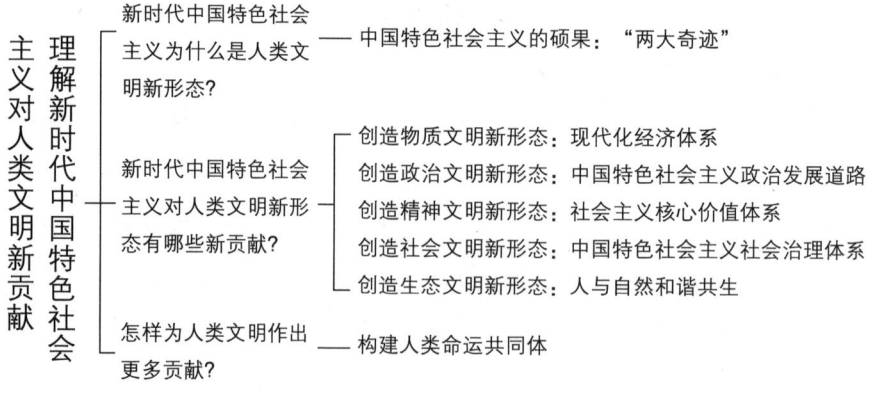

（四）作业设计

作业一：认真阅读材料并根据要求作答，注意学业术语的应用与充分的材料分析相结合。线上学习软件推送作业：2021年全国硕士研究生入学统一考试政治理论真题34题。

作业二：实践教学课的准备过程中，可参考教师推荐的相关主题：

1.新时代中国特色社会主义开创人类文明新形态；2.中国式现代化对人类文明形态发展的创新意义；3.中国特色社会主义对人类文明的新贡献。

（五）参考资料

1.习近平：《习近平谈治国理政》第一卷，外文出版社，2018年。

2.习近平：《习近平谈治国理政》第二卷，外文出版社，2017年。

3.习近平：《习近平谈治国理政》第三卷，外文出版社，2020年。

4.人民日报评论部：《习近平用典》第一辑，人民日报出版社，2018年。

脱贫攻坚战取得全面胜利

辽东学院 王 娇

一、课程基本信息

主讲课程：中国近现代史纲要

使用教材版本：高等教育出版社2023年版

教材章节出处：《中国近现代史纲要》第十章第三节《开启全面建设社会主义现代化国家新征程》

二、教学设计概述

本课以脱贫攻坚取得全面胜利为主题，有机整合《踏上强国之路》（《道德与法治》九年级上册第一单元第一课）、《只有坚持和发展中国特色社会主义才能实现中华民族伟大复兴》（高中思想政治必修一第四课）、《中国共产党的先进性》（高中思想政治必修三第一单元第二课）等中学课程内容，学生在所学知识基础上体会脱贫攻坚的全面胜利在中华民族伟大复兴历史进程中的重要意义。主要落实的课程标准为"深刻体会中国共产党为什么能、马克思主义为什么行、中国特色社会主义为什么好"，从而"更加坚定地在中国共产党坚强领导下为实现中华民族伟大复兴而不懈奋斗"。

近代以来，中华民族面临争取民族独立、人民解放和实现国家富强、人民幸福两大历史任务。脱贫攻坚，作为一项"对中华民族、对整个人类都具有重大意义的伟业"，是实现中华民族伟大复兴的一项重大任务。经过初中及高中阶段的学习，大学生对于中华民族站起来、富起来到强起来的历史进程已经有了清晰的认知。党的十八大以来，中华民族在中国共产党的领导下实现了小康这个中华民族的千年梦想，我国发展站在了更高历史起点上。本课教学意在使学生感受"强起来"的中国，引导学生运用马克思主义基本立场和观点理解脱贫攻坚的历史必然性，重点帮助学生全面认识脱贫攻坚的历史意义，弄清中国共产党为什么能赢得脱贫攻坚战的决定性胜利，学习在脱贫攻坚伟大斗争中优秀共产党员的脱贫攻坚精神。

本课教学坚持立德树人的思想政治教育任务，遵循大学生思想政治教育规律中的双向互动规律和内化外化规律。贯彻以"学生为中心"的理念，充分发挥教师的主导作用和学生主体作用；在学生了解脱贫攻坚取得重大成就的基础上，理解脱贫攻坚取得胜利的时代意义，探究脱贫攻坚取得胜利的深刻原因，体会中国共产党人全心全意为人民服务的宗旨，深刻把握脱贫攻坚精神内涵，外化于行内化于心，学会融知识教育、能力教育和价值观教育为一体。

本课教学设计特色：第一，重视价值引领，坚持发挥思政课立德树人关键课程的育人功能。第二，重视发挥学生的学习主体作用，坚持鼓励学生全程参与自主学习。第三，重视理论联系实际，教学情境的设计坚持贴近现实生活。第四，注重信息化手段的灵活运用，丰富课堂教学形式。

三、学情分析

本课程是为大一学生开设的思想政治理论必修课，大一新生具有较强的学习意识和求知欲望，对于社会主义新时代未来发展方向和趋势非常感兴趣，对党的各项方针政策及实时动态十分关注。但学生对于政策、理论的理解和把握并不容易，往往缺乏准确性和全面性。大部分城市学生对于贫困，尤其是农村的贫困状况了解不多，对于贫困生活和脱贫意义没有切身体会。经过高中时期政治课的学习，学生已经具有一定程度的知识积累，但学习方式上处于从被动接受知识到以思考探究为主导的过渡。鉴于此情况，教师要注意对政策、理论解读深入浅出，避免枯燥；注意锻炼学生独立思考能力；注重创设课堂情境，加深学生对贫困的认识，进而让学生们了解我国实现脱贫攻坚取得胜利的原因和意义，感受和理解脱贫精神的价值内涵。

四、教学目标

（一）价值目标

感受我国社会现代化建设取得的巨大成就，培养关心社会和国家发展的情感，不断筑牢青年学生制度自信的思想根基。通过讲述脱贫攻坚历程的感人故事，彰显党员干部的公仆情怀、人民群众对党的真挚感情。体会脱贫攻坚精神的时代价值，能在学习生活中自觉培养艰苦奋斗的精神。

（二）知识目标

了解党和国家脱贫攻坚相关政策，全面认识脱贫攻坚的历史意义；理解消除贫困是社会主义的本质要求，中国特色社会主义制度和国家治理体系具有集中力量办大事、办难事的显著优势；理解全心全意为人民服务是中国共产党的宗旨，坚持党的领导是人民的选择，发展的根本目的是增进民生福祉。

（三）能力目标

培养领会理解党的政策的能力，增强创新思维能力，具备正确分析社会现象的能力，学会用马克思主义的历史观和方法论分析问题、解决问题。

（四）发展目标

坚定"四个自信"，树立远大理想，担当时代使命。站稳人民立场，练就过硬本领，把个体的小我融入祖国的大我、人民的大我之中，与时代同步伐，与人民共命运，更好实现人生价值、升华人生境界。

五、教学重点难点

（一）教学重点

党的二十大报告提出，"我们经过接续奋斗，实现了小康这个中华民族的千年梦想，我国发展站在了更高历史起点上""我们坚持精准扶贫、尽锐出战，打赢了人类历史上规模最大的脱贫攻坚战"，这是新时代十年来具有深远意义的大事。深入分析打赢脱贫攻坚战的历史贡献及其重大意义，有利于理解新时代中国特色社会主义不断向前推进过程中所取得的伟大成就。

（二）教学难点

中国共产党为什么能够赢得脱贫攻坚的决定性胜利。要从理论和实践两个层面进行阐述。在理论层面的分析过程中，重点理解消除贫困，实现共同富裕是社会主义的本质要求，社会主义制度具有优越性，回答社会主义为什么好这个问题。在实践层面的过程中，体会中国共产党以人民为中心的执政理念和发展思想。

六、教学设计总体思路

本课按照从现象到本质、从现实到精神的线索，设计了四个学习部分：导入新课，脱贫攻坚战取得的伟大成就，脱贫攻坚战取得全面胜利的原因，伟大的脱贫攻坚精神。

"脱贫攻坚战取得的伟大成就"环节主要通过案例教学呈现我国脱贫攻坚取得的一系列成果，让学生直观感知这一伟大奇迹给人民群众生活带来的巨大变化，体会我国坚持以人民为中心的发展思想，不断满足人民群众对美好生活的向往。"脱贫攻坚战取得全面胜利的原因"环节，通过探究任务引导学生思考，中国作为一个人口最多的发展中大国，为什么能取得消除绝对贫困的历史性成就。深入理解中国共产党的领导和中国特色社会主义的优越性，增强学生的制度自信、道路自信。"伟大的脱贫攻坚精神"环节，通过情境教学法讲述脱贫攻坚奋斗历程中的感人故事，促进学生感悟伟大的事业离不开伟大的精神，引导学生在生活中学习和发扬脱贫攻坚精神。为了提高学生积极性，在教学过程中通过学习通保持师生良好互动。

七、教学过程

（一）教学流程设计

环节一：导入新课

教师活动：提出问题：你们知道国家扶贫日是哪一天吗？学生回答后，介绍国家扶贫日，同时强调国家扶贫日也是国际消除贫困日。

学生活动：回答问题。

设计意图：自2014年起，将每年的10月17日设立为扶贫日。这体现了党中央、国务院对扶贫开发工作的高度重视，对贫困地区群众的格外关心。其目的就是要引导社会各界关注贫困问题，关爱扶贫人口，关心扶贫工作。同时，也反映了中国对于世界贫困问题的重视，为之后从中国和世界两个角度分析脱贫攻坚取得胜利的重大意义做好铺垫。

环节二：脱贫攻坚战取得的伟大成就

教师活动：

1.组织学生分享课前收集的关于党的十八大以来脱贫攻坚伟大成就的资料。也可以说一说自己听过、见过的脱贫地区的变化。

2.总结。在听过学生分享的感受后，向学生展示两个案例。

案例一：《宝石村之"望"》。通过图片和文字，介绍丹东宝石村脱贫之路。

案例二：《国际社会聚焦人类减贫史上的"中国奇迹"》。列举国外关于中国脱贫攻坚举措的相关报道。

综合学生的资料和案例列举我国脱贫攻坚战取得的伟大成就。

3.启发学生思考：请从国内发展和世界进步两个角度说明我国脱贫攻坚取得胜利有哪些重要意义。

在学习通上发起讨论，大屏幕选取一些学生观点点评并进行总结，予以评价。同时引导学生分别从国内和世界两个角度，全面认识脱贫攻坚的重要意义。

学生活动：

1.展示所收集的资料，并简要说明自己看到这些资料时的感受。

2.由那些家乡所在地是脱贫地区的同学讲一讲亲身经历的变化。

3.在学习通上发表自己的观点。

设计意图：

1.布置学生课前查阅资料可以锻炼学生搜索和整理信息的能力，在这一过程中，学生自然而然对脱贫攻坚战是如何进行并取得胜利逐渐了解。教师明确所需材料的方向，并提供可查阅资料的途径。

2.案例教学的优点是使情境呈现真实化、能力培养多样化、知识来源多元化。选取丹东本地的案例，是为了让学生更加直观、真切地感受脱贫攻坚给脱贫地区带来的变化。阅读世界不同国家对中国脱贫攻坚的报道，让学生从国际视角体会脱贫攻坚的伟大之处。教师在这个过程中以平等的学习者身份参与谈论，适时提出思考问题，通过讨论与引导，总结出脱贫攻坚取得全面胜利的重大意义：（1）农村贫困人口全部脱贫，为实现全面建成小康社会目标任务作出了关键性贡献。（2）脱贫地区经济社会发展大踏步赶上来，整体面貌发生历史性巨变。（3）脱贫群众精神风貌焕然一新，增添了自立自强的信心勇气。（4）党群干群关系明显改善，党在农村的执政基础更加牢固。（5）创造了减贫治理的中国样本，为全球减贫事业作出了重大贡献。

3.为了调动学生的思考，利用学习通让全部同学都参与讨论，气氛更加活跃。

环节三：脱贫攻坚战取得全面胜利的原因

◎理论探索

教师活动：

1.课件展示马克思关于贫困问题的论述。马克思在《1844年经济学哲学手稿》中提出了"无产阶级贫困源于资本主义制度"的观点。只有建立生产资料公有制，才能从根本上消除贫困现象。新中国成立以来，我国立足于社会主义公有制的制度基础，坚持扶贫开发，创造了世界性的减贫奇迹，向世人展示了公有制的减贫优势。谈一谈社会主义制度本质与脱贫攻坚的关系是什么。

2.总结回答：社会主义制度在解放生产、发展生产力方面彰显了最大的优越性，为消除贫困创造了巨大的物质财富。促进社会公平正义，实现共同富裕是社会主义制度的本质要求。

3.课件展示习近平总书记关于扶贫工作的重要论述：

"人民对美好生活的向往，就是我们的奋斗目标。"

"坚持群众主体，激发内生动力。脱贫攻坚，群众动力是基础。必须坚持依靠人民群众，充分调动贫困群众积极性、主动性、创造性，坚持扶贫和扶志、扶智相结合，正确处理外部帮扶和贫困群众自身努力关系。"

"时代是出卷人，我们是答卷人，人民是阅卷人。"

4.引导学生总结材料中出现频率最高的词汇"人民"。思考问题：为什么脱贫攻坚为了人民、脱贫攻坚依靠人民、脱贫攻坚成效让人民检验？

5.总结：人民立场是马克思主义的根本立场。中国共产党作为马克思主义执政党，从成立之日起，就把为中国人民谋幸福、为中华民族谋复兴作为自己的初心和使命。

◎实践探索

教师活动：

1.以组为单位提供不同材料，各组阅读材料，分析中国为什么能取得脱贫攻坚的伟大胜利。

材料一：第一书记。党的十八大以来，全国共选派19.5万名机关优秀党员干部到农村任"第一书记"，奋战在脱贫攻坚一线。在全面打赢脱贫攻坚的战役中，第一书记是重要力量。

材料二：对口支援。为了加快贫困地区脱贫，在中央政府主导下，东部经济较发达省市对西部省份进行对口支援。以新疆为例，北京市对口支援和田地区和田市、和田县、墨玉县、洛浦县和兵团第十四师。天津市对口支援和田地区策勒、于田、民丰三县。

材料三：万企帮万村。是指力争用3到5年时间，动员全国1万家以上民营企业参与帮助1万个以上贫困村加快脱贫进程。

2.提出问题：中国为什么能在8年的时间里，让近1亿人摆脱贫困，创造人类减贫史上的伟大奇迹呢？

3.先介绍材料中体现的国家各项扶贫政策，然后组织学生分享探究结果，总结梳理共同结果。

脱贫攻坚取得举世瞩目的成就，靠的是党的坚强领导，靠的是中华民族自力更生、艰苦奋斗的精神品质，靠的是新中国成立以来特别是改革开放以来积累的坚实物质基础，靠的是一任接着一任干的坚守执着，靠的是全党全国各族人民的团结奋斗。

学生活动：

1.各组依据材料，集体分析并说明为什么中国能够取得脱贫攻坚的伟大胜利。

2.每个小组选出一名代表，分享本组从材料中总结出的结论。

设计意图：

1.在中学阶段，学生已经学习了马克思主义基本原理等相关知识，这里将所学知识与本课内容相衔接达到理论联系实际的效果。

2.学生对于国家在脱贫攻坚的过程中采取的各项措施、提供的各项政策理解不够透彻，结合案例和讲解让学生明白，脱贫攻坚取得的伟大胜利是与中国共产党的正确领导，与精准扶贫的主要举措密不可分的。

3.通过提供学习资源，组织学生分组进行讨论，帮助学生结合社会实际理解我国取得脱贫攻坚胜利的深层原因，从中深刻认识中国共产党不忘初心、牢记使命，中国特色社会主义道路坚持共同富裕，党和国家始终坚持以人民为中心的发展思想，增强学生热爱中国共产党，热爱社会主义的情感。

环节四：伟大的脱贫攻坚精神

教师活动：

1.介绍几位脱贫攻坚楷模的感人事迹，重点介绍时代楷模黄文秀，请一位同学朗读黄文秀的事迹。朗读结束后提出问题：黄文秀的感人事迹体现了什么精神？

2.展示脱贫攻坚精神的内涵后，在学习通上发起讨论，生活在都市当中的当代大学生如何学习脱贫攻坚楷模身上的精神品质？

学生活动：

1.朗读黄文秀事迹。

2.结合学习生活实际，谈一谈自己如何践行脱贫攻坚精神。

设计意图：以生动的语言创设情境，以饱满的热情吸引学生，比填鸭式的灌输更具有感染力。脱贫攻坚精神对于教育引导当代大学生深刻认识他们所亲见的脱贫攻坚伟大斗争，从而增长见识、提升科学思维能力、增强责任感使命感，具有重要意义。更重要的是要体会脱贫攻坚精神的时代价值，将精神力量化为行动，立志将来投身乡村振兴的伟大事业之中。

（二）课堂小结

只有坚持和加强党的全面领导，坚持中国特色社会主义道路，坚持以人民为中心的发展思想，坚持团结奋进的精神，才能取得脱贫攻坚全面胜利伟大成就。

（三）板书设计

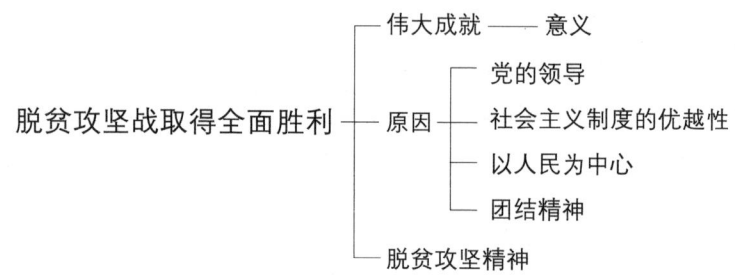

（四）作业设计

1.你是如何理解脱贫攻坚精神的？结合自己的未来发展，谈一谈如何践行脱贫攻坚精神。在学习通的作业部分写出自己的想法。

2.观看纪录片《摆脱贫困》。

（五）参考资料

1.习近平：《论中国共产党历史》，中央文献出版社，2021年。

2.习近平：《习近平谈治国理政》第三卷，外文出版社，2020年。

3.中共中央党史研究室：《中国共产党历史》，中共党史出版社，2011年。

4.中共中央党史和文献研究院：《十八大以来重要文献选编》，中央文献出版社，2018年。

5.习近平：《在脱贫攻坚总结表彰大会上的讲话》，《人民日报》2021年2月26日。

八、教学总结与反思

本课教学效果较好，课堂环节完整流畅，基本达到教学目标。但仍有可改进之处。当前"〇〇后"大学生一般具有较好的家庭环境和物质条件，对于贫困无法真切感同身受，同样无法理解摆脱贫困带给中国广大农村地区的变化，无法感知党和国家为了赢得这场胜利付出的代价。这种无法感同身受，也就限制了教学效果的发挥。因此，可以从两个方面进行改进：一是以课后作业的形式布置学生观看脱贫攻坚相关纪录片，尽可能让学生体会脱贫事业的历史性成就。二是在有条件的地区，应该带领学生到乡间田野，进行劳动教育，体会当前幸福生活的来之不易，领会困扰中华民族几千年的绝对贫困问题得到历史性解决是全面建成小康社会的标志性成果。

后 记

　　本书以"增强制度自信"为核心主题，按照小学、初中、高中、大学四个学段的递进逻辑，系统收录了24篇辽宁省"大中小学思政课一体化建设"专题教学设计优秀案例。编者立足新时代思政教育要求，结合一线教学实践经验，对案例进行科学整合与创新设计，最终汇编成册。这些案例涵盖中国特色社会主义制度的优越性、党的全面领导、全过程人民民主、脱贫攻坚精神、抗疫实践中的制度优势等内容，充分体现思想性、时代性和实践性的统一。每篇教学设计包含课程基本信息、教学设计概述、学情分析、教学目标、教学重点难点、教学设计总体思路、教学过程以及教学总结与反思等模块，为教育工作者提供可操作、可复制的教学范式。通过将制度自信教育融入课堂互动、情境探究、社会实践等环节，旨在帮助学生深刻理解中国制度的理论逻辑、历史逻辑和实践逻辑，引导学生在比较中坚定信念、在感悟中强化认同，最终实现从认知到认同、从认同到践行的升华，为培养担当民族复兴大任的时代新人夯实思想根基。

　　主编刘继东统筹全书策划与编审工作；袁佺、马其南负责制定编写框架，组织案例遴选，全程指导内容优化与质量把控；陈吉庆、陈强、赵畅、陈旭、闻昌金、董晶晶、于小雯负责文本统稿与校订，完善逻辑结构，协调图表排版，确保内容严谨、形式规范。在此，谨向所有为本书倾注心力的同仁致以诚挚谢意，正是集体的智慧与协作，成就了这本凝聚教育情怀的案例集。

在编写过程中，我们深切体会到，制度自信教育不仅是理论知识的传授，更是价值观的引领与信仰的培育。面对国际复杂形势与多元思潮的交织，唯有通过生动鲜活的案例、贴近学生的语言、层层递进的设计，才能让制度自信的种子扎根于学生心田。本书特别注重以学生为中心，通过议题式教学、社会热点剖析等方式，激发学生的思辨能力与家国情怀，引导其从"中国之治"中感悟制度优势，从"中国之路"中汲取奋进力量。

本书的完成得益于辽宁省教育厅对大中小学思政课一体化建设的高度重视，同时参考了近年来国内外关于制度自信教育的学术著作、政策文件及教学实践成果，在此一并致谢。本书的出版亦获辽宁中医药大学马克思主义学院资助，特此鸣谢。

大中小学思政课一体化建设的纵深发展，为"增强制度自信"主题教育的创新实践提供了广阔舞台。我们期待这本案例集能够成为广大思政课教师的教学参考，助力新时代青少年筑牢信仰之基、补足精神之钙。然囿于编者水平，书中疏漏与不足在所难免，恳请专家学者、同行教师及读者朋友不吝指正，共同推动制度自信教育迈向更高水平。

编者

2024 年 10 月